本书的出版受2023年重庆市教育委员会人文社会科学研究青年项目"重庆养老服务体系建设的法治化保障研究"（23SKGH029）的资助。

民商法手册系列

日本侵权责任法的基本问题

于宪会 苏丹 编译

日本不法行為法
の
一般的問題

图书在版编目（CIP）数据

日本侵权责任法的基本问题／于宪会，苏丹编译. -- 北京：当代中国出版社，2024.6
 ISBN 978-7-5154-1372-3

Ⅰ.①日… Ⅱ.①于…②苏… Ⅲ.①侵权行为—民法—研究—日本 Ⅳ.①D931.33

中国国家版本馆CIP数据核字（2024）第084049号

出 版 人	王　茵
责任编辑	邓颖君　沈秋彤
责任校对	贾云华　康　莹
印刷监制	刘艳平
封面设计	鲁　娟
出版发行	当代中国出版社
地　　址	北京市地安门西大街旌勇里8号
网　　址	http://www.ddzg.net
邮政编码	100009
编 辑 部	(010)66572156
市 场 部	(010)66572281　66572157
印　　刷	中国电影出版社印刷厂
开　　本	710毫米×1000毫米　1/16
印　　张	18.25印张　1插页　235千字
版　　次	2024年6月第1版
印　　次	2024年6月第1次印刷
定　　价	88.00元

版权所有，翻版必究；如有印装质量问题，请拨打(010)66572159联系出版部调换。

目　录

导　言
——代手册编译说明／001

《新现代损害赔偿法讲座：第1卷·总论》日文版序／001

卷首语／001

侵权责任法的基础／001
　　［日］山田卓生
　　一、引言／001
　　二、主要的侵权责任类型及其救济障碍／006
　　三、过错责任·间接侵权人·损害论／010
　　四、日本侵权责任法的特质／022
　　五、结语／026

故意侵权／028
　　［日］执行秀幸
　　一、问题的设定／028
　　二、关于故意·意图侵权行为的以前见解／029

三、关于故意的两大流派 / 032

四、对故意侵权行为独立性说进行批判的近期学说 / 037

五、故意侵权行为的分析与探讨 / 039

六、结语 / 056

责任能力 / 057

[日]山口纯夫

一、责任能力 / 057

二、无责任能力人的监督义务人责任 / 071

三、有责任能力的未成年人的侵权行为和监督义务人责任 / 083

不作为侵权行为 / 089

[日]中井美雄

一、引言 / 089

二、作为"行为"概念的"不作为" / 090

三、判例的分析 / 093

四、结语 / 109

因果关系 / 112

[日]松浦以津子

一、因果关系理论的到达点——因果关系的二重关口理论 / 112

二、事实上的因果关系 / 115

三、损害赔偿的范围 / 120

四、今后的课题——对因果关系二重关口理论的质疑 / 127

救济方法 / 135

[日]圆谷峻

一、序言 / 135

二、损害赔偿／139

　　三、停止侵害／158

请求权竞合／163

　　[日]大久保邦彦

　　一、序言／163

　　二、契约责任与侵权责任的比较／164

　　三、学说／169

　　四、判例／175

　　五、讨论／184

消灭时效／189

　　[日]松久三四彦

　　一、序言／189

　　二、民法第724条前段的3年时效期间的存在理由／191

　　三、3年时效期间的起算点／199

　　四、民法第724条后段的20年期间／220

损害赔偿制度的将来设想／225

　　[日]加藤雅信

　　一、序言／225

　　二、侵权行为制度的变化／230

　　三、"损害"的发生及其负担——侵权行为制度的社会定位／232

　　四、现行侵权行为制度的问题点／235

　　五、"综合救济体系"的建议／242

　　六、新西兰事故补偿法与综合救济体系／246

　　七、结语——回应最近的学说动向／247

损害赔偿的经济学 / 251
  [日]林田清明
  一、引言 / 251
  二、事故模型 / 253
  三、违法性 / 258
  四、过失 / 269
  五、结语 / 273

导 言
——代手册编译说明

中文版总共编译了10篇文章,以下分别就各篇文章的主要内容和择取价值进行简要说明。

第一篇文章总括式地讨论了日本侵权责任法的基础性问题即日本侵权责任法的正当化问题。通过分析主要的侵权责任类型及其各自的救济障碍,提炼出过错责任、间接侵权人、损害论这三个争议问题进行细致剖析,进而总结出日本侵权责任法的特色。将日本的侵权责任法放在整个比较法的世界进行审视,会发现其发展凸显了鲜明的日本特色。这篇文章为我们思考我国的侵权法律制度提供了有益视角。从宏观的角度寻找侵权法律制度的中国特色,也是我们未来研究侵权责任法的重要出发点。

第二篇文章讨论了侵权法上的故意侵权问题。文章首先分析了故意侵权的含义。其次,研讨了关于故意侵权的两大学说流派,特别是对故意侵权是否具有独立性进行了重点剖析。在日本,有部分学者对区分故意侵权和过失侵权提出了质疑,本文也对这种观点予以了回应,例如作为理论前提"故意"自身的概念未被明晰等。最后文章围绕相关判例及学说分析了故意侵权与侵权责任的成立、损害赔偿范围、过失相抵规则等问题的关系，展望了未来的理论走向。这篇文章与第六篇文章所讨论的侵权救济方法存在某种程度上的逻辑关联，为我们研究故意侵权提供了思路。

第三篇文章讨论了传统侵权法上的经典问题——责任能力。中国民法典并没有明文规定责任能力制度，存在以民事行为能力代替责任能力的倾向。这篇文章首先试图明晰责任能力的含义及其适用的妥当范围，然后重点研讨了无责任能力人的监督义务人责任的问题，最后讨论了有责任能力的未成年人的侵权行为和监督义务人责任的关系处理。该篇文章对我国民法的责任能力制度研究起到了一定的借鉴作用。

第四篇文章讨论了不作为侵权行为。文章首先从行为概念出发对"不作为"和"作为"进行了解读，其次结合学说批判地分析了判例上的不作为侵权中的"作为义务"以及不作为侵权类型中的过错、违法性和因果关系问题。文章最后讨论了不作为侵权与行政权限不行使之间的关系。不作为侵权是非常重要的侵权行为类型，对其的研究应引起关注。

第五篇文章讨论了几乎对于所有的侵权行为类型都非常重要的因果关系问题。我国最早采用了必然因果关系理论，此后借鉴德国法，引入了相当因果关系理论。日本早期的判例和学说也普遍采用相当因果关系理论，围绕日本民法第416条的类推适用与相当因果关系的适用形成了许多非常值得关注的学术文章。不过学说上也出现了强有力的反对意见，认为日本民法并没有采取完全赔偿原则，所以不能将德国法上的相当因果关系理论直接"输入"进日本法，其中以东京大学的平井宜雄教授为代表。平井教授对一直以来被认为是通说的"相当因果关系"的判例进行分析，指出其中包含着"事实上的因果关系"、"保护范围"这一法的价值判断以及损害的金钱评价的问题。前两者即是本文所指的因果关系的二重关口理论。平井教授的理论得到了部分学者的有力支持,但与此同时,学说上也提出了强烈的批判,本文就是对平井理论的批判性研究。主要批判点在于事实上的因果关系和损害赔偿范围上的因果关系的区分妥当性问题,尤其对事实上的因果关系提出了质疑,主张事实上的因果关系实质上也是法的价值判断。该篇文章为我们理解因果关系的二分法理论提供了新的视角。

第六篇文章讨论了侵权法的救济方法。在日本,侵权损害赔偿以金钱赔偿为原则,并不承认原状恢复,针对生活妨害型公害等案件,判例和学说上承认了停止侵害。这一点与我国采用的多元侵权责任方式形成鲜明对比。本文讨论了损害赔偿责任的要件以及损害概念,介绍了德国法上关于损害赔偿范围的相关讨论,针对停止侵害介绍了当时德国最新制定的生活妨害法的相关规定。这篇文章有助于我们全面了解日本法上侵权救济方法的内容。

第七篇文章讨论了非常经典的请求权竞合问题。日本从很早就开始关注这个问题,学说观点和判例立场呈现激烈的对立关系。文章主要从要件和效果两个方面对侵权责任和合同责任进行了比较,分析了请求权竞合的各种学说,例如竞合说、法条竞合说、折中说以及新规范整合说。文章还分析了采用竞合说的相关判例,最后作者围绕如何解决学说对立的问题,提出了自己的观点。

第八篇文章讨论了侵权损害赔偿请求权的消灭时效问题。时效问题是研究侵权损害赔偿绕不开的基本问题,文章从区分第724条前段和后段的角度分析了第724条的存在理由,讨论了关于第724条前段时效起算点的下级裁判所判例,结合学说批判提出了解决问题的建议。文章最后针对第724条后段的20年时效期间展开了讨论。在我国,时效问题通常是在民法总论的框架下展开讨论,其中不乏针对具体问题的相关文献,日本则主要是从学说和判例的角度讨论时效问题。我国除立法规定及学说讨论外,还存在大量的相关司法解释,日本法上的相关讨论对于我们分析司法解释相关规定的合理性提供了比较法素材。

  第九篇文章讨论了损害赔偿制度的将来设想。本文所讨论的主题与第六篇文章的内容存在逻辑关联。传统大陆法系国家一般认为损害赔偿制度的目的是填补受害人的损害。无论是基于过错责任原则还是无过错责任原则,受害人并不是总能获得充分救济。为此,作者将自己长时间思考的问题及其建议在本文中进行了总结和优化,提出了综合救济体系的构想。众所周知,新西兰也废止了人身损害赔偿请求权之诉,确立了综合救济制度,本文提出的综合救济体系与新西兰的制度存在较大差异,主要是从立法论的角度对损害分担原理等问题的回应。

  第十篇文章从法与经济学的视角分析了侵权法上的基本问题,为我们提供了研究侵权法的新视角。法与经济学的研究方法盛行于20世纪70年代左右的美国,本文运用这种研究方法重点分析了侵权构成要件中的过错和违法性问题。侵权法主要涉及金钱赔偿问题,当然也存在预防、保险等配套制度,从这种意义上来说,侵权法同时也涉及经济问题。如何运用法与经济学的方法,通过效率性、合理选择、外部性、社会成本等工具对侵权制度进行分析,是一个非常有趣且值得关注的话题。

  本书编译的论文全部来自日本评论社于1997年出版的《新现代损害赔偿法讲座:第1卷·总论》,除新美育文教授的《安全关照义务》一文未获授权外,其余文章均取得了作者的授权,故本书并未对该文进行收录编译。之所以将本书作为侵权责任法的基本问题的手册,主要是因为其所具有的学术价值和影响力。按照手册的出版计划,需要由编译者提供文章来源及原作者简介,并且撰写导言作为文献综述,向读者说明择取文章的标准、价值和文章之间的逻辑关系。由于本书选取的文章全部来自日本版的《新现代损害赔偿法讲座:第1卷·总论》,考虑到原著的完整性和原著编者代表山田先生的意思,将上述内容统一放在中文版序中向读者说明。原著收录的文章都是关于侵权责任法基本问题的讨论,主要从责任论的角度介绍和分析了日本法的研究动态。日文版刊行的时间是1997年,离我们比较遥远,或许有读者或学界同仁会对我们选择文章的标准提出质疑,但日文版一经发行,日本再没有出版新系列的损害赔偿法讲座类书籍。尽管刊行之后,日本涌现了许多值得参考的学术文章和著作,但这并不能磨灭本书在当时、现在和未来的学术价值。正如山田先生在日文版"卷首语"中所提到的那样,本书一定能够像旧版那样,成为今后研究损害赔偿法的基石而被广泛引用。本书的旧版是由已故著名民法学家有泉亨先生作为编者代表的《现代损害赔偿法讲座(八卷本)》,当时收录的论文至今仍然被作为日本侵权损害赔偿法的集大成者,被学界广泛引用。旧版刊行之后的20年可以说是日本侵权法研究最为鼎盛的20年,"回顾这期间的法律发展对于今后的损害赔偿法理必不可少",相信本书的中文版能够为我国侵权责任法基础理论的研究注入新鲜血液,作为架起中日侵权制度比较法研究的桥梁,能够为正在进行时的中国民法典相关制度的解释论研究提供有益参考。

以上是对本书所收录文章的价值、导言式介绍等的总结。需要说明的是,如无特别说明,本书中所引法律条文,均指日本法律。

本书能够出版,离不开日本评论社镰谷编辑的协助,更离不开当代中国出版社总编辑助理刘文科和法治编辑部编辑沈秋彤的策划和编辑,当然最离不开西南政法大学的支持和资助!负责编译本书的两位译者(本书前五篇文章由苏丹老师负责,日文版序、卷首语以及后五篇文章由于宪会老师负责)都是留日归国的法学博士,虽然能够在翻译质量上有所保障,但翻译的谬误也在所难免,还望学界同仁海涵和指教。最后仅以此书向读博期间的导师镰田教授以及本书所收录文章的各位作者、当代中国出版社、西南政法大学表示深深的谢意！

　　此为序。

编译者
2024 年 5 月于西南政法大学渝北校区

《新现代损害赔偿法讲座：第1卷·总论》日文版序

本卷是《新现代损害赔偿法讲座》的总论，收录了主要讨论侵权法基本问题的文章。侵权存在各种类型，作为这些侵权类型的共通问题，本卷主要关注责任论的有关问题。第6卷所涉及的损害相关问题也是侵权法的共通问题，但本卷并不讨论这个问题。过失论和权利侵害论等基本问题，本卷并未设专章展开讨论。原本针对"过错与违法性"设置了专栏，遗憾的是，因负责该部分的学者身体方面的问题，未能收到最终的稿件。

本卷第一章主要关注目前日本侵权法所面临的一些问题，总结了日本侵权法的特色，并讨论了侵权法与周边问题的关系。日本的侵权法，尤其是第二次世界大战后的法律发展凸显鲜明的日本特色，其间塑造的侵权法的主干框架至今仍不能被轻易改变。置于整个比较法的世界应如何理解日本的侵权法，不再单单是学术关心的事项，对于侵权法的未来展望也具有重要意义。

在已经成型的理论框架中，侵权法在发展，除细节调整外，也在不断发生着变化。与其说是从法律角度的主动变化,毋宁说是受社会激变冲击的被动变化。在这样的状况下,应当如何解决当前面临的问题,第一章并没有只停留在总结的程度。

第二章从有意识的侵权视角讨论了近来重新获得关注的故意侵权。首先,明确了有别于过失的故意的含义,特别是讨论了主张将故意反映到损害赔偿金算定的学说观点;其次,讨论了对区分故意和过失持消极态度的学说观点;最后,以判例立场及其批判为中心讨论了故意侵权的特殊性,并展望了今后的理论发展。

第三章讨论了被称为过失责任原则基础的加害人责任能力的含义及其适用范围。首先介绍了未成年人的相关讨论,分析了责任能力的含义以及年龄;其次围绕丧失意识者,讨论了责任能力的意义和举证责任。在此基础上,讨论了无责任能力人的监督义务人责任的问题点,提出了解决当前问题的建议。

第四章讨论了近来争论比较激烈的不作为侵权问题。首先,讨论了如何在"行为"概念上来理解不作为和作为;其次,结合学说的批判讨论了判例上的不作为侵权,以及不作为侵权中的过失、违法性和因果关系;最后,讨论了不作为侵权与不行使行政权限之间的关系(关于规制权限的不行使,将在本套书的第4卷进行讨论)。

第五章讨论了对于几乎所有的侵权都非常重要的因果关系问题,明确梳理了目前的讨论。就加害行为与损害之间是否存在因果关系这种意义上的事实因果关系以及应赔偿多大范围的损害这种意义上的保护范围的二分法,展开了批判性讨论,尤其是提出了对事实因果关系的质疑。

第六章讨论了侵权的救济方法。日本采用金钱赔偿原则,不承认原状恢复,但针对生活妨害型公害,承认了停止侵害命令。本章还讨论了损害赔偿的要件以及损害概念,通过比较德国法,介绍了损害赔偿范围的相关讨论。最后,关于停止侵害,本章介绍了德国制定的生活妨害法的相关规定。

第七章讨论了请求权竞合问题。日本从很早开始就关注这个问题,学说和判例出现了对立。本章主要从要件和效果两个方面比较了契约责任和侵权责任,在此基础上,分析了竞合说、法条竞合说、折中说以及新规范整合说。之后分析了采用竞合说的判例。最后,对如何解决学说对立展开思考,提出了区分人身损害和财产侵害的责任竞合理论。

安全关照义务的概念出现在大约 20 年前的判例,它对一些侵权具有重要意义。第八章讨论了安全关照义务法理的缘起、发展和现在的意义。曾经安全关照义务得到了广泛承认,但此后朝着限缩的趋势发展。关于出现这种消长的原因以及现在应当如何运用这一法理,本章通过对学说观点的讨论,分析了问题点并提出了展望。

关于侵权损害赔偿请求权的消灭时效,随着侵权类型的多样化,出现了新的讨论。第九章基于这样的状况,区分前段(3 年)和后段(20 年)讨论了日本民法第 724 条的存在理由,分析了近来关于前段时效起算点的下级裁判所判例的动向,介绍了学说批判,提出了问题解决的方向。最后讨论了 20 年时效期间的问题。

损害赔偿制度今后将走向何方?我们不仅制定了侵权法,还设立了其周边的配套制度。关于损害赔偿制度的将来设想,第十章对作者思考了很长时间后的问题提出的建议进行了总结。结合目前正在发生变化的现状以及损害分担原理、侵权制度的问题点,提出了"综合救济体系"的建议。虽然这种设想的实现需要克服一些问题,但也充分说明了这种宏观视角的重要性。

侵权法涉及金钱问题,通过预防、赔偿、保险这样的方式,它也可以被看作经济问题。第十一章从美国 30 年前开始盛行的法与经济学的视角,对侵权法的问题展开了讨论。损害预防成本、经济效率性等视角本身无法成为规范价值,但作为制度,不可避免地要追求效率性。本章使用了效率性、合理选择、外部性、社会成本等经济学上的术语,分析了生活妨害、过失等。这也将成为今后侵权法的重要研究视角。

卷首语

我们所处的生活环境正在发生翻天覆地的变化。第二次世界大战结束后的50年间,虽然我们不再经受战争的残酷而生活,但社会正变得越来越复杂,技术的发展日新月异。城市人口的集中所引发的城市住房问题、高速交通手段的普及、电脑对所有社会领域的渗透、令人惊叹的医疗技术发展、媒体、通信手段的多样化以及眼花缭乱的新商品泛滥等,正在不断影响着我们的日常生活。社会的急剧变化正以交通事故频发、公害和环境问题、食品和药品的大规模事故、信息操纵的生活、隐私侵害等方式,给我们的生活带来各种损害。

我们可以通过完善保险制度和补偿制度来填补这些损害,随着权利意识的提升,诉诸裁判所的损害赔偿请求案件逐渐增加,几乎每天都可以看到关于损害赔偿判决的报道。

这些损害问题并不是只依靠裁判所、律师和学者等法律工作者的共同努力就可以解决的。虽然为数不多,但也制定了包括产品责任法在内的相关立法,行政机关也在采取救济措施保护受害人，进一步实现了防患于未然。但是，光靠这些还远远不够。依然存在新型损害，像交通事故这样的日常损害案件仍在不断发生，如何应对这些损害成为今日之课题。

距今20多年前的1972年至1976年，有泉亨先生作为编辑代表的《现代损害赔偿法讲座（八卷本）》得以刊行。书中收录的论文时至今日依然是损害赔偿法的集大成者，被广泛引用。然而，经过了20多年的沧桑巨变，出版新讲座的时机已然到来。

在历经20多年之后的今天，确立了出版《新现代损害赔偿法讲座》的计划，期望通过新书来反映这20年间出现的实务和学术成果，把握侵权法的现状，展望未来侵权法发展的动向。考虑到浩瀚的判例数量、学说的发展状况以及问题的复杂程度，新书的体量可能达到过去的几倍，不过这次先出版六卷。新书聚焦传统问题、新问题及今后将发生争论的问题，确定主题，并最终得以面世。

侵权法学处于混沌状态的批判由来已久，但不管是在质量上还是在数量上都处于压倒性地位的损害赔偿诉讼、裁判和纠纷面前，想要洞穿其全貌几乎是不可能的。但在二战结束后50年、旧版讲座后20年岁月流逝的今天，回顾这期间的法律发展是今后展开损害赔偿法理所不可或缺的。即使放眼整个比较法的世界，也可以说日本的侵权法实现了可被称赞的独特的法律发展。

执笔者中除部分专家外，拜托的对象几乎全是青年才俊，希望他们能够从比较新颖的视角，总结并分析问题状况，展望今后的发展。

我相信新出版的讲座一定会像旧版一样，成为今后研究损害赔偿法的基石，并被广泛引用，期待能够得到法律从业者、企业法务以及法科学生的支持！

山田卓生

侵权责任法的基础

[日]山田卓生*

一、引言

(一)本文的写作目的

在"侵权责任法的基础"这一不太明确的主题

---

* 山田卓生(やまだ たかお,1937 - 2013),毕业于东京大学法学部,东京大学法学硕士,哈佛大学法学院硕士。历任东京大学社会科学研究所助手、中央大学法学部副教授、教授、横滨国立大学经济学部教授、日本大学法学部教授、日本大学研究生院法务研究科教授。司法考试考查委员(1991—1996年)、自由人权协会代表理事(1990—2011年)、日本交通法学会理事长(2006—2013年)、日本法律家协会理事(2007—2013年)。

著作:『山田卓生著作選集(第1—4卷)』(信山社,2010年);『歩いて来た道』(信山社,2008年);山田卓生 = 安永正昭 = 河内宏 = 松久三四彦『有斐閣Sシリーズ 民法I総則〔第3版〕』(有斐閣,2005年);山田卓生 = 円谷峻 = 新美育文 = 野村豊弘 = 鎌田薫『分析と展開・民法II〔第5版〕』(弘文堂,2005年);山田卓生 = 野村豊弘 = 円谷峻 = 鎌田薫 = 新美育文 = 岡孝 = 池田真朗『分析と展開・民法I〔第二版増補版〕』(弘文堂,2000年);林大 = 山田卓生『法律難語類語辞典〔新版〕』(有斐閣,1998年);白羽祐三 = 山田卓生『民法講義ノート(3)担保物権法〔第二版〕』(有斐閣,1995年);『日常生活のなかの法・続』(日本評論社,1992年);山田卓生 = 大井玄 = 根岸昌功『エイズに学ぶ』(日本評論社,1991年);『日常生活のなかの法・正』(日本評論社,1990年);『私事と自己決定』(日本評論社,1987年)。

之下，本文所要试图提出的并不是一个全面的综合性问题，而是要从一个更加宏观的视角来剖析横贯于侵权责任法基础的几个问题点。进而指出日本侵权责任法的特点，为今后日本侵权责任法的发展方向提供研究思路。

对于在日益复杂化的现代社会不可避免发生的损害，侵权责任法或者说损害赔偿法所面临问题就是如何决定由谁来承担损害。承担责任的理由依据，一直以来被认为是要件论的问题，但问题的关键点是"由谁来承担"。侵权责任不仅发生于加害人和被害人之间这样单纯的关系中，在事故纠纷中往往还涉及多数人。在此情况下，对参与事故发生的其他主体（间接侵权者）又如何认定其责任也是需要被探究的内容。

侵权责任法，近30年来在数量上取得了显著发展，甚至已经不能用"侵权责任法"这个词语来简单地概括，其所呈现的复杂化、多样化甚至可以用"混沌"一词来表达。[1]而且，不仅是数量上的增多，新论点也相继被提出。侵权责任的扩大化趋势，不仅体现在日本法中，对日本法有重要影响的美国法也是同样的情况。[2]

论文：「介護を要する事故被害者のガンによる死亡と将来の介護費用請求（最判平成11年12月20日判決）」私法判例リマークス（上）（2001年），66-69页；「法学教育・法科大学院について」法の支配（2001年）120页；「代理母と自己決定権」産婦人科の世界——Bioethics医学の進歩と医の倫理，第52卷春季增刊号（2000年），244-248页；等等。

〔1〕关于侵权责任法（学）"混沌"的论述，参见山田卓生「事故法の現状と課題（事故法の法理・覚書1）」判例タイムズ436号（1981年）。

〔2〕1970年以后，美国的侵权责任正在急剧地扩张。对此，Priest教授指出：法官正在通过扩大责任承担来达到减少事故率的发生、救济贫困者的目的。也正是基于这种责任扩张的趋势，原来的对于潜在受害人的损害提供保险（第一当事人保险）正在转向对于加害人所应承担的损害赔偿提供保险（第三者责任险）。[G. F. Priest: The Modern Expansion of Tort Liability: Its Sources, Its Effects, and Its Reform 5. J. Eco Literature 31 (1991)]。在1994年的美国中期选举中，共和党在参、众两院的竞选中都取得了胜利，Gingrich成为众议院议长。Gingrich对不断扩大的侵权责任进行了强烈批判，并得到了商

本文试图用更加宏观的视角来探讨侵权责任法特别是关于侵权责任承担的问题。

第一，在以救济受害者为立法宗旨的侵权责任法中，一直以来存在的救济障碍是什么？本文将结合各种侵权责任类型作进一步探讨。

第二，对现今已成为侵权责任法论争焦点的几个问题（过错责任、间接侵权者等）进行探讨。

第三，从比较法的视角出发，总结提炼出日本侵权责任法的特点，进而思考日本法的问题点。

第四，试图探究现今的侵权责任法，是在何种意义上具有正当性的？侵权责任法一方面与涉及面广泛的损害赔偿制度密切相关，另一方面也发挥着社会调控的制度功能。

关于以上，本文并不试图进行诸如"应该是这样"的规范性记述，而是意图探究侵权责任承担的程度（数额）是如何来决定的。

界、保险业界的支持，其后提出了"Common Sense Law Reform"法案。该法案中提出的大量限制责任承担的内容虽然在 1996 年已被通过，但后来由于克林顿总统对其行使了否决权，导致该法案最终没有成立。关于此问题，参见 C. Tobias：Common Sense and Other Legal Reforms，48 Vand. L. Rev. 699（1995），NOTE："Common Sense" Legislation：The Birth of Neoclassical Tort Reform，109 Harv. L. Rev. 1765（1996）（该文主要是对连带责任和惩罚性损害赔偿的废止案进行批判）。惩罚性赔偿长期以来一直受到批评（参见山田卓生「不法行為法の機能」森島昭夫教授還暦記念論文集『不法行為法の現代的課題と展開』日本評論社，1995 年）。1996 年 5 月 BMW 事件中［BMW V. Gore，116S. Ct. 1589（1996）］，联邦最高裁判所以 5 票对 4 票判决了惩罚性赔偿（500 倍、200 万美元），该赔偿大大超过实际损失（grossly excessive），违反了正当性程序，其中也关联到州法和联邦法的问题。日本裁判所曾以美国判决违反公共政策为由，拒绝允许在日本执行美国的惩罚性赔偿判决（参见民事诉讼法第 200 条 3 号，「法の適用に関する通則法」33 条），该判决（東京高級裁判所 1993 年 6 月 28 日判决，判例时报 1471 号 89 頁）可被作为参考资料。

(二)损害填补的三种类型

损害发生后,关于填补损害的方式,大致可以分成以下三种类型。[3]

第一,仅以"受到损害"这一事实为依据来填补损害的方式。损害保险即采用此种赔偿方式。损害保险中,除因受害人自己的行为导致损害发生的情形以外,大多数都是不问损害发生的原因,仅考察损害事实的发生即予以赔偿的责任承担方式。即便是生命保险亦是如此,生命丧失即支付保险金,除因受害人自己的行为导致丧失生命的情形以外(自杀),但这仅是例外条款。[4]

第二,基于特定原因引起的损害,给予填补的方式。机动车强制责任保险、劳动者工伤保险,即是采用此种原因限定的方式。能否得到赔偿取决于是否为机动车运行时发生的损害、是否为在执行工作任务中发生的损害即"业务上"(日本劳动基准法第75条)这些特定的原因。

第三,在特定原因引起的损害中,仅限于原因引发者有非难可能性(如过错)的情况下才给予填补的方式。最为典型的是以民法第709条过错归责原则为代表的侵权损害赔偿责任的认定,即属于该类型。为什么不仅需要有因果关系,还需要具备非难可能性=过错?时至今日,这个问题仍然还在不断地被追问。但不可否认"无过错即无责任",依然被认为是妥当的一般原则。

现在的侵权责任制度,究竟采用的是以上哪种方式呢?侵权责

---

[3] 这种分类方法,参见 K. Abraham and L. Liebman, *Private Insurance, Social Insurance, and Tort Reform: Toward A new Vision of Compensation for Illness and Injury*, 93 Col. L. Rev. 75, 78 (1993)。但是,本文将其顺序进行了重置,按照损害、发生原因、过错来论述。

[4] 生命保险合同中,多数情况下会约定参保后一年内发生自杀的情形将不予以支付保险金这样的合同条款。可能正是基于此条款的原因,订立合同刚满一年后随即发生自杀事件的情况频发。

任制度中包含了各种理论构建,因此可以说不能简单地套用以上任何一种类型。

规范侵权责任的基本条文第709条采用的是第三种类型即过错归责原则的损害填补方式,这一点是毋庸置疑的。然而,在使用者责任(第715条)、土地工作物责任(第717条)等情况下,并不过问过错,只要是基于一定的原因引起的损害即被追究责任,从这一点上来看应属于以上的第二种类型。

另外,以缺陷作为构成要件的产品责任法,也并不过问过错,只要是基于一定的原因引起的损害即可被追究责任,即也属于以上的第二种类型。中心问题是,是否为基于产品的缺陷导致的损害发生。然而"缺陷"与否,包含着规范性的、评价性的判断,因而又与工伤事故、机动车事故的判断不同。

(三) 是权利还是责任?

单从民法第709条的法条原文使用"责任"这一表达方式来说,其规定的是侵权行为人的责任要件,并不是受害人的赔偿请求权。像这样的条文表述,不仅仅是第709条,其他的侵权责任的条文亦是如此规定的[如第715条、第714条、第717条,主语都是"承担责任者"(責任を負うもの)]。侵权责任制度是以在受害人遭受损害的情况下,由谁依据怎样的要件让谁承担赔偿责任为中心进行设计的制度。[5] 而对受害者的赔偿并不是该制度的唯一目的,也不能实现其制度功能。

但是,近来保障受害人权利的观点越来越强烈。就以上的三种

---

〔5〕 对人身损害进行补偿,有批判者认为这是把人命、健康进行了商品化评价。Abel教授指出:"对苦痛的损害赔偿是把经历商品化,对关系侵害的损害赔偿,是把爱情商品化。"(R. Abel:Torts in The Politics of law:A Progressive Critique 185,195 (D. Kairys ed. 1982) A. O. Hutchinson:Beyond No-Fault,73 Cal. L. Rev. 755,762(1985) (对把健康作为商品的思考方法进行了批判)。

类型而言，以受到损害为依据即形成了第一种类型。

发生的损害由谁来填补？其前提需要解决的是：以怎样的理由依据来让其承担填补责任？关于此问题，和正当化的问题相关联，放在最后再论述。

二、主要的侵权责任类型及其救济障碍

侵权责任样态众多，每个类型都有其各自的特殊问题存在。例如，过错要件的认定、是否应纳入法律保护的权利（利益）范围内，这样的问题并不是所有类型的侵权责任的争议问题。因此，下文仅对具有代表性的侵权责任类型中现有的问题点——特别是那些导致对受害人救济障碍（隘路[6]）的问题点，以及改善措施进行概述。

侵权责任被分为若干类型。相较于以前单纯地以故意、过失来进行划分，现在认为也可依据生活类型来进行划分，即主要是以发生的原因、发生的样态为标准来进行分类。

例如，每年出版发行的『判例タイムズ』杂志中的判例年报里，作为第709条的细分类，侵权责任就被划分为医疗、交通、公害、名誉·隐私、买卖·交易·金融、雇佣·劳动、教育、诉讼、工作物、刑事·犯罪等。

按照案例数量的多少来排序（以下的数据：前面的是1992年的案例统计数据、后面的是1995年的案例统计数据）：医疗26件·54

---

[6] 救济的"隘路"这一词语的使用，未必是公平的表达方式。如果认为发生的所有损害都能够通过侵权责任法得到救济的话，而最终没有得到救济那就是不当的，要去除这些救济的障碍因素，这可以说是"隘路"。但所发生的损害中，有些是由于受害人自己的行为引起的损害，有些如同落雷一样是不可避免发生的，对这些不能找到可归责者的损害，就不能想当然地认为有损害发生就应当给予救济。

件、买卖·交易·金融33件·47件、名誉·隐私23件·32件、交通16件·19件、雇佣·劳动11件·13件。其中交通事故的案例由于由专门的交通事故民事裁判例集进行登载，所以此处数据较少，医疗事故的案例最多，买卖·交易·金融关系、名誉·隐私关系的案件也正在持续增加。

（一）机动车交通事故

机动车交通事故无论是从发生数量还是从赔偿数额来看，其规模都是其他类型的侵权责任所无法相比的。

然而，伴随着机动车损害赔偿保障法（自動車損害賠償保障法）及其中的机动车责任保险甚至各种商业任意保险的普及，机动车交通事故这一侵权责任类型正在逐渐被侵蚀化。大量的纠纷都是通过迅速而简洁的保险手续被处理掉的，导致被提起诉讼的纠纷仅限于那些特殊案件。

关于过错的判断纷争是侵权责任领域最大的赔偿障碍，然而基于机动车损害赔偿保障法第3条*的规定，大部分的交通事故是不需要受害人举证过错要件的，这是在其他类型侵权责任中难以看见的特色。另外，在复杂事故中因果关系通常成为争议焦点，但由于是发生在交通事故中的人身损害这一特定原因，往往也不成为判断的难题。现在依然经常引起争议的是，该人身损害是由没有其他症状的精神性心因疾病引起的还是由事故引起的？这涉及过失相抵规则（特别是其中的比例分担）的适用问题。

（二）产品责任

缺陷产品引发的事故，自二战以来，针对产品制造者对于缺陷

---

* 机动车损害赔偿保障法（2023年修正）第3条规定："自用机动车辆造成他人生命或身体伤害的，应承担损害赔偿责任。但是，如果能够证明自己和驾驶人在驾驶车辆时没有怠于驾驶上的注意义务，受害人或驾驶人以外的第三人存在故意或过失，且车辆不存在构造上的缺陷或功能障碍，则不适用上述规定。"——编译者注

的产生是否存在过错一直存在争议。战后,沙利度胺(可导致胎儿畸形)、安痢生(可引起亚急性脊髓视神经病)这类由于药品副作用产生了大规模的医疗损害赔偿案件。诉讼中产生了争议,主要都通过和解解决了,认定了制造者对缺陷的产生有过错,从而使得受害人得到了赔偿。

但是,在机动车、电器产品、机械等由于缺陷引发的为数不多的事故纠纷中,因果关系、对缺陷的产生是否存在过错仍然是诉讼上的争议焦点。20世纪70年代以后,关于产品责任的立法必要性被提出,历经多年产品责任法最终于1994年制定(1995年施行),其中过错要件被产品缺陷要件取代。关于因果关系,曾经被提案一部分的产品缺陷纠纷适用推定规定,但最终以适用困难为由,未被采纳。

基于产品缺陷引发的损害[7],有些因果关系是非常明确的。但在机动车、电器产品这样的纠纷中,使用方法正确与否对于事故的发生有很大的牵连关系,因此,与事故的因果关系证明是非常困难的。另外,在食品、医药品的纠纷中,除大量典型的损害案件以外,个别案件中摄取和损害发生的关系证明也是非常困难的。

什么是缺陷(缺陷的证明)成为遗留问题。产品制造过程中存在过错是很难证明的,因此如果能够证明客观缺陷的存在即可。然而,在产品制造法制定以前的判例中,事实上多数情况下都是"存在缺陷即判断存在使缺陷产生的过错"的判断方法。从这个角度来看,从过错要件到缺陷要件的转换,仍然只是停留在对过去既成事实的追认,并没有产生新的理论发展。

---

[7] 过错要件被"缺陷"要件取代,那么什么是"缺陷"又成为争议问题。例如,在电视机冒烟、起火的情况下,起火这个状态本身是缺陷还是引发起火的构造上原因是缺陷?这关系到缺陷的证明问题。关于这一点,参见伊藤滋夫「裁判規範としての民法に関する一考察——製造物責任法を題材として」小野幸二教授還暦記念『21世紀の民法』(法学書院,1996年)。

(三) 医疗损害责任

由医务人员或者医疗机构的过错引起的医疗损害责任诉讼纠纷经常（接近 2000 件）引起争议。患者常常得不到满意的审判结果。除某些不能被认定为医疗损害纠纷的案件以外，医疗上的处置行为和损害发生之间的因果关系及过错的认定都存在举证困难的问题。可以说医疗损害责任纠纷，包含了侵权责任法的所有争论点。[8]

医疗损害责任纠纷可以说是过错责任的战场。由于过错认定的困难常常导致不令人满意的结果。因此，美国学者提出不论有无过错，都给予补偿的方案。这在日本也得到了关注。[9]

第一，A. Ehrenzweig 教授认为，既然机动车交通事故责任的认定早就提出不再要求过错要件。那么对于医疗损害赔偿、对于总不令人满意的裁判结果，也应该不需要证明过错要件而给予赔偿。

第二，R. E. Keeton 教授（现法官）因在机动车交通事故中提出基本权利保障的观点而出名。其也认为对于医疗损害赔偿纠纷中过错举证困难的问题，应该根据该类纠纷的特殊性进行特殊的处理。

不确定的因素大量存在，因此对于结果的全面掌控是非常困难的。面对近似乎碰运气似的医疗损害赔偿纠纷，迫于事态的需要对

---

[8] 关于医疗损害责任纠纷的争论点，参见山田卓生「医療事故と作為義務——事故法の法理・覚書(4)」、「医療水準と医療慣行——事故法の法理・覚書(5)」、「医療事故責任の厳格化と波及効果——事故法の法理・覚書(6)」収録在『医事法 生命倫理』(山田卓生著作選集 4)，(信山社，2010 年)。日本的判例参见『医療事故判例百選』(第 2 版)ジュリスト別冊(有斐閣，1996 年)。

[9] A. Ehrenzweig, Compulsory "Hospital-Accident" Insurance: A Needed First Step toward the Displacement of Liabilety for "Medical Malpractice", 31 U. Chicago L. Rev. 279 (1964). R. E. Keeton, Compensation for Medical Accidents, 121 U. Pa. L. Rev. 590 (1973). 参见 P. C. Weiler: Medical Malpractice on Trial (1991) (review by Sugarman; 58 U. Chicago L. Rev. 1499 (1991))。已故的 Gelhorn 教授，晚年对医疗损害责任产生研究兴趣，调查了新西兰的补偿体系，完成了如下论文 Medical Malpractice Litigation (U. S.)—Medical Mishap Compensation (N. Z.) 73 Corn. L. Rev. 170 (1988)。

其进行补偿的必要性可以说是很高的。

(四) 专家责任

律师、司法书士*、注册会计师、建筑师这些具有专业知识的专家责任诉讼也开始出现。特别多的是与律师、司法书士相关联的专家责任,其中往往与合同责任相关联。关于债务的存在、义务的违反,都存在难以处理的问题。[10]

(五) 其他的侵权责任类型

除以上事故型的侵权责任类型以外,还存在其他意图造成损害发生的侵权责任类型。除殴打、杀害他人这类犯罪型侵权责任以外,与经济上的竞争相关联的故意侵权责任也日益增多。

媒体的发展,导致了大量侵害名誉权、隐私权的侵权责任发生。损害的发生往往通过媒体播送、出版这些媒介渠道,这些侵权责任类型常伴有故意的或者至少有过失的主观心理状态。因此与本文所主要涉及的事故法多少有些不同的观点存在。

三、过错责任·间接侵权人·损害论

接下来对日本侵权责任法里最基本的问题即过错责任、被告的

---

* 接受他人委托、代办登记、提存、简易诉讼、书写法律文书等法律事务,具有法律专业知识的人。——编译者注

[10] 辩护过错问题,纠纷数量虽不多但也出现了争议。关于此问题的研究,参见加藤新太郎『弁護士役割論』(弘文堂,1992 年)。山田卓生「弁護過誤」日弁連研修叢書『現代法律実務の諸問題(下)』(第一法規株式会社,1993 年)。司法书士的责任,参见司法書士法務研究会(伊藤進=細川清=藤井哲編)『司法書士法務全集』(第一法規株式会社,1992 年)。注册会计师的责任引起争议的判例,参见東京高等裁判所 1995 年 9 月 28 日判决,『判例時報』1552 号 128 頁(参见后注[21])。专家责任参见川井健編『専門家の責任』(日本評論社,1995 年)。

选择——间接侵权人、损害论展开论述。这三个方面,无论是在学术上还是在司法实务中,都是现在和将来需要面对的争议问题。

(一) 过错责任主义

在日本,呈现了在过错责任主义的理论根据还并不十分明确的情况下,即从过错认定论进入到无过错责任主义这样的研究态势。[11] 也就是说,在认定责任时,仅因果关系存在还不可以,过错要件是否必要？在这个问题还没有弄清楚的情况之下,便进行了"从过错责任向无过错责任"这样的程式化转变。但是,过错责任主义是否还应当被作为损害赔偿责任认定的原则被维持下来？是否还是应当被克服的要件障碍？这些问题依然是值得被继续探讨的。[12]

关于这一点,有必要预先对英美法中的过错责任(negligence)的发展历程[13]有所了解。

简而言之,其发展历程,本来采用的是原因责任主义,到了19世纪,过错责任被采用。而进入20世纪后半段时,对于一些侵权责

---

[11] 关于过错责任主义参见山田卓生「過失責任と無過失責任」『現代損害賠償講座1』(日本評論社,1976 年)。过错的判断,以通常人、平均人为标准,学者 Posner 指出"一个人尽管已经尽力避免损害的发生,但仍然低于平均人的标准,就应该判断为有过错"。R. Posner: A Theory of Negligence, 1. J. Leg. St. 29 ,32. (1972).

[12] 过错责任在法国法中的含义及其变迁,参见 Andre TUNC 教授(国井和郎訳)「過失責任の将来」阪大法学 148 号(1981 年)261 頁。Andre TUNC 教授 30 年前的演讲「不法行為責任におけるフォート(faute)の地位」(星野英一訳)法学協会雑誌82 巻 6 号(1965 年)721 頁。英国的比较法学者 F. H. Lawson 对大陆法的过错论富有启发性的研究,参见 F. H. Lawson: Negligence in the Civil Law(1950)。

[13] 关于此问题,参见 C. J. Peck, Negligence and Liability without Fault in Tort Law, 46 Wash. L. Rev. 225 (1971); G. Schwartz, The Vitality of Negligence and The Ethics of Strict Liability, 15 Ga. L. Rev. 963 (1981); R. Rabin, The Historical Development of the Fault Principle: A Reinterpretation, 15 Ga. L. Rev. 925 (1981). 英国法的发展,参见 J. H. Baker, An Introduction to English Legal History, p. 337ff 2ed 1979. 初版的翻译者是小山貞夫『イングランド法制史概説』(創文社,1975 年)。

任类型的认定,又转移到采用原因主义式的严格责任。[14] 在 19 世纪,严格责任被认为是一种粗暴的、不合时宜的甚至过时的思维方式。而现在情况发生了转变,过错责任退居为守势,过错责任的存在理由甚至在被追问。

在日本的实际诉讼当中,因为过错不能认定而否定责任成立的案件,除医疗事故和名誉毁损纠纷以外,其他类型的案件其实并不多。裁判所在认定过错时,经常是只要有损害发生,其思考方式就认为这当中某些地方一定有过错的存在。但也确实是只要损害发生,总可以找到可归责的、被非难可能的行为。

然而,对于过错认定的最初的构造,究竟是哪里出现了差错导致了损害的发生,那么此差错能否被作为"过错"成为被归责的理由根据?

过错究竟应该如何被认定?在什么样的情况下应该被认定为有过错?这才是裁判所的职责内事项,也是比较法的研究对象。

过错理论的近期发展提出了把避免损害结果发生的经济负担(成本)作为考量因素的观点。该观点不仅在过错理论,在产品责任中的缺陷["综合考虑该产品的特性、通常可预见的使用形态、产品制造者等交付该产品的时间以及其他关于该产品的相关事项,最终判断出该产品欠缺通常情况下应该具有的安全性。"(产品责任法第 2 条第 2 款)]以及土地工作物责任中的"设置明显标志和采取安全措施的瑕疵"等中也可以说在被采用。

现在仍可被称为经典之作的《事故的成本》(The Costs of Auidents,1970 年)中,Calabresi 教授(现法官)指出,"我们的社会并

---

[14] Holmes 教授反对采用严格责任,认为过错责任是普遍的原则。对此,最近 D. Rosenberg 教授(哈佛大学)对 Holmes 教授观点进行了详细分析后,认为严格责任才是现在侵权责任法的真实体现。(D. Rosenberg:The Hidden Holmes, His Theory of Torts in History, Harv. U. Pr. 1996)

没有认可不惜一切代价的投入来维持生命"。[15] 例如,虽然缓慢的旅行更加安全,但是,我们却在利用更加有效率的飞机和机动车来旅行。为了节约费用我们把铁路道口改成平面交叉的设计。

在侵权责任法中引入经济学(的效率性)的观点是否适当?这是"法和经济"研究者,从最初就开始讨论的问题。特别是经常被引用的、因而就特别重要的被称为事故防止费用的观点。这里使用了汉德(L. Hand)法官提出的 $P \times L \leqslant B$ 公式。[16] 危险发生概率(P)乘以损害的重大性(L)的乘积和防止危险发生的负担费用(B)进行比较。如果 B 小的话,就有防止危险发生的义务。相反,如果 B 大的话,就没有防止危险发生的义务。

例如,采用防止地震、火灾发生的耐震、防火构造,成本就会上升。但是,耐震性、防火性是否越高就越好呢?如果事故、灾害的发生概率很低,就不如把这些费用投放在其他更加有用的针对性的地方。

再者,是花费一定的费用去修筑能够抵御 20 年一次规模的洪水灾害的堤坝,还是花费双倍的费用去修筑能够抵御 100 年一次规模的洪水灾害的堤坝?后者可能更令人满意,但前者情形下节约出来的费用可以用于整治其他河川。这样比较下来的话,其实并不是一件简单的事情。

这不仅是过错的判断问题,而且是事关所有公共政策的基本问题。

人命关天,如果能够拯救生命那么就应该不计费用地采用所有的防范措施。但是,在仅仅依靠该防范措施并不能确保成功地挽救生命的情况下,采用其他能够达到相同目的的措施也应该得

---

〔15〕　G. Calabresi, The Costs of Accidents, A Legal and Economic Analysis, p. 17, Yale U. Pr. 1970.

〔16〕　L. Hand 法官在 U. S. v. Carroll Towing Co. ,159 F. 2d 169(1947)里的意见。

到认可。[17]

这与福特汽车公司的平托车(pinto)案不同。[18] 福特公司生产的这款平托车一旦遭到后车追尾便易引发火灾,这是可以预见到的。只需花费安装10美元或20美元的装置就可避免油箱起火。但由于考虑即使发生了火灾,支付赔偿金更加合算,因此就没有安装此装置。这是典型的对于生命的无视,因此陪审团作出1.25亿美元惩罚性赔偿的裁决(裁判所最终减额到350万美元)。

另外,有观点认为如果保险能够覆盖的话,采用无过错责任也就不是那么严苛了。确实在以铁路、机动车交通事业运营者、产品制造者这些可能成为损害发生的加害者为设想前提下,责任保险的加入实现了分散危险的目的。但是,在以下论述的间接侵权人的情况下,由于该承担怎样的责任还不明确,导致依靠保险来分散损害的可能性就未必是有力的依据。

从以上对于过错责任的考察视角来看,基本上可以说是过错责任。但从过错的认定、过错的思考方法等角度来考虑的话,是否也可以被认为是一种诸如企业责任(enterprise liability)那样的思考方式被采用了呢?[19]

企业责任是一种报偿责任和危险责任相结合的责任。以盈利

---

[17] 优先依据管制措施来防止事故发生还是优先依据侵权行为法来防止事故发生?对此问题有兴趣者可参见 S. Rose-Ackerman, Tort Law in the Regulatory State in P. Schuck: Tort Law and the Public Interest 1991. Norton 80 – 102。

[18] Grimshaw v. Ford Motor Co., 174 Cal. Rtpr. 348(1981)。Pinto 事件参见 G. Schwartz, The Myth of the Ford Pinto Case:43 Rut. L. Rev. 1013(1991)。

[19] 关于企业责任的论述,参见德本镇『企業の不法行為責任の研究』(一粒社,1974年)。神田孝夫『不法行為責任の研究』(一粒社,1988年)。神田孝夫「『企業ないし組織体の不法行為』の法理」山田卓生編代 = 国井和郎編『新・現代損害賠償法講座 第4巻 使用者責任ほか』(日本評論社,1997年)。美国关于企业责任的论述,参见 G. Priest, The Invention of Enterprise Liability:A Critical History of the Intellectual Foundations of Modern Tort Law, 14 J. Leg. St. 461(1985)。S. G. Croley & J. D. Hanson, Rescuing the Revolution:The Revised Case for EnterpriseLiability, 91 Mich. L. Rev. 683(1993)。

为目的的企业对社会有益的同时也会引起损害的发生,其尽管采取了预防损害发生的措施,但无论其预见可能与否,对于损害的发生都使其承担责任的思考方法。

实体法上的依据是第715条、第717条。而且,正如产品责任法中所表现的那样,在第715条、第717条不能适用的情况下,可以根据以上论述的观点,作为生产者承担责任的理论基础。这种思考方法与被讨论的企业过错理论相近似。

(二)被告的选择——间接侵权人

1. 原告选择的被告

由谁来承担赔偿责任这并不是客观地被规定的,而是依赖于原告的选择。例如,由于第一原因者是原告的熟人、抑或起诉后恐使将来关系恶化、抑或直接侵权人正在被刑事追责拘留中没有财力等情况而不起诉第一原因者。影响选择被告的因素,首先是原因者能否被确定?其次是原因者是否有足够的赔偿财力?而且,最大的问题是间接侵权人是否有归责可能性?

首先,侵权人不能被确定的情况。例如,走夜路不知被谁(过路歹徒)殴打而受伤、在百货商店内踩到被丢弃的香蕉皮而滑倒受伤。如果能够查明加害人是谁,当然可以向其请求赔偿。但如果不能判明加害人是谁,则可依据犯罪被害者补偿法请求补偿金,或者向安全保卫部门、商场主张请求赔偿。

其次,虽然知道加害者是谁,但以其为被告将得不到任何实际效用的情况下,则会起诉间接侵权人。这与加害人是朋友、熟人或者无资力者是一样的。

问题的关键是,能否让这样的间接侵权人承担赔偿责任?例如,持刀行凶者拘留结束后被释放,随后对被害人加以伤害,此种情况下,警察是否有责任?[20]实施加害行为的是持刀者,但其多数情况下没有赔偿能力。那么没能防止伤害事件发生的警察是否要承担责任就成为争议问题。

这和接下来要讨论的作为义务有密切关系,更确切地说是因果关系的问题。在上文的案例中,如果警察没收了刀具且没有返还给加害人,是否能够防止伤害事件的发生?确实可以说是由于刀具被返还给了加害人,再次引发了伤害意图。但如果没收刀具这一行为是否被认可本身就是一个问题的话,即使用条件说的因果关系来认定也很困难。而且,如果认为有过失的话,即没有防止犯罪行为的发生,那么所有的犯罪行为的发生恐怕都可以被认定为警察违反了犯罪防止义务。成为过失前提的注意义务究竟应如何来考量是一个关键问题。返还刀具,不是不作为,而是一种作为行为,但其不应被独立地作为侵权行为来考虑。

近来,司法书士作为间接侵权人在买卖不动产办理过户登记手续时,由于疏忽没有仔细查看最新不动产登记簿上该财产已经被采取保全措施的信息,导致买房者全额支付价金遭受损失的案件被讨论。当然,卖房者隐瞒房子已被采取保全措施是直接加害人,但在卖房者无资力而责任追及不能时,对损害的发生产生间接作用的司法书士的责任认定就成为争议问题。[21]

---

[20] 大阪高判昭55・1・30判夕414号95页的案例。美国关于同样问题的资料,参见NOTE:Police Liability for Negligent Failure to Prevent Crime,94 Harv. L. Rev. 821(1981)。

[21] 東京高判平3・3・25判夕767号159页。另一类也被作为间接侵权人讨论的是,对财务人员的不法行为会计监查事务所没有审查出来,该会计监查事务所作为间接侵权人的案例,参见東京高判平7・9・28判時1552号128页。外资子公司的财务主管营私舞弊导致该公司损失了数亿日元,但是负责对该公司财务进行监督检查的会计监查事务所作出了无保留意见的适当性检查报告。该公司起诉会计监查事务所,主张由于其没有及时发现财务主管的不法行为致使公司损害的发生请求其损害赔偿,一审東京地判平3・3・19判時1381号116页根据过错相抵规则判决会计监查事务所承担80%即2亿多日元的赔偿责任。会计监查事务所提起上诉,东京高级裁判所却判决会计监查事务所不承担责任,参见東京高判平7・9・28判時1552号128页。对此判决,龍田節「任意检查と检查人の责任」商事法務1411号54页中进行了批判。

能否被认定为间接侵权人的另一类案件是,对于道路噪音损害道路管理者(或者其他道路公共团体)是否应当承担责任的问题。实际产生噪音的是通行车辆,但由于声音的累积效果,导致沿路居民受到了噪音侵害。大阪市飞机场噪音事件在某种意义上也是如此情况。的确这是道路、飞机场的选址问题,但如果集中问题的焦点,也会涉及道路管理者、飞机场设立者是否需要承担责任的问题。

2. 直接侵权人的排除

接下来讨论在直接侵权人被特意地排除在外,不作为被告被起诉的情况下,间接侵权人的责任承担问题。

例如,在好意同乘中,受害人不把好意的同乘驾驶人作为被告,而是把对方车辆的驾驶人或者是运输公司作为被告的情况。对此,同乘驾驶人作为被告时基于好意同乘的减额、受害人的过失,过失相抵规则已经被适用。但在间接侵权人作为被告时如果不能采用过失相抵规则的方法进行减责,则是否就认可了加重间接侵权人的责任了呢?

在以安痢生(可引起亚急性脊髓视神经病)为代表的这类由于药品副作用引起的医疗纠纷中,受害人基于诉讼策略上的考虑并没有以医生作为被告,但医生作为中间者的责任问题不得不被考虑。虽然从救济受害人的角度来看,医生和药品生产者不应该被分别独立考虑,但是从责任分担的角度来说,两者之间的关系将成为争议问题。[22]

---

〔22〕 药品副作用引起的医疗纠纷中,原告选择药品生产者作为被告的情况下,医生的责任如何认定,成为争议问题。药品或多或少会有副作用,再加上服用方法的不同,不可避免地会带来伤害。因此,开处方的医生,起到了引起损害发生的中间人(learned intermediaries)作用。此中间行为,将影响药品生产者承担责任范围的认定。此问题更为突出地体现在,医生在药品使用说明以外开药的情况。药品生产者限定了药品使用的对应症,但医生认为此药品对其他疾病也有疗效进而开出处方,最终引发了药品副作用的伤害,此种情况下如何认定药品生产者的产品责任?关于此问题在以下评论中被讨论。K. Stottelmayr, Comment: Products Liability and "Off = Label" Uses of Prescription Drugs, 63 U. Chicago L. Rev. 275 (1996).

3. 不作为侵权行为

近来,间接侵权人的问题渐增,其常与不作为类型的侵权行为相关联。[23] 即能够防止损害发生者,如果其实施了适当行为损害就不会发生。但由于其没有采取适当的行为(不作为)而导致了损害发生,就应对该能够采取防止措施的人追究责任。

具体分为以下三种类型。

第一,在上文中提到的持刀行凶案例中,警察收缴刀具后将其归还,加害人又持该刀进行行凶。实际持刀行凶人除负有侵权责任以外,如何判定能够防止持刀伤害发生的警察责任,则成为争议问题。

第二,面对落水求助者而没有提供救助的人,其是否应当为该不作为行为承担责任?

第三,拥有监管权限的政府机关没有恰当地行使其监管权,导致没能有效地防止损害发生的情形。

在铁轨上放置石头导致电车脱轨的案例,即被认定为不作为侵权(最高裁判所 1987 年 1 月 22 日判决最高裁判所民事判例集 41 卷 1 号 17 页)。中学二年级的学生 Y 和其他 4 个玩伴在电车线路上放置石头玩闹。Y 虽然自己没有参与,但是由于其没有采取防止措施而被认定承担损害赔偿责任。然而,这也可以被认为是一种对在先危险行为的抑止(作为)义务。

无论怎样,不作为所产生的损害,既是如果采取了行动,就能够防止损害发生的因果关系上的问题,也是责任承担者是否存在法律上作为义务的问题。这些是不作为侵权行为的共同问题。以上三

---

[23] 参见 Law School 52 号(立花书房,1983 年)中关于不作为侵权行为的特集。特别是其中援用德国法,对不作为侵权行为过失论的论述,円谷峻「不作為不法行為と過失論」。山田卓生「作為義務をめぐって(事故法の法理・覚書2)」判例タイムズ438 号(1981 年)、「医療事故と作為義務——事故法の法理・覚書(4)」收录于『医事法 生命倫理』(山田卓生著作選集4)(信山社,2010 年)。中井美雄「不作為による不法行為」本書第4章(1997 年)。

种类型的不作为,既要考虑这些共性问题同时也应该进行区别对待。

4. 监管权限的不行使

基于国家赔偿法请求损害赔偿的案例,大多是由于国家对于损害的发生没有采取防止行为,因此被作为监管权限的不行使来讨论。[24]

这种诉讼不仅是请求损害赔偿,更多的意义是在于强调政府对于损害防止义务违反的责任问题。

另外,危险工作场合下劳动监督官的责任也成为争议问题。如果劳动监督官恰当地履行了监督职责,依照其督促采取了补救措施,则损害本来是可以预防的。但如果监督官没有履行监督义务,其是否应被认定为间接侵权人呢?

消防监督官也是同理,发现了防火措施上的不完备之处,但仅发布了纠正命令,却未能采取纠正措施。对于火灾的发生是否可以认为消防监督官有责任呢?

此问题与监管权限的强化相关联,那么就应当思考其与近期热议的监管缓和又是什么关系呢?

(三) 损害论

1. 损害的金钱评价

如何把损害额进行金钱上的评价?其中包含了众多难题,特别是关于精神的、非财产性损害的金钱评价。在人身受到伤害而支出

---

[24] 在美国,政府的不作为(inaction)也是有争议的。4 岁孩子被父亲殴打,社会福祉机关的调查员却置之不管,福祉局和该工作人员被起诉的案例中,对于是否有积极保护(affirmative)要保护者的义务存在争议。联邦最高裁判所最终否定了责任的存在。[DeShaney v. Winnebago County Department of Social Services, 109 S. Ct. 998 (1989)]。该案引起了关于政府不作为的争论。关于此问题,参见 Thomas Eaton & Michael Wells: Governmental Inaction as a Constitutional Tort: DeShaney and its Aftermath, 66 Wash. L. Rev. 107 (1991)。参见古城誠「権限不行使と国家賠償責任」山田卓生 = 國井和郎編『新・現代損害賠償法講座 4』(日本評論社,1997 年) 269 – 292 頁。

医疗费、借用物品被毁损灭失时该物品的市场价格这些客观情况之下,损害赔偿额的计算几乎没有争议。但是,如果加入或多或少的主观评价因素后,就很难判断其是否妥当合理了。因为从受害人角度其认为赔偿过低,而从被告角度其认为赔偿过高。

然而,对算定方法进行合理性的评价是可能的。

这是进行金钱评价所不能回避的问题。任何人都会进行金钱数额的比较,如果没有统一的算定方法,就会招致忽高忽低、忽多忽少的批判。[25]

对受害人来说,损害赔偿额是越多越好,而对责任承担者来说则是相反的。

赔偿过多与赔偿过少是同样的,都是不正义的。[26] 对损害的公平分担恰恰是损害赔偿理论的目的。以救济被害者的名义要求过多的赔偿,或者本不是受害人而被加入到受害人的救济行列,这是大规模损害发生时不可避免的问题。保险公司需要经常直接面对此问题,然而由于其与受害人利益保护看起来相反所以一直未被关注和重视,但不可否认这是一个重要的问题。

2. 经济上的损害

迄今为止,日本的侵权责任法的研究焦点主要集中在人身损害。交通事故、医疗损害、公害、产品责任都是围绕着人身损害来研究的。因此,对于逸失利益、精神损害以及医疗费、后遗症与事故之

---

[25] 以此为前提,有时会对裁判所判决的损害赔偿金额进行评论,如赔偿的过多或过少。但这仅仅是一种感想表达,即单纯对金额的评判很难被认为是对判例的有意义的批评。然而,名誉毁损的赔偿额(精神损害赔偿)一般被判定得过少,男女劳动能力的差异应该得到均衡化地评价,这些主张是合理的,与单纯的感想表达是不同的。

[26] Mustill 指出:"没有必要因矫正赔偿过少的不正义而转向于不当地给于过多赔偿。"Lord Mustill in Ruxley Electronics and Construction Ltd v. Forsyth (1995) 3 All E. R. 268(HL) cited in J. Poole; 59 Mod L. Rev. 272(1996). 在赔偿数额不太大的时代,是不会引发因承担过多的损害赔偿责任而导致运营良好的企业破产这样的问题,进而也不是一个如何用有限的剩余资产偿还债务的问题。但是,近来,出现了因赔偿责任过大导致破产的案例。关于此问题,参见 NOTE, The Equity Receivership in Mass Tort, 60 Yale L. J. 1417(1951)。

间的因果关系这些问题争议很大,已经累积了大量的事例。

在交通事故中,近来关于物损(车辆损失)的争议越来越多,但仍不及人身损害的讨论程度。

相比之下,针对经济上损害的侵权行为案件并不多。但今后会逐渐增加,特别是那些与消费者有关的,这从起诉案件的数量就可得知。[27]

经济上的损害诉讼与人身损害诉讼相比,有以下特色,或将成为今后侵权责任法的研究课题。

第一,引发经济上的损害的侵权行为,多数产生于故意,或者有给对手带来损害的竞争性的主观意图。一直以来,侵害债权需要具备故意的主观要件才能构成侵权责任。[28] 今日,和"交易"有关系的侵权行为,大多与竞争有关。竞争即是把竞争对手或交易对手打倒,以使自己获胜,因此一般都是具有主观意图的行为。

第二,引发经济上的损害的侵权行为,大都与获利有关。从经济上的竞争便可看出是使他人受到损害从而使自己获利。通过对比可以明显发现在人身损害中,对被害人的损害即是对社会的损害,这些损害的发生并没有使加害人获得利益。这些损害虽然不能说是完全无用的,因为其会给从事损害修复的相关者(如治疗伤害的医疗机构、机动车的修理厂)带来相应的利益,但这些还并不能被称之为得利。

第三,经济上的损害大多与合同相关联,即不是单纯地由事实(事故)所引起的损害,而是基于某种原因多与某种交易关系交织

---

[27] 关于此问题,参见1996年的私法学会专题论文集「取引関係における違法行為とその法の処理——制度間競合論の視点から」ジュリスト1079—1097号(1996年)。关于经济上的利益和侵权行为的关系,参见 P. Cane, Tort Law and Economic Interest, Oxford U. Pr. 1991,2ed. 1996。

[28] 对经济交易关系的干涉问题,参见吉田邦彦『債権侵害再考』(有斐閣,1991年)。

在一起。[29] 因此,与合同法上的救济手段之间的关系应如何处理也是一个问题。

四、日本侵权责任法的特质

(一)日本法的特色

日本侵权责任法以民法典(1896年)作为出发点。其继受来源于法国法还是德国法一直以来有所争议。[30] 关于继受谱系的争论暂且不提,现在的侵权责任法单从法条来看,已经发展到无法理解的程度。

裁判所、学者、受害人的代理人、市民共同参与形成了现在的日本侵权责任法。学者通过介绍外国法、代理人应受害人的赔偿需求将其转换成法律上的构成要件、法律的市民支持、大众传媒的宣传[31],每一个角色都非常重要。其中,最为重要的是裁判所接受了以上参与者的法律活动从而最终促成了新的领域的法形成。[32] 裁判所下达判决后,针对实务家和学者中存在的对该判决的批判,裁

---

[29] 1996年私法学会专题论文集「取引関係における違法行為とその法の処理——制度間競合論の視点から」ジュリスト1079—1097号(1996年)中主要的论点之一即是对于交易损害是通过合同法救济还是侵权责任法救济?

[30] 日本侵权责任法的继受谱系参见平井宜雄『債権各論Ⅱ』)(弘文堂,1993年)7页以下。

[31] 特别是在大规模损害中,主要由受害人的代理人对媒体宣传进行推动,发挥着重要作用。把几乎处于孤立无援的受害者的诉求,持续坚定地传达于媒体,使纠纷成为一个公共话题,这种利用媒体的方法似乎非常奏效。

[32] 日本的侵权责任法,可以说二战后主要是由判例所形成的。战前的判决现在还仍然作为先例被适用的,已经很少了。这可以从侵权责任的判例引用索引中得知。例如,平井宜雄,前注[27]的卷末判例索引中(包含下级裁判所的判决),战前的判决68件,战后的判决则达到了大约500件。另外,损害算定(损害论)中,保险公司、互助团体的支付标准具有重大意义也应当被关注。此支付标准,是为了使案件庞大的机动车事故损害纠纷被公平合理地对待,不是恣意制定的,而是在慎重检讨判例的基础上制定出来的。

判所的接受方法非常值得关注。

之所以被称为日本侵权责任法的特色，大概有以下三点。[33]

第一，责任论采用了原因主义。法条上确实采用了过错责任主义，但在实际法律适用上，存在只要是基于事故产生了损害，就被认定为有过失的思维方式。责任并不是基于损害的发生，而是基于过错所产生的思考方法，恐怕在日本并没有被采用。

之所以进行这样的法判断，理由背景大概在于其符合包括大众媒体在内的一般人的思考方式。

第二，在损害赔偿额的认定上，采取的是平等主义或者是均等志向。基于一种"不公平"的想法常常会引起与他人进行比较。

为了使赔偿额的差异具有正当性，需要提供过去的收入证明，依据平均预期剩余寿命计算劳动年限。这种计算方法使用的是同一个公式，因此无论是谁计算都是同样的数额。

以西原道雄教授为代表的学者们所倡导的定额化论，[34]尽管有其合理性却不被接受，似乎与这种平等主义有关。

第三，过失相抵规则被大量使用。即使是对于几乎可以说是受害人自己的行为引起损害的情况下，也会采取在责任成立的基础上运用过失相抵规则的方法来认定损害赔偿责任。

例如，在通过钻进防护栏的空隙的方式进入禁止入内的场地被火车碾压、擅自进入禁止入内的施工现场而掉入水池中溺死的事例中，从因果关系上来讲进入禁止入内的场地此行为本身就是侵权行为。然而能够进入本该不能进入的场地，也应认定为管理瑕疵。确实如果栅栏在物理上是不可逾越的，就不会有闯入情况发生，这当然不是没有因果关系的（sine qua non）。在这种情况下，对于侵入

---

〔33〕 如此重要的内容应当是在充分论证后才可以得出的结论。但是，在看过美国的判例之后从感觉印象上认为可以作为日本法的特色被提出。当然也并不是说想要以外国法作为标准来批判日本法。

〔34〕 西原道雄「生命侵害傷害における損害賠償額」私法 27 号（1965 年）。

可能性予以追究责任,是好还是不好,是一个政策考量问题。[35]

通过大量的过失相抵规则来认定赔偿责任,与其说是赔偿倒不如说是事故补偿的思考方法。

对于以上的特色,不应该说是批判的对象,而应当被评价为日本法的特色。

的确从比较法的视角来看,日本法可能被认为比较特殊。但是,包括侵权责任法在内的所有法律,都是历史的产物。它不会仅仅因为与外国法律的比较而改变。因此,应当不时地结合这些特点来理解日本法。

(二) 其他特质

最后,对在外国常被作为侵权责任法的问题进行讨论,而在日本法中则被认为是不言自明的两三个问题进行以下探讨。

责任的严格化(要件的缓和)是否会影响应当赔偿的损害数额?构成要件和法律后果进行严格的区分,符合要件后就是法律后果的问题,如是这样的话,一般不会出现争议。但是,责任的严格化一般是与责任额的限定一起配合适用的。

在日本,通过机动车损害赔偿保障法和物损的关系,即可明确以上问题。被告根据机动车损害赔偿保障法作为实际驾驶人需要承担责任,但此责任仅限定在人身损害赔偿。关于物损的赔偿,需

---

〔35〕 相当于美国法中对于儿童适用的过错相抵规则,即美国上"引诱性公害原则(attractive nuisance)"的思考方式。儿童虽然实施了不法侵入行为,但由于是放置了对孩子们来说很有诱惑力的东西导致的,因而认定应当承担责任的思考方法。Second Restatement of Torts, &339. 关于此问题参见 R. Posner, Tort Law 1982, Little Brown p. 378. Batson, Trespassing Children: A study in Expanding Liability, 20 Vand. L. Rev. 139 (1966). Prosser, Trespassing Children, 47 Cal. L. Rev. 427 (1959). 山田卓生「土地工作物責任」山田卓生ほか編『分析と展開・民法Ⅱ』(弘文堂,1989 年)。

要根据侵权责任法来认定是否承担责任。[36]

除了以上的例外,一般情况下一旦认定责任成立,就应该适用共同的损害论,特别是在机动车事故中形成的规则。但是在机动车事故中基于保险制度的支持使得补偿制度更加完善,从这一点来看可以说是个例外。在机动车事故以外的其他侵权类型的赔偿额计算上,不能被简单地适用。

因此,承担责任的理由根据(过错责任或者无过错责任)和基于责任而产生的损害论应当被分别考虑。[37]

日本法的另外两个特点,一是没有采用分期支付(定期金)的赔偿方式,另一是认可父母能够继承孩子的损害赔偿。两者存在一定的关联关系。[38]

首先,没有采用分期支付主要是因为诉讼手续上的问题。虽然中间利息被扣除了,但一次性地入手数十年的损害赔偿额,对受害人来说未必是有利的事情。需要在制度上进行完善。

其次,特别是承认父母能够继承孩子的损害赔偿。[39] 虽然利用工资收入调查手段,能够进行均一化处理,然而双亲的损害应该是精神损害的赔偿。此问题在判例及实务上已经定型,只有希望将来通过新的立法来解决此问题。

---

〔36〕 同样在德国,依据德国的道路交通法(StVG),机动车的保有者(Halter)承担无过错责任,但是责任内容里不包含精神损害赔偿。精神损害赔偿需根据德国民法(BGB)的过失责任进行认定。

〔37〕 在美国法中,对于名誉被毁损的情况,无须证明损害是多少。因为基于名誉受损而产生的损害属于精神损害,严格地要求证明损害是多少是不可能的。然而,对于商品的名誉毁损即评价毁损(disparagement),导致评价低下而产生的损害,可通过销售额的减少予以证明,因此举证证明损害额便成为构成要件。山田卓生「消费者情报誌の記事と名誉、信用毁損不法行為——東京地判平成七・二・一六」ジュリスト1095号(1996年)。

〔38〕 关于分期支付,参见山田卓生「定期金」交通法研究5号(1976年)。

〔39〕 关于此问题,参见以下著名论文,倉田卓次「相続構成から扶養構成へ」坂井芳雄編『現代賠償法講座7』(日本評論社,1974年)。

五、结语

以上立足于日本侵权责任法的特质,对相关问题进行了考察。本文并不是直接地以比较法的考察为目的,而是以外国法作为引证来指出日本法自身的几个特质。

以下,对日本侵权责任法的正当化以及今后的发展动向作若干思考以代为结语。

关于侵权责任法的正当化,首先要考虑的即是作为决定损害赔偿责任的各种规则。虽然已经存在各种的标准或者规则(民法第709条、机动车损害赔偿保障法、产品责任法、最高裁判所的判例、损害评定标准等),但这些都不是永恒不变的,而是不断变化的。正是因为如此,追问其正当化的理由是必要的。

与其说单纯的是法律上的视角,还不如说是伦理上的、社会哲学上的正当性问题。在日本,例如产品责任法制定后,进而就产生了认为没有必要再讨论其正当性的倾向。但是,即使是在法律被制定以后,其为何不能采用过错责任抑或为何要维持过错责任这样的追问仍然是非常有意义的。[40]

损害赔偿并不是对被害人的所有损害都赔偿,就万事大吉了。应该得到赔偿的损害到底是什么即损害赔偿的正当化问题,对承担赔偿责任的人来说是非常必要的。过多赔偿与过少赔偿同样都是不当的。

按照上文的意思来说,侵权责任法的基础也可以说就是指侵权责任法的理由依据。更进一步讲,即是怎样才能正当化的问题。不

---

[40] 关于这样的尝试,参见 I. Englard, The Philosophy of Tort Law (Darmouth. 1993)。E. J. Weinrib, The Idea of Private Law 1995, Harvard U. Pr. [虽然 R. L. Rabin 对此著作进行了批判,却是非常好意的书评。105 Yale L. J. 2261(1996)]

能认为现在的侵权责任制度因为具有正当性，所以就没有需要改进的地方。相反，更应该探讨是基于什么理由使其具有正当性而被予以接受的。

从正文论述的几个问题点即可看出日本侵权责任法正在向"补偿化"的方向发展。[41] 这一点已经从各种角度被指出来，不仅是在审判层面，而且诉讼中发生争议的事件大量通过和解的方式被解决，也体现出了补偿化的一面。[42] 和解有各种方式，至少不是法律上的判断，在责任并非明确化的情况下支付金钱进行补偿，这是一种实用性的解决纠纷方式。从这个意义上来讲，这种争端的解决方式有被单独讨论的必要，以和解的方式解决纠纷不应该受到非难。

另外，过错的认定、间接侵权者的责任、过失相抵规则的运用等，与其说是赔偿，不如说是分散现实发生的损害的方式，即也是体现补偿化的一个方面。虽然说是补偿，但并不意味着原本的侵权责任失去了意义。

侵权责任法的周围产生了若干支持体系，因此侵权责任法的功能也不得不改变。借用 1984 年美国律师协会（ABA）的特别报告"侵权责任的体系"中的一句话："侵权责任法的优势是面对现实需要能够援用多种标准（rationales）进行应对，其具备实现多元社会目标的应对能力。"[43]

---

[41] 近期，以独特视角来主张事故补偿的观点，参见 S. Sugarman, Doing Away with Personal Injury Law, 73 Cal. L. Rev. 555 (1985)。用同样的标题，加上以下副标题该论文已成书出版 New Compensation Mechanisms for Victims, Consumers, and Business（Quorum Books, 1989）。

[42] 沙利度胺（可导致胎儿畸形）、安痢生（可引起亚急性脊髓视神经病）以及因血液制剂导致 HIV 感染这样的大规模事件，都是通过和解来解决的。虽然有些安痢生（可引起亚急性脊髓视神经病）案件是通过判决来解决的，但如何看待以和解方式解决案件也是一个需要考虑的问题。另外，国家作为被告的事件也可以通过和解来解决，这一点从比较法上来看，也可以说是日本法的特色。

[43] ABA Report, Toward a Jurisprudence of Injury (1984), cited in Steven. D. Smith, The Critics and the "Crisis": A Reassessment of Current Conceptions of Tort Law, 72 Corn L. Rev. 765, 777 n. 52 (1987).

故意侵权

[日]执行秀幸*

一、问题的设定

依据民法第 709 条的规定,如满足了其他要件,则无论是故意还是过失,都可能发生损害赔偿

---

* 执行秀幸(しぎょう ひでゆき,1948－2022),毕业于早稻田大学第一法学部,早稻田大学研究生院法学研究科博士课程学分修满,历任国士馆大学法学部专任讲师、副教授、教授,明治学院大学法学部教授,中央大学法科大学院教授、特别研究员。
著作:『新ハイブリッド民法 4 債権各論』(法律文化社,2018 年);『事例で学ぶ債権総論』(法学書院,2011 年);『判例プラクテイス民法 Ⅱ 債権』(信山社,2010 年);『ベーシックラーニング・ロースクール 契約編』(第一法規,2007 年);『ハイブリッド民法 4 債権各論』(法律文化社,2007 年);等等。
论文:「契約の終了における消費者契約と事業者間契約(上)(下)」商事法務 1135 号(2018 年)63－69 頁,1137 号(2019 年)106－109 頁;「法規範対立ケースにおける民法規範の衝突(6・完)」中央ロー・ジャーナル第 15 巻第 2 号(2018 年)3－21 頁;「消費者契約の成立法理の構造と課題—結婚式場契約の成立問題の検討を通して—」編集委員会編『現代私法規律の構造 伊藤進先生傘寿記念論文集』(第一法規,2017 年)85－115 頁;「冠婚葬祭に係る互助契約のキャンセルと『平均的な損害』」消費者法判例インデックス(2017 年)62－63 頁;「有料老人ホームの入居者死亡と入居一時金の償却条項の有効性」消費者法判例インデックス(商事法務,2017 年)64－65 頁;等等。

请求权,其法律后果也基本相同。在刑法中,原则上只有故意犯才受到处罚,所以故意和过失的区别具有重要意义。而与之相对比,一般认为在侵权责任法中故意和过失的不同,原则上不具有重要的意义,因此,故意的问题就没有受到太多的关注。然而,在故意理论发展的历史流变中,所历经的两大学说流派,对现今产生了巨大的影响。第一个学说流派即有力说认为,故意引起的侵权行为应当与过失引起的侵权行为进行区别认定。第二个学说流派认为由于公害事件等故意引起的损害,非难可能性很高,这种非难程度应当反映在赔偿额上,进而制裁性的精神损害赔偿应当被认可。本论文着眼于这些学说流派背景,首先,对学说的流变进行一般性的总览。然后,针对故意的两大学说流派,即对故意引起的侵权行为的具体提案进行分析、研讨,试图通过展望故意侵权行为来作一些基本性的研究。讨论的焦点将完全放在故意侵权行为和过失侵权行为之间的关系上。[1] 近来,意图的侵权行为经常被用来指由故意引起的侵权行为,本文也是在这个意义上进行使用。[2]

二、关于故意·意图侵权行为的以前见解

(一)通说

旧民法规定了基于"过失或者懈怠"(包含今天所指的故意)对他人造成损害者的赔偿责任(财产编第 370 条第 1 款)。其中,相当于现在的故意即"有意"所引起的"民事犯罪"和相当于现在的过失

---

〔1〕 本论文对故意的定义、故意概念的学说、判例,并没有进行系统的论述。关于这些内容,参见四宫和夫『事務管理・不当利得・不法行為(中卷)』(青林書院新社,1983 年)300 頁以下。森島昭夫『不法行為法講義』(有斐閣,1987 年)159 頁以下。澤井裕『テキストブック事務管理・不当利得・不法行為(第 2 版)』(有斐閣,1996 年)163 頁以下等。

〔2〕 吉田邦彦『民法判例百選Ⅱ(第 4 版)』(有斐閣,1996 年)162 頁以下。

即"无意"所引起的"准犯罪",两者在损害赔偿范围上是有差别的。"无意"情形下,损害赔偿范围限定在侵权时当事人预见或者能够预见的损失、得利的损失之内(第385条第2款)。而"有意"情形下,损害赔偿范围包括当事人不能预见的损害,甚至包括不可避免发生的损害(第385条第3款)。而现行民法第709条,受到德国民法草案等的影响,虽然区分故意和过失但没有设计它们的上位概念,并且没有规定故意侵权行为的类型。[3]

我妻荣教授认为,故意是以自己的行为侵害他人权利,明知违法还是敢于这样做的心理状态,而过失则是由于不注意所以并不知道违法事实的发生。和刑法不同,故意和过失原则上不产生责任轻重的区别,因为"当衡平的理想发挥作用时,主观上应受指责的强弱状态只是需要考虑的一个要素而已",在民法中没有必要将两者进行严格的区分。[4] 加藤一郎教授也认为,虽然在损害赔偿范围、精神损害赔偿的算定、过失相抵的情况下对故意和过失会出现不同对待,但这种差异"并不是质上的差异,而是非难性程度的差异"。[5] 来栖教授指出,在某些侵权责任成立时可能需要故意要件,[6] 几代教授对其进行了"债权侵权等"的举例。[7] 但是,几代教授认为即使是在这样的情况下,也不同于刑事责任中的故意和过失。"刑事责任认定中故意和过失具有质上的差异(判断是否加重处罚等),而在侵权责任中,故意—重大过失—过失是作为具有非难可能性的

---

[3] 参见野村好弘「故意」ジュリスト881号(1987年)112-113頁。森岛,前注[1],155-156頁以下。

[4] 我妻栄『事務管理・不当利得・不法行為』(日本評論社,1937年)103-104頁。

[5] 加藤一郎『不法行為』(有斐閣,1957年)65-66頁。

[6] 来栖三郎「昭和一八年三六事件」民事法判例研究会編『判例民事法』第23巻(有斐閣,1955年)。

[7] 参见幾代通=徳本伸一(修訂)『不法行為法』(有斐閣,1993年)28頁。広中俊雄『債権各論講義(第5版)』(有斐閣,1979年)422、434頁以下。

连续性程度的差别问题来把握的"。[8]

(二)通说的背景

从比较法上来看,日本民法第709条采用的是不区别故意·过失的构造。[9]在此基础上通说认为,故意侵权行为不是区别于过失侵权行为的一个单独侵权行为类型,虽然故意和过失之间赔偿额数量上有差异,但也可以说有其相应的理由存在。比较法上,区分两者的意义比较小的法系有法国民法,区分意义比较大的法系有英美法系,处于两者之间的是德国民法。[10]依据德国民法,侵权责任成立需要三个基本要件,德国民法典第826条规定了只有在故意的情况下才能成立的侵权责任类型。在英美法中,过失即所谓的"negligence"是一般侵权责任的构成要件,而故意侵权责任(Intentional Torts)里不存在统一的侵权责任的构成要件,其中存在各种各样的侵权行为类型。例如,对人格权进行侵害时,存在暴行的着手(assault)、暴行(battery)、不法监禁(false imprisonment),加害人在故意而且违法地直接接触他人的情况下,只要暴行这一侵权行为要件成立即可,不需要证明实际损害的发生。故意侵权行为时,受害人的过失不是减额事由,损害赔偿范围延伸到预见不可能的损害,也会涉及惩罚性赔偿的问题等,即故意侵权和过失侵权的

---

[8] 幾代,前注[7],28頁。
[9] 野村,前注[3],113頁。
[10] 平井宜雄「責任の沿革的・比較法的考察——不法行為責任を中心として」芦部信喜ほか編『岩波講座基本法学5 責任』(岩波書店,1984年)29頁。然而,在法国民法中,在故意侵权的情况下,与过失造成的侵权行为不同,精神障碍者、幼儿不承担任何责任。故意引起的侵权行为只要被害人能够证明加害人故意,就可以在不立证过错和损害之间的因果关系等其他侵权责任要件的情况下,对所遭受的损害提出赔偿要求。理论上虽然不被认可,但在实践中故意侵权情况下的损害赔偿额是被高额认定的。新関輝夫「フランス不法行為におけるフォート概念の変容」淡路剛久ほか編『不法行為法の現代的課題と展開』(日本評論社,1995年)86頁。

差异点很多。[11] 然而,日本民法典中不存在没有故意就不成立的侵权行为类型。故意侵权时,不需要证明实际损害的发生或惩罚性损害赔偿制度这些都没有被设计。

三、关于故意的两大流派

(一)故意对损害赔偿额的影响

有力说认为故意之所以被予以关注的原因之一,在于其具有强烈的非难可能性,因此与过失侵权不同,故意侵权情况下损害赔偿额应该被高额认定。西原道雄教授、乾昭三教授也持有此观点。[12] 另外,泽井裕教授认为"故意·过失的阶段性不同反映在违法性上,因此应该对应违法性来决定赔偿数额"。[13] 淡路刚久教授就故意的存在意义也认为"加害人的非难性程度应该反映在赔偿数额上(特别是精神损害赔偿)",其把故意分为"意欲故意""容忍故意""认识故意",指出故意的不同程度反映在损害赔偿数额上的方法具有探讨的必要性。[14] 最近,在后文中论述的泽井裕教授主张从对结果认识的程度把故意分为四类。

公害诉讼中受害人对加害企业追究故意责任时,只有赔偿额能够反映加害企业的强度非难性。[15] 另外,有学者主张在氯喹药物副作用诉讼中,在计算精神损害赔偿时,加害行为被认定为故意·

---

[11] See, L. Limpens, R. M. Kruithof & A. Meinertzhagen-Limpen, Liability for One's Own Act (International Encyclopedia of Comparative Law Chapter 2), 25 – 32, 1979.

[12] 西原道雄「幼児の死亡・傷害と損害賠償」判例評論75号37頁、判例時報389号(1965年)308頁。乾昭三「不法行為法の発展」『岩波講座・現代法8』(岩波書店,1966年)298頁。

[13] 澤井裕『公害の私法的研究』(一粒社,1969年)175頁。

[14] 淡路剛久『公害賠償の理論』(有斐閣,1975年)101 – 102頁。淡路剛久『不法行為法における権利保障と損害の評価』(有斐閣,1984年)89 – 90、94頁。

[15] 森島,前注[1],167頁。

重大过失等违法性程度很高的情形时,应该对加害人苛以制裁性的赔偿额。而在高度恶劣性质的情况下,制裁性的精神损害赔偿应该是通常的精神损害赔偿额的 3 倍以上。[16] 但是,东京高等裁判所 1988 年 3 月 11 日的判决,判例时报第 1271 号第 441 页,否定了制裁性的精神损害赔偿。[17] 以此判例为契机,关于制裁性精神损害赔偿的讨论开始活跃,持肯定观点的学者不在少数。[18] 例如,淡路教授认为精神损害赔偿应该包括填补的部分和制裁的部分,后者应当考虑故意·过失的程度。[19]

(二)故意侵权行为的独自性说

关于故意的另一个学说流派主张故意侵权行为是区别于过失侵权行为的另一种类型,即强调应该认可"故意侵权行为的独自性"。这种观点的出现有一个共性背景是过失的客观化。由于过失的客观化,过失责任和无过失责任的界分变得不清晰,同时和违法性的界分也变得不明确。而相比之下,故意仍然是主观的,因此其和过失的异质性就被意识到了。[20]

1. 前田达明说

前田达明教授关注于 Wiethölter 所主张的故意责任是关于违法

---

[16] 後藤孝典『現代損害賠償論』(日本評論社,1982 年)257 頁。後藤孝典「制裁的慰謝料論」法律時報 52 卷 9 号(1980 年)23 頁。東京地判昭 57·2·1 判時 1044 号 93-115 頁。

[17] 同样的判旨,如東京地判昭 57·2·1 判時 1044 号 19 頁。東京地判昭 62·5·18 判時 1231 号 3 頁。

[18] 中井美雄「クロロキン薬害訴訟における損害論」判例時報 1044 号(1982 年)8 頁。樋口範雄「制裁的慰謝料論について」ジュリスト 911 号(1988 年)19 頁。森島,前注[1],474 頁等。

[19] 淡路,前注[14],104 頁。

[20] 然而,石田穰教授提出侵权行为的三分法即意思的侵权行为、客观责任的侵权行为、结果责任的侵权行为。其中意思的侵权行为的归责理由在于"意思"的非难性,其中不但包括故意也包括了具体的过失侵权行为。石田穰「不法行為法の再構成」法学協会雑誌 91 卷 4 号 537 頁、5 号 729 頁、7 号 1011 頁(1974 年)。这些论文收录在石田穰『損害賠償法の再構成』(東京大学出版会,1977 年)。

有责行为的责任、过失责任是关于违法无责行为的责任的见解。但认为该见解中所主张的只要满足客观的注意义务违反即构成过失侵权行为的理由并不充分,进而提出归责的理由在于信赖原则,即主张"故意责任 = 意思责任""过失责任 = 信赖责任"的二分论。"以'权利侵害'为目标,有目的意思地操纵包括自己身体在内的外部世界即是'故意'","恶意"是故意责任的归责根据,因此故意侵权行为和过失侵权行为是完全不同的。[21] 区别两者的实际意义在于那些只有构成故意侵权行为才能认可损害赔偿的情况,如侵害债权、正常交易情况下遭受第三人侵害的情况、与有配偶者通奸、企业的间接损害、依据国家赔偿法第1条第2款向公务员个人请求赔偿时仅限定在"故意或者重大过失"的情形等。另外,对损害赔偿范围、精神损害赔偿额的决定、过失相抵也会产生影响。这些差异并不是连续的非难程度的差别,"应是归责事由的不同,这样实质上的差异才是正当合理的","条文上的'故意或者过失'的表达,仅仅是把故意侵权和过失侵权这两种侵权行为合并成为一个条文而已"。[22]

2. 平井宜雄说

平井教授认为,在日本,违法性概念的作用在于把"权利"概念进行了扩大化,结束其作用后,侵权责任成立的政策性判断,就认为全部应该在"过失"的概念中进行。[23] 此外,"如果把'过失'定位为是和'意思'相分离的'行为',那么具有'意思'要素的独立侵权行为"就应该被予以承认。[24] 既然,故意被认为是"施加损害的意思(加害意思),或者是基于这样的意思使损害发生的行为",那么

---

[21] 前田達明『不法行為帰責論』(創文社,1978年)187頁以下、207頁以下。前田達明『民法Ⅵ2(不法行為法)』(青林書院新社,1980年)25頁以下、50頁以下。

[22] 前田,前注[21]『民法Ⅵ2(不法行為法)』52-53頁。

[23] 平井宜雄『損害賠償法の理論』(東京大学出版会,1977年)393-394頁。

[24] 平井,前注[23],420頁。

故意侵权行为就是和过失侵权行为是不同类型的侵权行为,即只主张故意侵权的情况下就只能认定加害的意思,如果没有把过失侵权作为替代请求且也没有回应法官的释明,则也不能认定为过失。一旦被认定存在故意,只要满足了损害的发生和因果关系存在的要件,就无须再追究行为的危险性或者被侵害利益的重大程度,通常即可认为侵权责任成立。[25] 如果是故意侵权行为,那么与故意侵权行为存在事实因果关系的所有损害原则上都应当得到赔偿。[26] 平井教授还指出,第三人侵害债权的情况下不应仅限定于故意要件,在此故意和过失之间的解释论上的差异并不重要。[27] 平井教授认为,把故意限定于加害的意思,则过失里就能够加入违法性。既然故意里难以加入违法性,那么就应该否定违法性概念的存在,故此可推测出故意的概念有必要限定在不需要违法性判断的程度。

3. 星野英一说

星野教授也认为,故意和过失是归责的差异,两者应视为非连续的观念。[28] 故意侵权行为是"行为者做了道德上应当受到非难的行为所以应承担赔偿责任……因此是主观的责任"。过失侵权行为是身为社会人,应当作为的行为而没有作为或者实施了不应该实施的行为因而应该承担赔偿责任,是客观的责任。区分两者的实际意义在于,影响损害赔偿范围的大小等。

4. 吉田邦彦说

前三位教授,是从侵权责任法的整体构想中来主张故意侵权行为的独立性。而吉田邦彦教授是从第三人侵害债权的侵权责任的再构成这一理论视角来强调故意侵权行为的独立性。在债权(契

---

[25] 平井宜雄『債権各論Ⅱ 不法行為』(弘文堂,1992年)71-72頁。
[26] 平井,前注[25],125頁。
[27] 平井,前注[25],73頁。
[28] 星野英一「故意・過失、権利侵害、違法性」私法41号(1980年)186-187頁,收录于星野英一『民法論集第六巻』(有斐閣,1986年)324頁。

约)被侵害的情况下,故意侵权行为和过失侵权行为在归责构造·判断构造上是不同的。也就是说,在涉及不动产·动产二重交易型(二重让与型)、附条件的交易违反诱导型(不正当竞争型)、拉拢人才型(竞业禁止义务·守密义务违反诱导型)、劳动争议型这些侵权行为类型时,"第三人在明知合同存在的情况下还故意进行侵害的行为应当受到非难。另外,从被侵害的法益角度来看,对合同第三人进行保护的观点,也是在讨论第三人责任时的一个主要因素",正是基于此,故意侵权行为的法理才被适用。相对之下,在间接损害型、特殊交易义务违反型侵权责任中,没有采用以上的归责构造,过失侵权行为的法理被适用"依据侵权责任的通常归责法理来处理,以'损害赔偿范围'或者'义务射程'作为归责的标准"。吉田教授认为故意侵权行为和过失侵权行为的法处理有以下不同点。一是损害赔偿范围的划定是过失侵权行为的中心问题,而故意侵权行为则"原则上发生的所有损害都应该得到填补"。从侵权行为的特性来看,关于损害的认定需要谨慎考量,所得收益的交出这一想法也应该进一步思考。二是在故意侵权行为中,需要对加害行为进行前瞻性的考虑。除损害赔偿外,停止侵害或恢复原状也是具有实效和重要意义的。三是故意侵权行为情形下,不能仅仅归结为市场机制的效率,对加害人的行为如何进行评价?这样的法正义要素要受到特别关注,诉讼上的解决方法将成为今后一种有意义的类型。从交易上的侵权行为和事实上的侵权行为这个视角上来看,参照实例可清晰得出,故意侵权行为全部对应于交易上的侵权行为。[29] 同时,吉田邦彦教授主张:"在债权侵权中被集中讨论的中心问题即是故意

---

[29] 吉田邦彦『債権侵害論再考』(有斐閣,1991年)668–670頁。

的、交易上的侵权行为,这极其具有现代的重要性。"[30]

四、对故意侵权行为独立性说进行批判的近期学说

平井教授和前田教授所主张的故意侵权行为与过失侵权行为是不同类型的侵权行为的观点产生了巨大影响,得到了星野教授、吉田教授等的赞同。但与之相随批判的学说也不少,例如,批判说指出从法的效果上来看两者到底有多少不同未必十分明确。[31] 在对平井说、前田说进行探讨的同时,以下以近期的批判说为中心展开讨论。

(一) 四宫和夫说

四宫教授指出,故意和过失存在差异性但同时也存在同一性。[32] 首先,不把故意作为一种心理状态或意思,而是"已经认识到了侵害'权利'结果的发生或者是结果可能性的发生,但仍然去实施(容忍)直接侵害'权利'的行为"[33],两者都是"依据意思去支配可能的行为",遵循法秩序的命令不应当发生侵害法益的结果,但没有遵循理应受到非难,从这点上来看,两者具有共通性。对故意·过失两者都存在共通关系的作为归责判断基准的违法性概念应当被预先设计,从这个意义上来说区分故意和过失并不妥当。关于保护范围,两者都是"依据发生的'权利'侵害,是否是'权利'保

---

[30] 吉田邦彦『『債権侵害と法解釈』再論(上)』法律時報64卷12号(1992年)44頁。吉田邦彦「判批」判例評論362号(1989年)39頁〔判例時報1300号(1989年)201頁〕以故意侵权行为的视角对以下判例进行了探讨:最高裁判所1988年1月26日判决,最判昭63·1·26民集42卷1号1頁。

[31] 加藤一郎「不法行為の類型化の意義」私法41号(1979年)180頁。森島,前注[1],165頁,除关于损害赔偿范围的平井说之外,也提出了同样的批判。

[32] 四宫,前注[1],287-289頁。

[33] 四宫,前注[1],300頁。

护(行为)义务意欲防止受到侵害的法益,来判断决定责任的范围"。对此,关于有责性(人的非难可责性),虽然成立故意,但关于过失则事实上呈现空洞化,在此"两者的差异,是明显的"。一直以来被认为故意和过失存在差异的例子包括:失火责任;第三人侵害债权的特定类型;精神损害赔偿的算定;使用人对被使用人的求偿等。四宫教授也基本上表示认同。

(二)野村好弘说

野村好弘教授逐一探讨了平井教授、前田教授所列举的故意侵权行为的各个情形,认为各个情形都不过是量上的差异而已。[34] 平井教授在其著作『損害賠償法の理論』中指出,第三人侵害债权仅限定于故意侵权,以侵害他人为目的而实施的行为是故意侵权行为,因此即使是发生轻微损害也构成侵权责任。对此,野村好弘教授认为,第三人侵害债权在故意以外也应当被适用,以侵害他人为目的而实施的行为"同重大过失、过失没有质上的差异,被认为是量上的连续更加合理"。前田教授所列举的例子包括:侵害债权、正常交易中第三人带来的损害、与有配偶者通奸、企业的间接损害,在故意以外的情况下也存在被认定为侵权责任成立的情形。国家赔偿法第 1 条第 2 款是特别法,如有必要则设置故意概念即可。公务员承担直接侵权责任仅限定在故意、重大过失的情形,这不过是解释论而已。另外,损害赔偿的范围、精神损害赔偿额的决定、过失相抵规则,这些与其说是质上的差异,还不如说是量上的差异。在"侵权责任法研究会"[35]上,有观点认为,故意侵权行为应该与过失侵权行为被认定为不同类型,特别是在损害赔偿范围这一问题上。然而,"通说、判例并没有根据加害人的主观意图和行为样态对赔偿范

---

[34] 野村,前注[3],114 頁。

[35] 参见加藤一郎「序文——連載にあたって」ジュリスト879 号(1987 年)4 頁以下。

围进行质的改变,所以没有特别规定"。因此,对故意、过失进行概念上的区分以重新规定并没有实益。[36]

(三)泽井裕说

泽井裕教授指出,故意的定义为"虽然认识到了结果违法但仍然去实施行为",从"不要侵害他人"这一行为规范即违反结果回避义务这一点来看与"过失"具有共通性。因此,虽然只是主张故意,但主张结果回避义务违反的话也可认定为"过失"。另外,故意也是违法性的构成要素,可使该行为被评价为"恶劣的"、具有"极高危险性的"行为,这在算定精神损害赔偿金等情况下对于有必要判断违法性程度时具有意义。存在故意,在即使被侵害法益的种类、程度很低的情况下,仍可被认定成立违法的侵权责任。从以上这些可以得出,故意还是过失具有重要意义。但是,"重要的是恶性·危险性的阶段等级的划分",即意图的故意、认识到结果发生的高盖然性的故意、认识到结果发生的低盖然性但予以容忍的故意、认识到结果发生的低盖然性但不予以容忍的故意之间的区别。[37]

五、故意侵权行为的分析与探讨

(一)分析·探讨的基本方针

从以上关于故意的各个学说的展开可知,没有观点认为故意和

---

[36] 野村,前注[3],113页。
[37] 澤井,前注[1],163-167页。北川善太郎『債権各論(第2版)』(有斐閣,1995年)247页,也认为故意不仅仅指心理状态,故意被定义为"认识到违法结果发生的可能性,实施了实现违法结果发生的行为或者实施了伴随违法结果发生的确实的行为"。吉村良一教授,基本上支持泽井说,参见吉村良一『不法行為法』(有斐閣,1995年)60页。植木哲教授也基本上与泽井说持相同观点,但其认为作为有责要素应要求"意思作用"具有非难性,这一点和泽井说稍有差异,参见中井美雄编『不法行為(事務管理·不当利得)』(法律文化社,1993年)120-124页(植木执笔)。

过失是完全相同的,对于两者的差异性每个学说都已认识到。对此,两者是"量"上的差异还是"质"上的差异,进而产生了故意侵权和过失侵权是同一类型的侵权责任抑或故意侵权具有其独立性的理论分歧,但似乎哪个理论都并不完全自洽。虽然有力说认为非难可能性程度的不同应当反映在损害赔偿额的差别上,暂且先不说精神损害赔偿,单就该观点是否妥当以及如何具体地实施可能都没有得到充分讨论。[38] 故意侵权行为的独立性是理论问题,需要进行理论上的讨论。但是,故意的概念依论者的不同而出现了差异,因为法条中没有具体区分故意和过失的构造,关于故意和过失的差异性论述仅是解释论上的展开,因而出现了意见的分歧。是"质"的差异还是"量"的差异?是连续的还是非连续的?这些观点最终恐怕会陷入各说各的无休止争论当中。

因此,以下的论述并不是否定理论的重要性,而是为了更具建设性地讨论,根据"故意"情况下和"过失"情况下的不同,具体引导出有哪些不同、理由何在?"故意"是依据意思来判断,还是依据非难可能性高来判断,抑或依据其他的理由来判断?这些一直在讨论的各个问题点,有必要尽可能地进行明晰化。例如"故意"的概念,依据是否具有"故意",进而会导致什么样的法律后果而不同。以下不使用"质的""量的"这样的表达,来明晰具体在哪里出现了怎样的差异,是否应当存在差异?"故意"的概念依论者的不同而出现差异,"故意"到底应当如何被界定?针对这些问题试图展开以下的分析。首先,对于侵权责任的成立,"故意"和"过失"的不同是否应当存在差异?如果肯定的话,需要探讨其理由依据是什么。其次,关于侵权责任的法律效果,也试图进行同样的探讨。

(二)侵权责任的成立需要"故意"要件的类型

是否应当承认侵权责任的成立需要"故意"要件的类型?正如

---

[38] 森岛,前注[1],163 页。

上文所述,第三人侵害债权作为典型的例子被列举出来。例如,第三人基于对债务人财产或身体上的某种物理上的行为行使,造成了债务人给付行为妨碍的局面,债权人对该第三人主张直接的损害赔偿请求权时,作为加害人的第三人需要具备故意要件(大审院 1918 年 10 月 12 日判决,大审院民事判决录 24 辑第 1954 页;大审院 1922 年 8 月 7 日判决,大审院刑事判例集第 1 卷第 410 页)。二重让与买卖中,最高裁判所认为,侵权责任的成立仅有第二买受人的恶意还不足以成立第三人侵害债权(最高裁判所 1955 年 5 月 3 日判决,最高裁判所民事判例集第 9 卷第 6 号第 774 页),高等裁判所的判例中认为(名古屋高等裁判所 1979 年 7 月 30 日判决,判例时报第 946 号第 61 页)"当第二买受人具有侵害第一买受人的目的,使用了超出自由竞争所被容许以外的不法手段的情形下,第二买受人的行为构成侵权"。有判例认为对于从没有资力的债务人处取得财产,使其责任财产减少的行为,债权人可行使债权人撤销权,因此无须再追究第三人侵害债权(大审院 1933 年 3 月 14 日判决,法律新闻第 353 号第 12 页)。但也有判例认为,为了给第三方权利的行使造成阻碍而通过和解放弃权利的,即当该放弃行为是一种造成损害的手段时,那么这种放弃行为就是违法的(最高裁判所 1943 年 12 月 14 日判决,最高裁判所民事判例集第 22 卷第 6 号第 1239 页)。

  学说又是如何展开的呢?以下限定在二重让与买卖来展开考察。关于故意,以加藤一郎为代表的通说认为,尽管第二买受人存在恶意但只要具备了对抗要件其就已经取得了所有权,所以买受行为便不具备违法性。但如果第二买受人取得所有权是以加害第一买受人为目的,并使用了自由竞争范围外的不法手段的话,则理论上是存在违法性的。[39] 从强调故意侵权行为独立性的立场出发,

---

[39] 加藤,前注[5],107 页;我妻,前注[4],109 页。幾代,前注[7],71 页中也指出,光有故意是不够的,还需要行为的样态能够被评价为违反法规保护或公序良俗的程度这一要件。

又是如何认为的呢？前田教授认为，基于二重买卖、二重雇佣、二重演奏合同等产生的侵权责任，由于多个债权的成立是法所允许的，且基于债务人的自由意思而间接结果地侵害了债权，因此"害意"要件是必要的。[40] 吉田教授认为，第二买受人只要有恶意存在就成立侵权责任。平井教授则认为，不动产二重让与是明知买卖合同的存在而予以购买，该行为产生了使不动产这种重大利益受到侵害的危险，作为交易上的义务违反行为，应当被认定为基于过失的侵权责任。[41]

基于二重让与所产生的侵权责任是否需要"故意"要件，其主要是合同上利益的保护和确保第三人交易自由如何进行平衡的问题。[42] 需要"故意"要件的情况下，重视第三人的交易自由，进而更加限制侵权责任的成立。如果主观要件要求预见到并任由其结果的发生，这不仅在客观上扩张了第三人的交易自由，而且连侵权责任是否成立也依赖于该第三人的主观意思，这是"故意"要件来限制侵权责任成立的特征。比起"过失"要件，认识到了损害发生的情形、放任损害发生的情形，抑或进一步把加害的意思作为侵权责任成立要件的情形都是扩大了第二买受人的交易自由。一直以来认为应当重视第三人的交易自由，但最近应当更加保护合同上的利益的主张变为更加有力。立足于日本社会的现状，对此问题还有待进行更加深入的讨论。

如果这样思考下来，关于"故意"的内容是只需认识到结果的发生即可，还是不但需要认识到结果的发生而且需要有放任的态度，甚至还是需要害意？这不是一般地能够被决定下来的，需要对那些仅需过失要件就成立侵权责任但并不合理的情况，进行分类型化的讨论。失火责任法中失火者仅在重大过失时承担责任，而诸如

---

[40] 前田達明『口述債権総論』（成文堂，1993 年）235 頁。
[41] 平井，前注〔25〕，42 頁。
[42] 参见吉田，前注〔29〕，673–674 頁。

在关于不当诉讼最高裁判所 1988 年 1 月 26 日判决(最高裁判所民事判例集第 42 卷第 1 号第 1 页),侵权责任的成立则需要对"故意"或重大过失进行解释。没有"故意",到底是否成立侵权责任,最终涉及的是对被追究侵权责任者的活动自由予以多大程度上的认可、对被侵害的权利予以多大程度上的保护的问题。正如广中俊雄教授所言,"对于同样的被侵害的利益,在某一时代需要故意,但现在过失就足以成立侵权责任了。或者以前需要过失,但现在无过失的情况下就可以成立侵权责任了"。因此可以说"至少从解释论的立场上来看,故意的侵权责任与过失的侵权责任这两种类型的区分不应该被固化地思考"。[43]

(三)侵权责任的成立要件和"故意"

平井教授从加害的意思上来理解故意,并主张,"如果一旦认定有故意的存在,那么只要满足了损害发生和有因果关系的要件,就无须再过问行为的危险性或者被侵害利益的重大程度了,通常即可解释为侵权责任成立"[44]。具体的例子,如作为典型的正当行使权利的行为即提起诉讼行为也是只有故意才成立侵权责任(①最高裁判所 1988 年 1 月 26 日判决,最高裁判所民事判例集第 42 卷第 1 号第 1 页)。另外,故意侵害的情况下,被侵害利益的重大性不再成为焦点问题,如"私生活的平稳"作为被侵害利益时(②最高裁判所 1989 年 12 月 21 日判决,最高裁判所民事判例集第 43 卷第 12 号第 2252 页被列举;③新潟地方裁判所 1982 年 7 月 29 日判决,判例时报第 1057 号第 117 页;④札幌地方裁判所 1984 年 5 月 24 日判决,判例时报第 1137 号第 135 页)。[45]

---

[43]「シンポジウム不法行為理論の展望」私法 41 号(1979 年)206 頁〔広中俊雄教授的发言〕。

[44] 平井,前注[25],71-72 頁。

[45] 平井,前注[25],72 頁。

仅仅是基于"过失"导致侵权的情况下,加害人和被害人之间由谁来负担产生的损害才会公平?这时不得不对行为的危险性、被侵害利益的重大性等进行政策上的考量。但如果具有加害意思的情况下,因为加害人的非难可能性极高,则被侵害利益是否重大、权利是否正当地被行使这些就不应成为焦点问题,如具备了损害的发生、因果关系的要件就应当让加害人承担侵权责任。这是一个很重要的观点。

但是,在最高裁判所1988年1月26日的判例中,不仅限定在故意,在重大过失的情形下提起诉讼也被认定是违法的。[46] 那么,加害的意思又如何理解呢?即使有加害意思,理论上来讲以正当地行使权利为理由从而否定了侵权责任成立的情况是否存在呢?例如,即使在法庭中的发言致使对方名誉下降了,但一般认为"基于民事诉讼中提倡的辩论主义·当事人主义,为了当事人能够无负担地畅所欲言是非常重要的,因而只要是没有持有特别恶意的发言,原则上是阻却了违法性的"。[47] 而且,英美的名誉毁损法中,在法庭中的发言被赋予了绝对的特权,无论怎样的情形都不会成立名誉毁损。[48]

被侵害的利益又应当如何对待呢?的确,正如平井教授所指出的那样,与"过失"不同,在"故意"的情况下即使被侵害的利益是微小的法的利益也能够成立侵权责任。但是,在"故意"的情况下,完全不考虑被侵害利益的大小这种观点需要进一步的探讨。例如,被侵害利益小,侵权责任成立需要的加害意思不足,理论上则需要考

---

[46] 吉田,前注[30],43页。栂善夫「判批研究」『昭和六三年度重要判例解説』(ジュリスト臨増935号,1989年)121页。

[47] 五十嵐清『人格権論』(一粒社,1989年)。

[48] 五十,前注[47],24页。

虑是否存在和第三人的通谋。[49] 被侵害利益小且发生的损害也小的情况下,即使有"故意"并且也有加害的意思,但由于发生的损害极其微小则是否应当考虑不承担侵权责任?[50]

考虑这些问题时应当参考美国侵权责任法重述第二版第870条。基于"故意"引致的侵权责任的实质要件与"故意"的内容也有关系,虽然说不能和诸外国的法理进行单纯的比较,但是由于这个条文规定了故意侵权责任的一般原则可借以参考。其规定"故意侵害他人法益者,其行为一般地应当被非难,在不能被正当化的情况下,基于法益受到侵害其应当对别人承担责任。这种责任即使是加害人的行为不符合传统侵权责任中的任一类型时,也应当使其承担的责任"。更为重要的是对其进行的注释说明。这个规定并不是某种特定的准则,而是一般的原则(注释说明 a)。侵权责任法有必要从社会的、经济利益的观点来调整诉讼当事人的利益冲突,过失责任、严格责任是在诸如引起不合理风险招致损害的行为或异常危险活动的标准适用中被采用,被确立的故意侵权行为也是在一系列的准则中发展起来的(注释说明 c)。同时,列举了对其进行调整的四个要素(注释说明 e)。第一,对被害人造成损害的性质及重大性。这主要与"法益侵害"要件有关系,即损害必须是由于侵犯了受法律保护的利益而造成的(注释说明 e),这需要通过损害的性质·重大性来判断。第二,加害人的行为所促进的利益性质和重要性,这与"正当化事由"有关系。第三,加害人所使用手段的特点(加害行为的伦理的·法的性质)。第四,加害人的动机。其中,第一、第三和第四要素对于"非难可能性"的判断非常重要。加害人的唯一的

---

[49] 害意比加害的意思具有更高的非难可能性,在最高裁判所 1988 年 2 月 16 日的判决中,作为侵权责任法上的利益,正确地称呼姓氏的利益本身并不是十分稳固,"只要没有持有害意进行不正确地称呼这样的特殊情形存在,则认为该行为不具有违法性",就是这样的例子。营业活动上的利益侵害也是基于加害的意思发生了损害,即使肯定了因果关系的存在,最终也可能不成立侵权责任。

[50] 参见四宫,前注[1],348 页。

动机,如果是给原告带来损害这样的欲求(desire)的话,就是极为重要的因素了。加害人的目的也很重要,有些必要的侵权责任类型不仅需要加害人认识到确实地侵害了法益,还需要加害人希望侵害法益这一主观状态(注释说明i)。

以上这些是否正确还需要探讨。如果认为其主要内容是合理的,那就要看如何解释"加害的意思"了。但是否可以说只要认定了故意、损害的发生、满足了因果关系的要件,就能成立侵权责任?这是一个需要进一步探讨的问题。莫不如是,作为故意侵权责任的一般原则,故意、损害的发生、因果关系的要件以外,上述的四个要素也有考虑的必要。如果这是正确的话,那么将含有违法性要素的"过失"和"故意"相比较,观察两者的异质性时,在思考故意侵权责任的一般原则的情况下,将故意侵权责任的全部成立要件与过失侵权责任的全部成立要件进行比较后,两者可能会变得极为相似。[51]

(四)损害赔偿的范围和故意

在"故意"的情况下,是否应该与过失侵权在损害赔偿范围上有所区别?故意侵权行为独立性的主张者都认为这是肯定。前田教授认为,应当分为第一次侵害和后续侵害,后者不再区别故意侵权行为、过失侵权行为,依加害行为是否引起了"危险增大的有无,

---

[51] 須賀淳「negligenceと過失」早稲田法学会誌36巻(1986年)108頁中探讨了英美法中的过失侵权和故意侵权,指出两者之间不存在质上的断层。須賀淳「英米不法行為法における類型化と非類型化———一般的故意不法行為理論の研究(一)~(六)」早稲田大学大学院法研論集33号(1984年)、34号(1985年)、36号(1985年)、37号(1986年)、39号(1987年)、40号(1987年)。大家直教授参照美国法主张,只要公害企业认识到了损害,就应该被视为持续地进行了故意侵权行为。药害也同样,认识到了损害发生的高度盖然性仍任其继续贩卖,则作为使损害发生时的故意,必须适用不考虑成本的准则。参见(大塚直「不法行為における結果回避義務」星野英一=森島昭夫編纂『現代社会と民法学の動向——加藤一郎先生古稀記念』(有斐閣,1992年)58-59頁、61頁。大塚直「不法行為における『過失』の結果回避義務」アメリカ法1992年,11頁以下)。该观点应该受到关注,待别的机会再作深入探讨。

来作为基准",[52]而第一次侵害则区分故意、过失侵权行为。对于故意侵权行为,"第一次侵害是指依据加害人的目的意思所欲追求的目的结果"。例如,商事公司的工作人员在去商事谈判的途中因发生交通事故身负重伤而不能去约定的指定地点进行商事谈判,导致了竞争公司取得了商谈的机会的情况下,交通事故的加害人如果是竞争公司的工作人员,以抢夺商谈机会为目的碾轧对手公司工作人员以致发生了妨害了竞争公司营业的结果,则应当把故意作为第一次侵害的依据进行归责。如果加害人并不知情即基于过失引起了交通事故的话,则工作人员的身体伤害的结果应作为第一次侵害,其归责应以过失作为根据被探讨。[53] 平井教授认为故意侵权行为没有社会有用性,因此对其主张以抑制的方针来展开解释,主张与故意行为有事实上因果关系的损害原则上都应当被赔偿,除非是与"加害的意思"显著不同的结果即"异常事态的介入发生的结果不在此范围内"。[54]

　　对于前田教授所列举的事例,正如四宫教授所评述的那样,问题的核心在于对于间接受害人的损害是否应采用过失责任?如果不采用过失责任其理由又何在?即第三人侵害债权、间接受害人的损害赔偿请求权的问题。[55] 而且,前田教授认为,为避免滥诉原则上应要求故意,但如果受害人和企业是经济上的同一体,则关于企业的损害也应当可基于"过失"进行救济,[56] 即与其说是因为"故意"而去扩大损害赔偿范围,还不如认为是基于"故意"成立了侵权责任,从而起到了限定损害赔偿范围的功能作用。对平井教授的主

---

　　[52]　前田,前注[21],222 頁。

　　[53]　前田,前注[21],221 頁。

　　[54]　平井,前注[25],124 – 125 頁。平井,前注[23],457 頁以下。平井宜雄「不法行爲における損害賠償法の範圍」有泉亨(監修)『現代損害賠償法講座7』(日本評論社,1974 年)19 – 20 頁。吉田,前注[29],668 頁也持有相同见解。

　　[55]　四宫,前注[1],289 頁注(1)(e)。关于间接受害人可参见中井美雄「間接被害者」星野英一編『民法講座(別卷2)』(有斐閣,1990 年)319 頁以下。

　　[56]　前田,前注[40],234 頁。

张有以下的批判：几代通教授不赞同对故意侵权行为增加制裁的要素，而且具体产生多大程度的差别并不十分明确。[57] 半田吉信教授也批判地认为，该观点与一直以来的无论是故意还是过失都对所遭受的损害进行填补这一日本损害赔偿的一般立场相抵触，至少在财产损害上设计差别是不合理的。[58]

正如批判说所指出的那样，该情况存在两个问题。第一，在损害赔偿范围上，与过失侵权行为相比具体存在多大程度的差别。第二，这种差别设计的理论合理性问题。无论思考哪个问题，都会涉及过失情况下的损害赔偿范围的划定标准，这本身就出现了议论分歧，因此，以上两个问题的解决是有难度的。一般来说，越限制过失情况下的损害赔偿范围，其与故意情况下的差异设计就越凸显重要了。然而，在侵权损害赔偿范围的判例中，民法第416条被类推适用，即对特别事情如预见可能则加害人对特别事情中通常情况下所产生的损害须承担赔偿责任。对此，平井说则认为"异常事态的介入产生的损害结果"故意侵权行为人也不承担责任。因此，平井说和判例的见解，在加害人不能预见且不是特别异常事态的情况下产生了主要的差异。但是，有"故意（加害的意思）"的加害人，不能预见特别事情的情况并不少。而判例中可以看到对于特别事情的处理不以预见可能性的问题来处理而是通过相当因果关系而予以肯定。[59] 据此，平井说和判例法理之间具体产生了多大程度的区别？基于异常事态产生的损害问题是否能够作为特别事情所产生损害

---

[57] 幾代，前注[7]，140頁。

[58] 半田吉信「保護範圍には、解釈上どのような意味があるか」椿寿夫（編）『講座・現代契約と現代債権の展望（第2巻）』（日本評論社，1991年）20頁。

[59] 大阪地堺支判昭62・10・22判時1293号140頁。神戸地判平元・8・9判夕717号188頁。大阪地判昭59・6・28判夕533号237頁。磯村保「『相当因果関係』をめぐる理論と現実（1）」NBL商事法務研究会510号（1992年）26-27頁。

进行处理？这些疑问仍继续存在。[60]

平井说的依据是：①故意侵权是侵权责任的原型，②故意侵权不具有社会有用性，所以有必要采取予以抑制的解释论。但是①的说法未必具有说服力，另外从②的观点来说，基于没有社会有用性的行为而给他人带来损害的场合，在加害人认识·放任损害的发生，甚至即使在只有过失的情况下，也有必要对这些行为采取予以抑制的解释论。因此，基于加害意思的侵权行为正是由于高度的非难可能性，才应当被抑制。认识·放任损害发生的情况与过失的情况相比较的话，具有更高的非难可能性。与有意毁损他人笔记的情况相比较，在企业已经认识到会对周围居民造成严重健康损害仍继续开工生产的情况下，受到非难的可能性和抑制的必要性不是更高吗？也就是说，虽然抑止侵权行为这样的解释论具有必要性，但仅限定在具有加害意思的情况下是否有其合理性是需要进一步探讨的问题。[61] 另外，即使①的理由具有合理性，也还需进一步探讨作为原型的故意是否指加害意思？

在英美法中有这样的格言："故意的结果一定不会离得太远。"[62] 关于此格言，Honoré 教授认为，在故意发生损害的情形下，加害行为与损害之间只要具有事实上的因果关系就要让其承担所有责任的话，未免过于扩大解释了。此格言的意思应当是指，仅在加害人对事态的现实经过具有故意时才让其承担责任，在这种情况

---

[60] 半田，前注[58]，22 页。清水兼男「不法行為と民法四一六条類推適用の成否」加藤一郎＝米倉明編『民法の争点Ⅱ』（有斐閣，1985 年）165 页。清水兼男「損害賠償の範囲についての一考察——民法四一六条の解釈をめぐって」大阪学院大学法学研究 1 卷 1、2 号（1976 年）14 - 15 页。

[61] 美国侵权责任法重述第二版第 501 条评注 b：加害行为虽不是通常的过失，但相当于故意的、有意的过失，即基于"对他人的安全鲁莽地无视（reckless disregard）"而所为的行为，此种行为不仅事关责任的成立，还会影响责任范围。

[62] H. L. A. Hart and T. Honoré, Causation in the Law, 170 (2nd ed. 1985)，H. L. A. ハート＝トニー・オノレ共著（井上裕司＝真鍋毅＝植田博共訳）『法における因果関係』（九州大学出版会，1991 年）171 页。美国侵权责任法重述第二版第 435A 条。

下加害人所主张的经过异常、偶然、不太可能发生等其他的说法是不被认可的。[63] 前田教授的主张也基本上可进行同样的理解。如此将被认为是妥当且合理的。然而，如果承认民法第416条的类推适用的话，则在加害人对事态的现实经过具有故意的情况下，可以说因为其对结果发生的诸事情具有预见性，所以在故意的情况下损害赔偿范围的特别准则是否就不再需要了呢？这样的疑问不得不被遗留了下来。[64]

而平井说认为，即使是非意图意欲发生的损害，只要和加害行为有事实上的因果关系且没有异常事态介入所产生的损害，那么故意侵权行为人就要承担所有的损害。这一结果是否能够依据民法第416条的类推适用得出呢？另外，即使是对非意图意欲发生的损害承担责任是妥当的，利用"异常事态"来作为限制的妥当性也需要进一步探讨。在英国法中，关于过失侵权行为的损害赔偿范围，曾经采用侵权行为者对于行为所直接产生的结果即直接结果说来承担责任。但现在，以合理的预见可能性作为准则。[65] 但在欺诈的案例中，控诉院的判决[Doyle v. Olby(Ironmongers)Ltd〔1969〕2 Q. B. 158.]则认为欺诈者对于基于欺诈的诱引行为所产生的直接损害应当承担责任，而对于合理的不能预见的主张则不予支持。在此案例中，直接结果说比合理预见说的射程范围还要广。对此，反对的观点也存在，即欺诈者无论是故意产生的损害还是直接产生的损害，只要是属于合理预见可能的类型，那么无论什么样的损害就都应当承担责任，这个准则在其他的故意侵权行为中适用也是妥当

---

〔63〕 A. M. Honoré, Causation and Remoteness of Damage (International Encyclopedia of Comparative Law, Chapter 7) 1971, 65.

〔64〕 CANE, Justice and Justifications for Tort Liability, 2 Oxford Journal of Legal Studies 38-39(1982)，在英国法中也有同样的疑问。

〔65〕 参见田井義信『イギリス損害賠償法の理論』(有信堂高文社，1995年)3-105頁。

的。[66] 美国侵权责任法重述第二版第435B条中关于非故意引发的损害结果规定:"故意侵害法所保护的他人利益的情形下,在实施侵害行为时其侵害意图、道德上的不正义程度、意图发生损害的重大性是决定行为人是否应对其非意图意欲引发的损害承担责任时重要的考量要素。"

(五)损害赔偿额的算定和故意

1. 精神损害赔偿额的算定和故意

精神损害赔偿额算定时依据判例,除要考虑受害人的地位·职业、受害的程度等受害人的情况外,还需要考虑加害人的资产状况、社会地位、职业、年龄、加害行为的动机、加害状况、加害的故意·过失程度等加害人的情况。[67] 无论对故意侵权行为独立性是持肯定还是持否定的见解,都一致认为在算定精神损害赔偿金时,故意要比过失的情形多赔偿。但是,这并非当然之理。对于精神损害赔偿的理解是把其视为私的制裁还是损害的填补,抑或两者兼具之?[68] 如认为精神损害赔偿具有制裁功能的话,则加害人是故意还是过失对其额度影响是不同的。如否定精神损害赔偿具有制裁功能,彻底地贯彻填补功能的话,则算定精神损害赔偿金时考虑包含加害人故意、过失与否在内的加害人情况的正当性就产生了质疑。[69] 然而,即使是损害填补说也认为,作为引起受害人精神上的苦痛、受害感

---

[66] D. Harris, Remedies in Contract and Tort, 224 - 225(1988).

[67] 千種達夫「慰謝料額の算定」小野清一郎等編『総合判例研究叢書民法(4)』(有斐閣,1957年)92頁以下。田中康久「慰謝料額の算定」有泉亨監修=坂井芳雄編『現代損害賠償法講座7』(日本評論社,1974年)267頁以下。斎藤修「慰謝料額の決定」石田・西原・高木三先生還暦記念論文集刊行委員会編『損害賠償法の課題と展望(石田喜久夫・西原道雄・高木多喜男先生還暦記念論文集・中巻)』(日本評論社,1990年)319頁以下等。

[68] 参見四宮和夫『事務管理・不当利得・不法行為(下巻)』(青林書院,1985年)594頁。

[69] 植林弘『慰謝料算定論』(有斐閣,1962年)131頁。

情,即精神受损差距的原因,在计算精神损害赔偿金时,应当斟酌加害人故意·过失的种类及程度。[70] 总之,与加害人是过失的情况不同,在故意的情况下加害人的非难可能性高,须从制裁的功能立场出发通过提高精神损害赔偿金的数额来制裁加害人,从而抑制加害行为的发生。与此不同的是,填补说的理由基础是故意情况下精神上受到的损害是巨大的。若如此考虑的话,应该不仅限于故意,重大过失与轻过失相比,前者中加害人的非难可能性也是高的,而且精神上受到的损害也是大的,那么重大过失的情况下也应当比轻过失时给予高额的精神损害赔偿。如今,其他各国对此也是如此认定的。[71] 因此,从学理上来讲,即使是"故意",也正如淡路教授和泽井教授所主张的那样,应当把"故意"进行阶段性的区分。恶性·危险性高的情形下,例如积极促使一定结果发生的意思相比较于认识到了一定结果的发生而放任其发生的情形,前者的精神损害赔偿额要高。

基于以上的分析,精神损害赔偿额算定时在考虑故意机能的情况下,并不是把故意和过失进行明确地一线划分。例如,并不是只要具有加害的意思即构成了故意,因此就认定比过失要多赔偿精神损害赔偿额。理论上,故意·过失的程度不同,不禁也认为精神损害赔偿额的不同。即使在肯定制裁性精神损害赔偿额的情况下,其适用并不必然地限定于故意的情形。是否限定于故意、限定于什么

---

〔70〕 植林弘「慰謝料の算定と加害者の意思・過失」民商法雑誌40巻2号(1959年)20頁以下。植林,前注〔69〕,269頁。加藤一郎『不法行為(増補版)』(有斐閣,1974年)228頁。加藤一郎「慰謝料の比較法の研究——総括(日本を含む)」比較法研究44号(1982年)124頁。四宮,前注〔68〕,599頁。幾代,前注〔7〕,301-302頁注(3)等。

〔71〕 淡路剛久「慰謝料の比較法の研究——フランス」比較法研究44号(1982年)11頁。浦川道太郎「慰謝料の比較法の研究——西ドイツ」比較法研究44号(1982年)32頁。齋藤修「慰謝料の比較法の研究——スイス」比較法研究44号(1982年)46頁。田井義信「慰謝料の比較法の研究——イギリス」比較法研究44号(1982年)75頁〔収録于田井義信『イギリス損害賠償法の理論』(有信堂高文社,1995年)177頁〕等。

样的故意,需要根据制裁性精神损害赔偿金的目的来判断。[72] 因此,在加害人是重大过失的情形下适用制裁性精神损害赔偿额也不是不可能的。[73]

2. 财产损害的算定和故意

正如前文所见,在日本,财产损害赔偿额依据加害人是故意还是过失这样的非难可能性大小而应有所不同,是非常有力的观点。虽然没有看到故意侵权行为独立性的肯定说有这样的主张,但对故意侵权行为来说,这是一个重要的问题,因此,以下对其进行探讨。

确实,如果在精神损害赔偿金算定时考虑了故意和过失,那么财产上的损害是否可能也同样地进行理解？或者这可能是不公平的？从精神损害赔偿没有客观的算定基准不得不由法官的裁量来决定这一点来看,其与财产上的损害是不同的。另外,损害赔偿"其目的应当是尽可能把受害人恢复到原来的状态"[74]。此观点,虽各有不同的表达,但已被广泛认同。[75] 基于这个原则,无论加害人是故意还是过失,法的因果关系范围内的损害都应当得到全额的赔偿。然而,如果依据加害人的故意或过失来划分财产上损害的赔偿额的话,就会导致财产上损害的赔偿额的差异,最终是轻过失的情形下受害人的赔偿额将被减额。侵权责任的认定问题多集中于轻过失的场合,而且考虑到在现今社会即便是微小的过失也有可能发生重大的损害,所以依据故意还是过失抑或依据过失的程度大小来作为计算财产上损害赔偿额的基准是不妥当的。学者指出,依据过失的程度来算定赔偿额是对法官课以不可能完成的工作,也会引发

---

[72] 淡路,前注[14],167 页。
[73] 後藤孝典「現代損害賠償論」(日本評論社,1982 年)257 页。
[74] 加藤一郎「損害賠償の方法」ジュリスト886 号(1987 年)59 页。
[75] 太田知行「損害賠償額の算定と損害概念」私法 43 号(1981 年)218 页。淡路,前注[14],100、113 页以下。吉村良一『人身損害賠償の研究』(日本評論社,1990 年)174、159 页等。

互相矛盾的裁判例产生的危险。[76] 瑞士债务法第 43 条第 1 款规定在决定损害赔偿的方法和范围时,法官必须斟酌关于事件的诸事情和过失(Vershulden)的大小。然而,在实际运用时,原则上是认可全额的赔偿,例外情况也被严格地解释。[77] 因此,通过考虑故意或者过失,甚至过失的程度来决定财产上损害赔偿额,可以说是不妥当的。今后应当探讨以下两点:第一,在保护受害人的利益而予以全额地赔偿,但如此如果给加害人带来了重大不公平的情况下,除适用过失相抵规则以外,是否应当认定予以减少赔偿额?如肯定的话又应当满足怎样的要件?[78] 第二,存在故意等情况下,为了抑制加害行为的发生,是否应承认美国那样的惩罚性损害赔偿制度?

通过以上的考察可知,财产上损害赔偿额的算定问题,不能单纯地从对故意的理解中得出合乎逻辑的结论,而应当从损害赔偿制度的理念、受害人和加害人之间的公平等立场来探讨"故意"发挥怎样的功能作用才是合理的。

(六)过失相抵和故意

即使是在故意侵权的情况下,过失相抵规则被认为仍然应当予以适用。[79] 然而,最近,平井教授则认为在故意侵权的情况下,过失相抵规则不应当被适用。其从过失相抵规则的法理沿革、比较法上的观点来论证其合理性。[80] 这种解释也得到了泽井教授的支持。[81] 平井教授认为故意是指加害的意思,而泽井教授则认为有

---

[76] H. Stoll, Consequences of Liability: Remedies (International Encyclopedia of Comparative Law, Chapter 8) 1972, 146 – 147.
[77] 斎藤修「スイス法における損害賠償額の算定」民商法雑誌 78 卷 2 号(1978 年)70 頁,民商法雑誌 78 卷 3 号(1978 年)86 頁,民商法雑誌 78 卷 5 号(1978 年)29 頁,民商法雑誌 78 卷 6 号(1978 年)36 頁。
[78] 参见能見善久「裁量減額」ジュリスト 905 号(1988 年)97 頁。
[79] 幾代,前注[7],322 頁。
[80] 平井,前注[25],150 頁。
[81] 澤井,前注[1],239 – 240 頁。

认识到损害的发生,即可认定为存在故意。[82] 因此,两者观点的内容是不同的。

对此,洼田充见教授从判例分析得出,故意侵权中,在暴力行为的情况下过失相抵被适用得很多,而在欺诈交易的情况下,肯定过失相抵适用则明显减少。其指出这种不同,可能是基于加害人的故意行为是否引起了被害人的不注意来导致的。[83]

在美国,在故意侵权的情况下受害人的过失不能作为减额事由,这一观点基本一致。但是,在侵权行为人的行为未必是故意或者是有意识过失的情况下,根据法律适用领域的不同而被区分开来,在惩罚性赔偿被充分认可的情况下,一般认为受害人的过失不能被作为减额事由。[84] 而在英国,即使是故意侵权的情况,例如原告在打架时头部遭到了致命一击的案件中存在过失相抵被适用的判例。对此,学者指出过失相抵的适用虽然在理论上存在可能,但实际上是被限制的。[85] 在德国,除损害减少义务不履行的情况以外,在加害人有故意、受害人只有过失的情况下,赔偿额将不被减额。[86] 包括法国在内的其他国家也认为故意侵权的情况下过失相抵规则一般不被适用。[87]

确实,在故意侵权的情况下受害人的过失不作为减额事由的国家有很多。但是,需要注意的是,关于"故意"的概念,每个国家并

---

[82] 澤井,前注[1],164 – 165 頁。

[83] 窪田充見「被害者側の事由に基づく損害賠償額の縮減」私法 55 号(1993 年)34 頁。窪田充見『過失相殺の法理』(有斐閣,1994 年)217 – 223、245 頁以下。

[84] W. P. Keeton et al., Prosser and Keeton on Torts 477 – 478(5th ed. 1984), V. E. Comparative Negligence, 95 – 110(2nd ed. 1986), E. J. Kionka, Torts, 111(2nd ed. 1992).

[85] B. S. Markesinis & S. F. Deakin, Tort Law 651(3rd ed. 1994). 在澳大利亚,故意侵权的情况下受害人的过失不能作为减额事由,而在新西兰则可作为减额事由。F. Trindade & P. Cane, The Law of Torts in Australia, 267 – 268(2nd ed. 1993)。

[86] 椿寿夫 = 右近建男編『ドイツ債権法総論』(日本評論社,1988 年)67 頁[青野博之執筆]。浦川道太郎「ドイツ交通事故損害賠償法における過失相殺」日本交通法学会編『世界の交通法』(1992 年)281 頁。

[87] A. H. Honoré, Causation and Remoteness of Damage, supra note 62, 110.

不相同。因此,在日本讨论故意侵权的情况下即使受害人有过失也不减额的法理时,需要明确是怎样含义的"故意"？当然,并不是仅从如何理解"故意"就可以得出理论性答案的,应从日本的损害赔偿制度的目的、过失相抵制度的目的等出发,探讨加害人在"故意"的情况下过失相抵不应该被适用的合理理由。

六、结语

以上,通过明晰关于"故意"的各学说动向之后,指出"故意"情况下与"过失"的不同。然而,重要的问题是能够引导出怎样的不同？是否应当引导出这些不同？因此,以这些问题意识为中心展开了分析及探讨。每个部分都是侵权责任法上的重要课题,本文也仅仅是指出了问题点而已,今后需要更加深入的研究。本文指出"故意"可能存在多种种类,在思考本文论及的各个问题时,什么内容的"故意"是必要的,根据所讨论问题的不同会得出不同的结论,这意味着"故意"自身的概念未必被充分地探讨。各种各样的"故意"概念、"故意"的种类被提出、使用,因此对其的系统整理也是今后的课题。遗留下来的课题很多,在过失责任、无过失责任理论发展的今日,进而思考侵权责任法的将来,从对"故意"侵权进行制裁或者预防的视角来看,其在责任扩大方面具有重要作用。[88] 因此,平井教授的损害赔偿范围的提案应当继续研究、法人故意的问题、惩罚性的精神损害赔偿、惩罚性损害赔偿还有必要继续探讨。

---

[88] 藤岡康広「私法上の責任」『基本法学5(責任)』(岩波書店,1984年)248頁。淡路,前注[14],105页以下。森島,前注[1],466页以下等。

责任能力

[日]山口纯夫*

一、责任能力

(一)过失责任主义和责任能力制度

1. 责任能力的含义

根据民法第712、713条的规定,不具备"足以辨识行为责任之智能"的未成年人和"心神丧失

---

* 山口純夫(やまぐち すみお),生于1941年。毕业于立命馆大学法学部,京都大学研究生院法学研究科博士课程学分修满。历任甲南大学法学部助手、副教授、教授。现为甲南大学名誉教授。

著作:『民法概説シリーズ全5卷』(编著,青林书院,1991—1993年);山口純夫＝松井宏興＝潮海一雄＝辰巳直彦『民法財産法入門』(青林书院,1994年);等等。

论文:「家事裁判例紹介 相続放棄の申述を却下すべき場合に当たらないとした例[東京高裁平成22.8.10決定]」民商法雑誌150卷1号(2014年),154-162頁;「家事裁判例紹介 社長を継いだ長男を排し高齢の妻を祭祀承継者とした例[東京家裁平成19・10・31審判]」民商法雑誌139卷4・5号(2009年),570-574頁;「家族 別居夫婦間の夫(父)による子の奪取と監護者指定・子の引渡し事件——札幌高決平成17・6・3家月58卷4号84頁ほか」判例タイムズ57卷28号(2006年),53-57頁;「遺言の証人と立会人」川井健 ほか編『講座・現代家族法6』(日本評論社,1992年);等等。

期间给他人造成损害者",不承担侵权责任。这些人被称为无责任能力者。依通说,(无)责任能力制度是从过失责任主义中理论推导得出的,即过失责任主义中的过失是指,应当预见某种行为的结果而没有预见,导致没能避免结果的发生。而依据过失对其追究责任的前提是,行为人需要具有能够对行为结果可以预见的最低限度的一定智能或者是判断能力。这种判断能力即被称为责任能力,欠缺此判断能力者则作为无责任能力者,不能被追究侵权责任。[1]

2. 责任能力含义的变化

随着侵权责任法中过失及过失责任主义的意义、重要性的变化,责任能力的含义也同样需要再研讨。过失责任主义作为决定损害填补·分担的有力标准,至今在侵权责任法制度中发挥着巨大的作用,即相较于行为人道义上的责任,侵权责任是以受害人的损害填补为中心的,进而由此以主观判断能力的有无来判断责任的有无。对此产生了批判学说。[2]

最近,甚至对把责任能力制度视为过失责任主义的理论前提这一通说见解存在以下批判。首先,一方面过失是由抽象的过失构成,另一方面又要求将责任能力作为过失的前提,存在理论矛盾。[3] 其次,古典的过失论把应当预见到行为的结果、会给对方带来违法侵害但因不注意而没预见到从而没能回避这一心理状态认为是过失。当然,其中把能够预见的能力作为前提,但是当过失不是主观的心理状态,如过失是依据是否有客观的义务违反来判断的话,则以个人的判断能力为前提的责任能力,也便失去了其存在的

---

[1] 加藤一郎『不法行為(増補版)』(有斐閣,1974年)140頁。加藤一郎編『注釈民法(19)』(有斐閣,1965年)238頁〔山本進一執筆〕。幾代通=徳本伸一『不法行為法』(有斐閣,1993年)50頁。

[2] 加藤編,前注[1],240頁〔山本執筆〕。

[3] 石田穣『損害賠償法の再構成』(東京大学出版会,1977年)11頁。

理论必然性。加害人判断能力的有无,尽管可以是判断义务违反时的一个要素,但不是决定性的要素。没有判断能力的人导致的损害由谁来承担赔偿责任为好,这是政策上的问题。[4]

责任能力制度原本并不是依据行为人的个人能力而被要求的注意义务＝作为具体过失理论的前提来考虑的制度。客观上已经预见到了可能结果的发生而没有回避,只有在违反了这种回避义务时才承担赔偿责任。如果过失责任主义采取该思考方式,则对于对行为的结果因没有辨识能力而对结果回避不能够期待的人就不应当让其承担责任,这种赔偿政策很容易在思想上达成共识。然而,从另一方面来说,在存在违反客观的注意义务这一事实时,即使行为人的智能显著低下,也不应当由加害人的能力来左右受害人的救济,采取认可赔偿责任的政策也是有可能的。另外,在采取无过失责任主义以扩大加害人责任的情况下,至少对于因为智能低下、事前完全不能期待其回避结果发生的人采取免于赔偿责任的政策也是有可能的。尽管个人的能力不同,但如存在客观的注意义务违反的事实,加害人便要承担赔偿责任。在此客观的过失责任主义之下,责任能力制度可以理解为是对智能显著低下的人予以免责这种政策上的考虑为基础的制度。[5]

有学说认为,责任能力制度是与过失责任主义不同的制度,是从保护弱者这一思想中被承认的政策性制度。[6] 但不管怎样,大

---

[4] 加藤一郎＝野村好弘「事故責任」『経営法学全集 18(企業責任)』(ダイヤモンド社,1968 年)30 頁以下。

[5] 森島昭夫『不法行為法講義〈法学教室全書〉』(有斐閣,1987 年)138 頁。

[6] 加藤,前注[1],141 頁。前田達明『民法 VI$_2$(不法行為法)』(青林書院新社,1980 年)60、137 頁。

多数学说都认为责任能力制度是某种政策性的制度。[7]

3. 无责任能力制度的妥当范围

(1)概说

如果依照通说,责任能力是故意或过失的当然理论前提的话,那么至少在民法第709条的适用范围内都应该被要求责任能力。[8]

但是如果不把责任能力作为过失理论的前提,而把责任能力者制度理解为大概具有政策性意味的制度,则为了满足加害人保护必要性减少和受害人保护必要性增大的需要,无责任能力制度的适用就会受到更多的限制。[9]

(2)无过失责任的场合等

诸如土地工作物的所有者责任(民法第717条第1款但书)那样,法律上明确规定采用无过失责任。不适用过失责任的场合,则没有责任能力制度适用的余地。现仍可以说是通说。[10]

根据机动车损害赔偿保障法第3条的规定,保有人*责任也准用民法第712、713条(参见机动车损害赔偿保障法第4条)。所以,

---

[7] 幾代＝徳本,前注[1],54頁。平井宜雄『債権各論Ⅱ不法行為』(弘文堂,1992年)93頁。広中俊雄『債権各論講義(第五版)』(有斐閣,1979年)425頁。四宮和夫『不法行為』(青林書院,1985年)382頁。不法行為研究会『リステイトメント』(有斐閣,1988年)90頁〔星野英一執筆〕。鈴木禄弥『債権法講義(二訂版)』(創文社,1993年)15頁。寺田正春「監督義務者の責任について」法律時報48巻12号(1975年)69頁以下。林良平編『注解判例民法　債権法Ⅱ』(青林書院,1989年)1284頁〔松岡久和執筆〕。

[8] 前田,前注[6],65頁。

[9] 幾代＝徳本,前注[1],55頁以下。前田,前注[6],65頁以下。四宮,前注[7],382頁。林,前注[7],1291頁〔松岡執筆〕。遠藤浩編『債権各論Ⅱ(基本法コンメンタール)(第四版)』(日本評論社,1996年)65頁以下〔潮見佳男執筆〕等。

[10] 我妻栄『事務管理・不当利得・不法行為(新法学全集)』(日本評論社,1937年)118頁。加藤編,前注[1],238、240頁〔山本執筆〕。加藤,前注[1],141頁以下。服部栄三「法人の不法行為能力」我妻栄先生還暦記念『損害賠償責任の研究(中)』(有斐閣,1965年)530頁。幾代＝徳本,前注[1],55頁。林,前注[7],1291頁〔松岡執筆〕。

＊ 保有人,是指机动车辆的所有权人或有权使用该机动车辆的其他人,并将该机动车自用。——编译者注

有解释认为无责任能力人没有作为保有人承担责任的余地。[11] 也有学说认为,因为机动车损害赔偿保障法第3条的责任是指,如不能举证证明保有人及驾驶人*没有过失、第三人有故意·过失、机动车没有构造上的缺陷或者功能障碍,则不能予以免责。所以,当保有人是无责任能力人时,至多不过是等同于保有人无过失的立证而已,只要没有成功地举证其他的免责要件则不能依据该条予以免责。[12] 另外,也有见解认为,从与危险责任相近的机动车损害赔偿保障法的救济受害人的立法趣旨以及损害由责任保险予以填补的构造方面来讲,无责任能力人的规定不应当被适用。[13]

监督义务人责任(民法第714条)、使用人责任(民法第715条)等,在采用无过错责任的情况下,监督人·使用人的责任能力原本不应该成为问题。但是,在监督人·使用人的选任监督等存在过失的场合,被使用人在实施加害行为时使用人碰巧处于心神丧失等无责任能力状态的话,如无须承担使用人责任就完结了事,就会存在疑问。因此有观点认为,只有在对引起被监督人·被使用人行为的原因力经过了相当的期间、无责任能力状态持续时才能允许其被免责。[14]

(3)无行为能力人的法定代理人构成侵权的情况

在无行为能力人的法定代理人从事代理行为时构成侵权,无行为能力人同时是无责任能力人时,无行为能力人是否应当承担责任则成为需探讨的问题。这类似于法人的理事构成侵权的情况:一是本人基于法定代理人的行为享受利益;二是法定代理人个人常常比

---

〔11〕 加藤,前注〔1〕,141、142页。但是,这一论点似乎只限于机动车损害赔偿保障法第2条第3款所指的"保有人"以外的驾驶人。

* 驾驶人是指为他人驾驶或者协助驾驶机动车辆的人。——编译者注

〔12〕 宗宫信次『不法行为论』(有斐阁,1968年)134页。前田,前注〔6〕,56页。

〔13〕 林,前注〔7〕,1291页〔松冈执笔〕。

〔14〕 林,前注〔7〕,1291页〔松冈执笔〕中得出断定的结论,但前田(前注〔6〕,55页)仅提出了质疑。

无行为能力人还要没有充分的财力保障；三是法律行为法领域中，承认法定代理人也适用表见代理的规定。基于立法上·解释上都对外部人利益保护的考虑，类推适用民法第 44 条或表见代理的诸规定，本人的责任能力不应该成为争议问题，即多数认为本人应当承担责任。[15]

（4）注意义务缺失的免责情况

行为自身合法，但内含在行为内部的侵害权利的危险性程度很高，从事该行为时需要高度注意义务的情况下，有观点认为如能够认识到该行为的性质，并具备可能作出不从事这种行为的决断，就不应该以按照注意义务没有能力控制自己行为作为否认归责的抗辩理由。依据此观点，援引无责任能力规定来免责的情况，则仅限于在欠缺理解行为性质能力的情况下而为该行为的场合。[16]

（5）还有如下其他的见解

认为如果加害人自身拥有相当多的资产或有充足的责任保险的情况下，其虽然没有责任辨识能力但让其承担赔偿责任也是合乎公平的。[17] 也有观点认为对于精神病患者等应根据具体情况来认定其是否具有责任能力。[18] 总之，缩小无责任能力制度的妥当范围是趋势之一。关于后者有观点认为，诸如监督义务人责任不能够对受害人予以救济这样的损害，本应该通过社会保障（例如，对犯罪受害者等提供补助金的法案等）的扩充来予以应对，责任能力的任意扩大则意味着因社会保障制度的不完备而转嫁给私人来负担。[19]

---

[15]　前田，前注[6]，66 頁。林，前注[7]，1291 頁〔松岡執筆〕。幾代 = 德本，前注[1]，56 頁。服部，前注[10]，534 頁。

[16]　四宮，前注[7]，384 頁。林，前注[7]，1292 頁〔松岡執筆〕。

[17]　幾代 = 德本，前注[1]，55 頁。加藤 = 野村，前注[4]，31 頁。寺田，前注[7]，71 頁以下。

[18]　立法论上，加藤，前注[1]，141 頁等。

[19]　林，前注[7]，1292 頁〔松岡執筆〕。

(二)责任能力

1. 责任能力的意义

民法上作为承担侵权责任的前提需要具备责任能力。通说将其与法律行为中的"意思能力"而非"行为能力"相对比,即意思能力是指法律行为中的辨识力,其基础与责任能力是同一的,或者也可以说责任能力是关于侵权行为的意思能力。[20]

对此,有观点指出,从责任能力是对各具体事件中的各具体行为人进行的规定来看,虽然与"意思能力"相似,但是由于法律行为是正常的交易社会中的行为,因而其法律效果比较容易认定。而侵权行为大多都是因对行为支配的失败而引发的损害赔偿问题,因此与这种被称为"违法性认识能力"的"意思能力"相比,责任能力应该被理解为稍微高度一些的能力。[21]

侵权行为的受害人的责任能力问题,则一般称为过失相抵能力。判例最初把过失相抵能力等同于责任能力,通说也持同样的观点。但最高裁判所大法庭1964年6月24日判决,最高裁判所民事判例集第18卷第5号第854页中认为,这里是指避免损害发生的注意能力的问题,也可以认为是事理辨识能力。[22] 也有学说认为应把过失相抵理论定位为对加害人侵权行为的违法性从公平上进行降低的制度,受害人的过失应该从加害人的立场进行定型化地判断,而不是事理辨识能力的问题。[23]

---

[20] 加藤编,前注[1],239页[山本执笔]。加藤,前注[1],143页。几代=德本,前注[1],52页。

[21] 前田,前注[6],60页。但是,也有观点认为,根据法律行为的性质、种类的不同,也未必都是可以这样断言的(加藤编,前注[1],239页[山本执笔]。森岛,前注[5],145页)。

[22] 加藤,前注[1],147页。加藤编,前注[1],240页[山本执笔]。加藤一郎编『注释民法(19)』(有斐阁,1965年)356页[泽井裕执笔]。

[23] 参见林,前注[7],1288页[松冈执笔]。

2. 责任能力的程度・内容

民法第712条规定"足以辨识行为责任的智能",最初学说上多数人认为该规定不是要求道德上的成熟,而是要求是非善恶的辨识能力。[24] 也有观点认为是指,能认识到行为所产生的损害并且对该损害必须由自己来承担具备认识能力。[25]

在判例中,雇主承担使用者责任的前提是,11岁11个月的被雇用的少年店员如果"加害当时其智能已经发展到可以辨识侵权行为即是非善恶的程度",则认定店员具有责任能力。(大审院1915年5月12日判决,大审院民事判决录第21辑第692页)。其后,在12岁的少年用空气枪射伤人眼睛并导致人失明的两起事件中,"不是辨识固有的道德上不当行为的智能,而是指辨识法律上责任的智能"(大审院1917年4月30日判决,大审院民事判决录第23辑第715页;大审院1921年2月3日判决,大审院民事判决录第27辑第193页),否认少年具有责任能力,由亲权人承担责任。由此,一直以来被解释为需要具有辨识法律上责任的能力。

学说上,随后也认为既不单纯地指对行为的恶性即道德上的不正当行为的能够辨识的智能,也不是指对法律上效果的精确认识的能力,而是指对加害行为的法律上的责任即对加害行为的结果会产生某种法律上的责任具有辨识的智能是必要的,支持判例上的观点。[26] 然而,对于"道德上的不正当行为的辨识"与"行为的法律上

---

[24] "是非善恶的识别",横田秀雄『債権各論』(有斐閣,1920年)444、869頁。"行为的事实结果及社会意义",岡松参太郎「批判」法学協会雑誌33卷10号(1915年)28頁、11号(1915年)54頁。"行为的社会意义及其是非善恶",嘩道文芸『最近大審院民法判例批判』(弘文堂書房,1921年)210頁。

[25] 鳩山秀夫『民法研究四卷』(岩波書店,1930年)285頁以下。森島,前注〔5〕,143頁。

[26] 鳩山,前注〔25〕,285頁。我妻,前注〔10〕,119頁。加藤,前注〔1〕,142、144頁。加藤编,前注〔1〕,242頁〔山本執筆〕。川井健『不法行为(民法教室)第二版』(日本評論社,1988年)224頁。幾代=徳本,前注〔1〕,51頁。

责任的辨识"不存在实质上差异的评价也很多。[27]

而且,责任辨识能力中应包含着像对正常人期待的那样避免使他人遭受违法损害的注意程度来行动的规范性认识。[28] 另外,也有观点认为虽然把责任能力作为违法性认识的能力,即对某种行为是违法的具有判断智能,却不具有选择适法行为的能力即不具有规范地合适地控制自身行为能力的话,也不应该让其承担违法行为的结果。该观点所主张的"具有认识违法性且决意回避结果发生的能力"[29],即把责任能力理解为更加综合的能力,对于探讨其和作为过失前提的能力之间的关系、对责任能力的判例理解具有重要作用。[30]

3. 责任能力的年龄

意思能力即法律行为里的辨识力,虽然其基础和责任能力是相同的,但也因人而异,而且因赠与、买卖等法律行为的不同也会不同,不可一概而论。一般认为从6、7岁到10岁左右应当具有意思能力。[31]

责任能力需要根据各个加害行为人进行个别的斟酌判断,因此不能一概地以几岁就具有责任能力来断言,还必须要考虑个别事件的具体情况以进行判断。[32] 从对作为行为结果的责任进行辨识这一点来看,有观点认为应当比意思能力所要求的年龄高几年。[33] 但是,不同的人为不同具体行为时,其是否具有责任能力这本身就

---

[27] 加藤=野村,前注[4],33頁。幾代=德本,前注[1],52頁。森島,前注[5],143頁。

[28] 幾代=德本,前注[1],51頁。

[29] 四宮,前注[7],381頁。

[30] 林,前注[7],1285頁〔松岡執筆〕。

[31] 谷口知平編『注釈民法(1)』(有斐閣,1964年)177、182頁〔高梨公之執筆〕。加藤編,前注[1],239頁〔山本執筆〕。加藤,前注[1],143頁。

[32] 鳩山秀夫『增訂日本債権法各論下巻』(岩波書店,1925年)897頁。加藤,前注[1],143頁。

[33] 柚木馨『判例民法総論上巻』(有斐閣,1962年)203頁。

存在问题。即使同样年龄的未成年人,责任能力的有无除存在个人差异外,因侵权行为的种类(伤害、营业妨害、名誉侵害)不同也存在不同,同样一个人对伤害有责任能力,但对盗窃或者毁损他人物品也可能没有责任能力。[34] 因此,一概地以几岁来认定是不行的,一般认为至少要从10岁到小学结束的12岁左右具有责任能力比较合理。[35]

4. 问题点

但是,有判例否定了12岁少年有责任能力,甚至对于13岁、14岁、15岁的少年也否定了其有责任能力。[36] 在上述的大审院1915年5月12日判决中却肯定了11岁11个月少年有责任能力。两者的关系如何进行评价是问题点之一。大审院1915年5月12日判决是使用者责任的问题,即就未成年人的行为追究其雇主承担使用者责任时,作为构成要件雇员未成年人需要有责任能力,因此,从这方面考虑在此情况下责任能力的年龄有下降可能的趋向。而监督义务人对被监督人的侵权行为承担责任,由于仅限于未成年人无责任能力的情况,所以为了使受害人得到赔偿对于一般没有赔偿能力的未成年人的责任能力年龄则尽可能地提高以否定加害人的责任,使得监督义务人得以承担责任。[37]

对以上判例的倾向,学界从救济受害人的观点出发强调使用者责任与监督义务人责任的不同,对各判决结果的妥当性予以认

---

[34] 林,前注[7],1285頁〔松岡執筆〕。

[35] 加藤,前注[1],143頁。加藤編,前注[1],259頁〔山本執筆〕。谷口,前注[31],177頁〔高梨執筆〕。前田,前注[6],61頁。幾代=德本,前注[1],51頁主张6、7岁也可以有责任能力。关于此问题点,参见加藤一郎「過失判斷の基準としての『通常人』——アメリカ法における『合理人』をめぐって」我妻栄先生追悼論文集『私法学の新たな展開』(有斐閣,1975年)442頁。

[36] 参见山口純夫「未成年者の不法行為と親の責任」法律時報45卷6号(1973年)186頁。

[37] 我妻,前注[10],119頁。加藤,前注[1],145頁。幾代=德本,前注[1],51頁。森島,前注[5],144頁。

可。[38] 因此,有观点认为责任能力的概念以对受害人赔偿为前提来决定由谁来实际地赔偿,即作为赔偿负担的分配机制在发挥其作用。[39] 责任能力不是仅单纯依据年龄就可以一律决定的,应根据每个具体案件结合该行为人来判断。因此,结果就是具体情况不同的判例间会出现差异。[40] 或者说这取决于当事人的主张是如何提出的[41],看到这一点就足以。[42] 对此,也有学说进行如下批判,即所涉及的解决方案过分地强调了具体的妥当性,而轻视了法解释的安定性。[43]

(三)心神丧失

1. 心神丧失的意义

心神丧失通常是指欠缺意思能力[44],是指在无意识状态或者完全地欠缺正常判断力的情况下,不要说辨识法律上的责任甚至连事理善恶都不能判断的状态。[45] 如此一来,就比民法第712条规定的"足以辨识行为责任的智能"还要低,与民法第712条存在巨大差异。因此,学说认为民法第713条规定的"心神丧失"是指失去了作为归责其承担侵权责任基础的判断能力,是与第712条的欠缺责任辨识能力处于同等程度的智能或判断能力的状态。[46]

---

〔38〕 加藤,前注〔1〕,145页。加藤编,前注〔1〕,245页〔山本执笔〕。
〔39〕 我妻,前注〔10〕,119页。加藤,前注〔1〕,145页。加藤编,前注〔1〕,245页〔山本执笔〕。四宫,前注〔7〕,380页。铃木,前注〔7〕,14页。中舎寛樹「意思能力・行為能力・責任能力・事理弁識能力」法学教室173号(1995年)87頁。前田,前注〔6〕,62頁。
〔40〕 前田,前注〔6〕,262页。
〔41〕 沢井裕『テキストブック事務管理・不当利得・不法行為』(有斐閣,1993年)245頁。
〔42〕 遠藤,前注〔9〕,66、67頁〔潮見执笔〕。
〔43〕 加藤编,前注〔1〕,246页〔山本执笔〕。穂積重遠『判例民法大正一〇年度』(有斐閣,1923年)30頁。林,前注〔7〕,1287页〔松岡执笔〕。
〔44〕 我妻栄『新版民法総則』(岩波書店,1951年)76頁。
〔45〕 加藤编,前注〔1〕,247页〔山本执笔〕。
〔46〕 加藤,前注〔1〕,146页。幾代=徳本,前注〔1〕,53页。前田,前注〔6〕,63页。

针对以上学说,有如下批判。如把责任能力制度理解为在对判断能力低的加害人进行政策性保护的制度的情况下,则没有必要把未成年人和精神障碍者具有同样程度的能力作为前提。问题在于,精神障碍的情况下,虽然规定了"心神丧失"这样的用语,但是否有必要要求比该用语通常意思所表示的能力更高的责任辨识能力?[47]

这里的心神丧失所指的无责任能力状态,基于精神病、智力低下、麻醉状态、饮酒·药物服用、醉酒等无论是成年人还是未成年人都可发生。即使是正常人,侵权行为实施时由于病情发作或药物等导致心神丧失状态时,也不承担侵权责任。[48]而且,对此人来说该状态并不需要持续地存在,只需在实施问题行为时处于心神丧失的状态即可。由于这是一个关于加害行为当时的能力问题,所以对于以前的疾病·慢性药物中毒所产生的持续性精神障碍和由于饮酒等一时发作的意识障碍等不作区别。[49]

这里的"心神丧失"与监护制度(民法第7条)构成要件中的"心神丧失"未必一致。监护制度中的"心神丧失"是从私的意思自治的观点出发,需要意思活动能力的全部欠缺,因此需要处于"心神丧失的常态"。民法第713条是从归责的观点出发考察责任能力的欠缺,因此对精神状态程度的要求可以相对低些。探讨某个具体加害行为的归责问题时,在行为当时满足心神丧失即可。[50]

而且这里的心神丧失者与是否被宣告为被监护人没有任何关系,即一时的心神丧失者即使没有被宣告为被监护人也可以依据民法第713条主张免责(京都地方裁判所1954年11月25日,下级裁判所民事裁判例集第5卷第11号第1924页)。另外,即使是被宣

---

[47] 森島,前注[5],145頁。
[48] 前田,前注[6],64頁。
[49] 林編,前注[7],1289頁[松岡執筆]。
[50] 前田,前注[6],63頁。林編,前注[7],1289頁[松岡執筆]。

告为无行为能力的人,加害行为当时有责任能力的话也不适用民法第 713 条。[51]

未成年人在心神丧失中实施加害行为的,不适用民法第 712 条的未成年的规定,应适用民法第 713 条心神丧失者的规定。[52]

2. "原因上自由的行为"

心神丧失是因为行为人自己的故意或者过失而一时招致所产生的情况下,不能被免责(民法第 713 条但书)。例如,饮酒导致的加害行为。这是基于"原因上自由的行为"的思想。通说认为这是由于故意或者过失"招致了一时的心神丧失",即明知不胜酒力而喝醉,醉酒状态下加害他人的情况。这甚至不要求在实施加害行为时需要具备故意·过失,即希望借助酒劲陷入醉酒状态从而壮胆后再加害于他人这样的意图并不需要。[53]

如果为了治疗而使用麻醉剂产生了心神丧失,即不是由于故意或者过失引起的,则可以被免责。把酒误以为是水而醉酒施暴时,通常情况下认为没有过失。[54]

基于故意或者过失引起的心神丧失,例如在因长期反复酗酒而酒精中毒导致心神丧失已经形成了持续性、恒常性的常态情况下,再依据原因上自由认定归责性已经不太妥当了,而应返回到原则规定认定为无责任能力。[55] 有观点认为这样的结果从立法论上来讲,存在问题。[56] 对此也有学者指出,立法者仅是以由疾病导致的持续心神丧失状态为预想对象的,对于由加害人自身导致的像慢性药物中毒这样的持续心神丧失状态并没有进行事先预想。因此,对

---

[51] 加藤,前注[1],146 页。前田,前注[6],64 页。
[52] 加藤,前注[1],147 页。林編,前注[7],1289 页〔松岡執筆〕。
[53] 我妻,前注[10],120 页。加藤編,前注[1],249 页〔山本執筆〕。前田,前注[6],64 页。幾代 = 德本,前注[1],54 页。末弘厳太郎『債権各論』(有斐閣,1918 年)1065 页,持反对观点。
[54] 加藤編,前注[1],250 页〔山本執筆〕。
[55] 加藤編,前注[1],250 页〔山本執筆〕。幾代 = 德本,前注[1],54 页。
[56] 加藤編,前注[1],250 页〔山本執筆〕。

于慢性药物中毒等由加害人自身招致的持续心神丧失状态下实施的加害行为,脱离民法第713条中"一时的"限定,适用该但书规定的解释论也不是不可能的。[57]

此外,免责事由丧失的举证责任,由主张责任成立的受害人承担。[58]

(四)举证责任

一方面,未成年人是否欠缺责任辨识能力、加害人在实施加害行为时是否处于心神丧失状态,这些关于责任能力有无的证明责任,由主张无责任能力的当事人主张,即由主张免责的加害人负担举证责任。[59] 一般人通常具备责任能力,排除归责的事由是例外,因此,责任能力的欠缺或其他归责排除事由的存在必须应当由主张否定违法行为归责的一方来承担举证责任。[60]

另一方面,受害人依据民法第714条以监督义务人为被告请求损害赔偿时,加害人无责任能力则变为追究监督义务人责任的积极要件,因此作为原告的受害人应承担证明加害行为人的无责任能力这一基础事实。

以上两种情况同样是对责任能力进行证明,但是,起诉无责任能力者本人还是起诉监督义务人,举证责任出现如此的不同是否存在不合理?[61]另外,加害人的法定代理人作为监督义务人一方对民法第712、713条中的加害人没有责任能力进行主张并承担举证责任,另一方面对于其自己的民法第714条责任存在加害人责任能力的争议,这形成了极为不恰当且奇怪的局面。[62] 对此,的确从证

---

[57] 林编,前注[7],1291頁[松冈执笔]。
[58] 前田,前注[6],64頁。林编,前注[7],1289頁[松冈执笔]。
[59] 幾代=徳本,前注[1],50頁。前田,前注[6],64頁。
[60] 林编,前注[7],1284頁[松冈执笔]。
[61] 森岛,前注[5],146頁。前田,前注[6],64頁。
[62] 森岛,前注[5],146頁。

明责任这一点来看出现了不能释然的解释,但根据证明责任的分配法则大多数人认为这是不可避免的。[63] 为了解消此问题点有以下提案[64]:一是认可无责任能力人和监督义务人之间的主观的预备合并诉讼;二是本来原则上应加害人承担责任,如果能够证明加害人是无责任能力人时,作为一种禁止反言,当然地在监督义务人满足其他责任要件时就应当承担责任;三是从证据距离来看,无能力的举证责任也应该解释为在加害人及监督义务人一方。

二、无责任能力人的监督义务人责任

(一) 概说

1. 规定的沿革

没有责任辨识能力的未成年人及心神丧失者实施加害行为对第三人造成损害时,行为人自身依据民法第712、713条不承担损害赔偿责任,但对该无责任能力人有法定监督义务的人(法定监督义务人)或者代替监督义务人监督无能力人的人(代理监督人),依据民法第714条应当承担赔偿责任。一方面,该不法行为人自身是社会的弱者,若与一般社会人同等对待的话反而违反社会正义,因此对该行为人予以免责;另一方面,为了救济受害人而让该行为人的法定监督义务人来承担责任以此来实现具体的正义。

法定监督义务人的责任,历史沿革上源于日耳曼法的原则,即家长作为家族团体的统率者对于隶属于家族团体的人的不法行为承担绝对的责任。近代法采用个人主义责任理论的日本民法效仿已修正成过失责任主义形态的德国民法第832条,即法定监督义务

---

[63] 遠藤編,前注[9],66頁[潮見執筆]。
[64] 森島,前注[5],146頁。森島,前注[5],150頁中,支持第二种提案的构成。

人如能证明没有懈怠监督义务则不承担赔偿责任。这就不再是以作为团体代表者的责任来把握,而是对无责任能力人负有监督义务的人的个人责任来构建的。[65]

2. 责任的性质

(1)基于监督义务人自身的行为违反义务所产生的责任

这里的无责任能力人的行为所引起的不法行为是指,由无责任能力人自身的行为所引起的监督义务人的侵权行为,即基于本条所产生的责任不是可归责于他人的过失,而是基于自己监督上的过失所产生的责任。并不是监督义务人自己去实施行为或者对于权利所受到的侵害需要有监督义务人的故意·过失。这里的过失一般是指怠于履行监督义务的过失。[66]

赔偿责任的要件,无责任能力人实施了不法行为即未成年人或者精神病人实施了不法行为,但由于责任能力欠缺,自己不承担赔偿责任。因此,不问对于加害行为的故意·过失的有无,但权利侵害的其他客观要件需要具备。[67] 本人的行为如果是因正当防卫、合法的游戏等无责任能力以外的理由而不构成不法行为时,也不构成监督义务人责任(最高裁判所1962年2月27日判决,最高裁判所民事判例集第16卷第2号第407页)。相反,无论是否有责任能力,本人都要承担责任的情况(例如,民法第717条的所有者责任),监督义务人也无须承担责任。[68]

民法第714条规定,无责任能力人实施加害行为,对该行为人

---

[65] 法典調査会『民法議事速記録』(伸松堂書店,1973年)41卷3丁以下〔穂積陳重説明〕。松坂佐一「責任無能力者を監督する者の責任」我妻栄還暦記念『損害賠償責任の研究(上)』(有斐閣,1957年)147頁以下(详细记载了民法第714条的历史沿革及立法例)。我妻,前注[10],156頁。加藤編,前注[1],255頁。森島,前注[5],148頁。

[66] 梅謙次郎『民法要義卷之三 債権編』(有斐閣,1910年)891頁。我妻,前注[10],157頁。加藤,前注[1],159頁。森島,前注[5],148頁。前田,前注[6],137頁。

[67] 鳩山,前注[32],908頁。谷口知平=植林弘『損害賠償法概説』(有斐閣,1964年)145頁。

[68] 幾代=徳本,前注[1],194頁。

负有监督义务的人如果在监督上有过失时,则以此过失为理由使监督义务人承担损害赔偿责任。因此,依据民法第714条,虽然不是监督义务人直接实施的侵害行为,但由于其过失间接地实施了侵害(＝监督义务违反所产生的不法行为[社会生活上的义务违反(Verkehrspflicht)])。立足于此点,民法第714条即以监督义务人自身的自己责任为基础,被认为是一个转换了过失(行为)证明责任的条款。[69] 对此,就像后文论述的那样,现今以民法第709条为根据,肯定了监督义务人是因违反监督义务而承担自己的责任。而对于民法第714条的理解,也有观点指出,以前认为的间接侵害＝不是自己责任的构成,旧民法财产编第371、372条及其源头法国民法认为监督义务人责任是代替无责任能力人的代位责任的理论构成可能并不能完全被舍弃,[70] 因为代位责任的理论构成在责任体系的整合性上更具有优势。[71]

(2)补充性

民法第714条规定只有在"依前两条的规定无责任能力人不承担责任",即行为人由于是无责任能力人所以不承担法律上的责任,由此产生了监督义务人责任,因此该责任具有补充的性格。[72] 并不是监督者与有责任能力的本人一起并存地承担本条的责任。[73] 有观点对于这种补充的责任进行了强烈的批判,认为其欠缺对受害人的救济。[74]

第一,对加害人责任能力有无的判断往往含有微妙的要素并非易事。因此,受害人常常陷入到底是以直接加害人还是以其监督义

---

[69] 加藤,前注[1],159页。幾代＝德本,前注[1],191页。前田,前注[6],137页。沢井,前注[41],243页。
[70] 星野英一「責任能力」ジュリスト893号(1987年)92页。
[71] 遠藤編,前注[9],68页[潮見執筆]。
[72] 鳩山,前注[32],906页。我妻,前注[10],158页。幾代＝德本,前注[1],192页。森島,前注[5],149页。
[73] 幾代＝德本,前注[1],192页。
[74] 岡松参太郎『注釈民法理由(下巻債権編)』(有斐閣,1899年)480页。

务人为起诉对象的迷惑当中。这时就会导致陷入对加害行为人起诉时而以其没有责任能力为理由被驳回诉讼请求,对监督义务人起诉时又以行为人有责任能力为理由而被驳回诉讼请求的危险。[75] 为避免此种情况的发生,在一个诉讼中以加害无能力人为主要被告提起诉讼,为防备加害人可能被判定为无责任能力人,预备地起诉监督义务人,此种诉讼行为被称为主观的预备合并诉讼。但是,判例不承认这种主观的预备合并诉讼(最高裁判所1968年3月8日判决,最高裁判所民事判例集第22卷第3号第551页),诉讼法学者也否定这种形态的诉讼。[76] 结果是由受害人承担了选择被告的风险。对此,在实体法上应适用禁止反言或者诚实信用原则,即在民法第712、713条的诉讼中法定代理人代理了无责任能力人,那么在民法第714条的诉讼中作为监督义务人本人,就不应该对同一加害行为的责任能力主张相反的观点。[77]

第二,未成年人、精神障碍者中没有足够的赔偿资力的居多,即使承认他们有责任能力、承担赔偿义务,实际上受害人最终也会得不到损害赔偿。因此,被害人势必要追究监督义务人的责任,依据本条受害人需要主张・证明直接加害行为人没有责任能力。这对受害人来说是很大的负担。[78] 因此,特别是在未成年人的情况下,无论是否有责任能力,作为监督义务人的双亲对于子女的加害行为承担赔偿义务既符合本条的立法沿革,又贴合家庭生活的实际状态,因此有观点主张应当采取监督义务人责任同无责任能力人的责

---

[75] 加藤编,前注[1],257页[山本执笔]。
[76] 参见加藤编,前注[1],258页[山本执笔]。寺田,前注[7],69页。
[77] 森岛,前注[5],149页。
[78] 鸠山,前注[32],898页。谷口=植林,前注[67],145页。我妻荣编『判例コンメンタールⅥ(事务管理・不当利得・不法行为)』(日本评论社,1963年)259页[四宫和夫执笔]。

任并存的立法论。[79]

(3) 中间责任

民法第 714 条的责任依据从监督义务的违反这点来看是以自己责任为原则。但是,首先,其并不是自己的加害行为所引发的责任,而是关于无责任能力人的行为所引发的责任。其次,这里的"过失"不需要像民法第 719 条中那样的关于加害行为的过失,只需要懈怠了一般的监督义务这样的间接过失即可。最后,监督义务人只要不能举证证明违反监督义务的过失不存在就不能免责,从这点上来看不能说是纯粹的无过失责任,应当被称为介于过失责任与无过失责任之间的中间责任。[80] 而且,没有懈怠履行监督义务的举证实际上几乎是不可能的,从结果上来看是无过失责任,实际上也可被称为危险责任。[81] 最近,有学者对责任内容进行深入探究后,认为对于判断能力低下且容易实施加害行为的无责任能力人承担监督义务的监督人,应作为"人的危险源"的持续"管理者",其承担的是一种危险责任。[82]

(二) 监督义务人

1. 法定监督义务人

(1) 未成年人

未成年人的法定监督义务人是其亲权人(民法第 818 条)。父

---

[79] 鳩山,前注[32],908 頁。宗宮信次「未成年者心神喪失者の監督責任者の責任」法曹公論 38 卷 4 号(1934 年)23 頁。穗積,前注[43],30 頁。我妻,前注[10],158 頁。森島,前注[5],149 頁。

[80] 鳩山,前注[32],904 頁。我妻,前注[10],157 頁。加藤,前注[1],159 頁。森島,前注[5],148 頁。幾代 = 徳本,前注[1],192 頁。宗宮,前注[79],16 頁,认为是结果责任。

[81] 松坂,前注[65],161 頁。穗積,前注[43],29 頁。我妻,前注[10],157 頁,从立法论上,主张无过失责任。对此,加藤,前注[1],160 頁中认为无过失责任与近代法中强调的自己责任原则相冲突,难以赞成。但是直到现在几乎都没有认可过免责,所以实质上就是无过失责任。

[82] 四宮,前注[7],670 頁。

母在婚姻中共同行使亲权,所以父母双方都是监督义务人,共同承担责任,形成不真正连带债务关系。[83] 在其他的情况下,父亲或母亲成为单独亲权人(民法第819条),则该单独亲权人是监督义务人。亲权人以外的人被选为未成年人监护人的情况下(民法第766条),则实际实施监护的监护人成为监督义务人,亲权人原则上免于承担本条上的责任。[84] 对于父亲或母亲是未成年人的情况,则由父亲或母亲的亲权人代为行使亲权(民法第833条),因此当该未成年人的子女为不法行为时,亲权代行人作为监督义务人承担责任。

共同亲权人双方或者单独亲权人死亡、辞退亲权、去向不明时(没有人对未成年人行使亲权的情况下)监护开始(民法第838条第1款第1项、第857条),监护人是无责任能力人的监督义务人(作为亲权代行者的监护人参见民法第867条)。

儿童福利机构的责任人,对于进入福利机构的没有亲权人或者监护人的儿童,在其亲权人或者监护人被确定之前行使亲权(儿童福祉法第47条第1款),因此机构的负责人是法定监督义务人。

(2)禁治产者*

精神障碍者被宣告为禁治产者的,其监护人为监督义务人(参照民法第838条第2款、第840、841、858条)。对于精神障碍者,首先,其监护人、配偶、亲权人及扶养义务人为监督义务人。其次,在市、镇、村的负责人成为保护人后,则由该保护人负责监督精神障碍者不要侵害他人的利益(1995年修正精神保健法后颁布的精神保健及精神障碍者福祉的相关法律第20—22条之二)。以前,精神保健法上的保护义务人多指的是民法第714条的监督义务人[85],精

---

[83] 加藤,前注[1],161页。谷口=植林,前注[67],145页。

[84] 加藤,前注[1],161页。幾代=德本,前注[1],193页。

* 依据2000年4月修改后的日本民法,禁治产制度已被成年人监护制度替代,参见日本民法第8条。——编译者注

[85] 加藤,前注[1],161页。前田,前注[6],138页。幾代=德本,前注[1],192页。

神保健法修正后其法的性质定位有所改变,因此对于该法上的保护义务人是否还应该是民法第714条的监督义务人存在疑问。[86]

2. 代理监督人

代理监督人是指虽然在法律上并不当然地承担监督义务,但依据与法定监督义务人订立的合同、法律规定或者事务管理等,被委托监督无责任能力人或者接受承担监督义务的人。[87]

一直以来,托儿所、保育园或者幼稚园的保育员、小学教员、精神病院的医生、少年教养院的职员等这些实际上对无责任能力人实施监督·指导的人被认为是代理监督人。判例也把职员个人是监督义务人作为当然的前提,然后再依据民法第715条或国家赔偿法第1条予以认可其向单位组织追究责任。[88] 但是,依据法律规定或者在与法定监督人订立合同的情况下,则责任主体为福利设施、事务所的负责人或者是法人组织自身。在这些组织体中认定代理监督人时,对实际监督者的关注将导致在组织体中处于末端或低职位的个人负担过重的结果,这是不合理的。有观点认为,职员个人同事业体或事业主并列,承担通常的过失责任(民法第709条)比较合理。[89] 因此有以下见解:一是将责任限定在被授权指导和命令组织机构工作的负责人;[90] 二是将责任限定在设施·事业体自身;[91] 三是将责任限定在前两者中间。[92] （第二种见解为有力说）

如同法定监督义务人委托他人照看家一样,其他个人接收委托

---

[86] 同样的趣旨,林编,前注[7],1293 页〔松冈执笔〕。
[87] 鸠山,前注[32],905 页。
[88] 例如,福冈高级裁判所1981 年9 月29 日判决,判例时报1043 号71 页。加藤,前注[1],161 页。
[89] 幾代＝德本,前注[1],193－194 页。
[90] 我妻,前注[10],160 页。遠藤编,前注[9],69 页〔潮見执笔〕。
[91] 幾代＝德本,前注[1],192 页以下。四宫,前注[7],679 页。沢井,前注[41],246 页。
[92] 遠藤编,前注[9],69 页〔潮見执笔〕。

时，也可以适用民法第714条第2款的规定。[93] 但也有观点认为，作为代理监督人使其承担责任的前提应该仅限于一定程度持续性地接受监护的情况，而邻居间一时照看孩子等的情况不应该适用民法第714条规定。[94]

3. 事实上的监督义务人

除以上的监督义务人以外，领回孤儿进行事实上的照顾这样的既不是法定监督义务人也没有合同上关系的事实上的监督人是否也适用第714条第2款是个争议问题。民法第714条虽然本来是以基于法律上或合同上负有监督义务的人为预定设计的条文，但在社会上能够被同样视为负有监督义务的人，作为代替监督义务人实际监督无责任能力者的人，也可适用第714条第2款的规定。[95]

4. 法定监督义务人责任与代理监督人责任的关系

在代理监督人有责任的情况下，法定监督义务人是否还需承担责任？对此并没有特别的规定。民法第714条第1款和第2款并不是排斥的关系，所以两个责任都能够成立。这时受害人无论对哪个责任人都能够行使全部损害的赔偿请求权，而对内关于损害的负担分配则依据对内的法律关系来决定。[96]

法定监督义务人依据合同委托代理监督人，而其委托的人没有尽到监督义务，作为法定监督义务人的监督义务可以被认定为具有过失，只要其不能证明在安排代理监督人进行监督时没有过失，则

---

[93] 加藤，前注[1]，162頁。加藤編，前注[1]，261頁[山本執筆]。幾代＝徳本，前注[1]，193頁。

[94] 四宮，前注[7]，679頁。

[95] 加藤，前注[1]，162頁。谷口＝植林，前注[67]，146頁。松坂，前注[65]，166頁。東京控判大12・4・14判決，高窪喜八郎編『法律学説判例評論全集』第12卷民法（法律評論社，1926年）450頁。

[96] 鳩山，前注[32]，906頁。宗宮，前注[79]，20頁。幾代＝徳本，前注[1]，193頁。前田，前注[6]，138頁。遠藤編，前注[9]，69頁[潮見執筆]。浦和地判昭60・4・22判時359号68頁。

应认定法定监督义务人也具有责任。[97] 当代理监督人是公立的义务教育机构等这样不能依据法定监督人的意思进行选择时,又会出现问题。因为法定监督义务人的义务涉及本人生活的全部,所以即使该行为是在直接接受代理监督人监管的地点或时间段里做出的,也不能基于此就当然地认为法定监督义务人的责任就消灭了。原则上二者的责任能够重叠地产生,在此基础上参考具体的情况再认定法定监督义务人是否应当予以免责。[98]

(三)监督义务的内容·程度

1. 监督义务的阶段性构造

监督义务的具体内容,依据被监督人的性格、年龄、发育程度、环境、能够被预测的具体危险性的情况等而不同。[99]

被监督人作为具有危险源的人对照其危险性的程度,对从这样的危险中产生的可预测的类型化危险,监督义务人负有应该采取一般的适当危险回避的义务。以这种一般的监督义务为基础,再根据具体的情况决定具体的义务内容。对于没有事理辨别能力(过失能力)的幼儿或心神丧失者的监督义务,则实质上负有危险源管理者的义务。而对于有事理辨别能力,特别是人格已形成并接近于有责任能力人的未成年人,随着能力的发育程度任其行动自由的领域也随之扩大,特别是对具体的危险不能预测时,则对其行动的逐一监督·管理的要求就不需要太强,监督义务就后退到普通程度的教育·管理这样的抽象义务。[100]

---

[97] 梅,前注[66],892 页。鸠山,前注[32],905 页。宗宫,前注[79],20 页。加藤,前注[1],161、162 页。加藤编,前注[1],262 页〔山本执笔〕。几代＝德本,前注[1],195 页。前田,前注[6],138 页。持反对意见,谷口＝植林,前注[67],146 页。

[98] 几代＝德本,前注[1],195 页。我妻,前注[10],160 页,可能持有同样的想法。

[99] 四宫,前注[7],674 页。

[100] 林编,前注[7],1296 页〔松冈执笔〕。

2. 违反监督义务的样态

关于违反监督义务的样态,判例中对于加害行为的危险在能够被预测的情形下则认定为具体的监督义务违反,即从被监督人的粗暴性质、事故发生前的行动等可感知加害行为有可能发生的情形下而没有进行适当的监督。此外,如果孩子不在可监视的范围内比如在学校发生的事故等,对于这样的危险未必够具体地预见,则一般的教育·管理不充分的话构成违反监督义务。[101]

监督义务人的责任,以生活共同体的代表者责任为基础,依据监督义务是涉及无责任能力人的生活关系的全部还是一部分,其责任范围也会产生差异。因此,亲权人、户主和幼稚园、小学职员之间,责任的限度是不同的。[102] 前者被称为身上监护型的监督义务人,后者被称为特定生活监护型的监督义务人。[103]

身上监护型的监督义务人,不仅涉及监督被监督人的全部生活范围,还特别负有对成长中的未成年人的日常教育·管理的义务。因此,只要不能举证证明不是因违反这些义务而招致的该加害行为,监督义务人就不能被免责。这种证明几乎是不可能的,实际上也没有看到认可这种证明成立的裁判例。[104] 而特定生活监护型的监督义务人的义务涉及范围由于是被限定的,因此与之相对应的具体监督样态是否充分成为争议焦点,有观点认为仅仅是尽到一般抽象的注意、指导义务是不够的。[105]

3. 和失火责任法的关系

失火仅在故意或者重大过失的情形下成立侵权责任(失火责任法)。一直以来,就服从于监督义务人监督的无责任能力人引发失

---

[101] 林编,前注[7],1297 页〔松冈执笔〕。
[102] 我妻,前注[10],160 页。加藤,前注[1],164 页。松坂,前注[65],166 页。谷口 = 植林,前注[67],146 页。前田,前注[6],139 页。四宫,前注[7],674 页。
[103] 四宫,前注[7],675 页。
[104] 林编,前注[7],1297 页〔松冈执笔〕。
[105] 林编,前注[7],1297 页〔松冈执笔〕。

火时,关于失火责任法与民法第714条的关系如何进行理解,下级法院存在以下判例及学说。一是失火责任法直接嵌入监督义务人的监督上的过失的立场,被称为单纯的"嵌入"说。无责任能力人惹起火灾的行为,监督义务人在其监督上仅存在故意或者重大过失的情形下才承担责任,轻过失则被免责。[106] 二是失火责任法直接适用于无责任能力人自身的行为样态的无责任能力人要件说,即对于无责任能力人的行为也可进行相当于故意或者过失的客观认定,对于过失的行为也可以就其轻重进行探讨来作为思考的基础。[107] 三是基于火灾发生的损害分为直接损害和火势蔓延损害。直接损害可直接适用民法第714条,火势蔓延损害则与观点一同样处理,火势蔓延部分被认为采用"嵌入"说。[108] 最高裁判所1995年1月24日判决,最高裁判所民事判例集第49卷第61号第25页,明确地采用了单纯的"嵌入"说。据此判决,从此下级裁判例可统一地采用单纯的"嵌入"说。但是,仍遗留以下课题:一是监督义务人监督上的"重大过失"以什么标准来认定? 二是有责任能力的未成年人造成的失火,监督义务人的责任要件又如何构成?

(四) 监督义务人的举证责任

监督义务人只要不能举证证明自己没有懈怠履行监督义务,就不能依据民法第714条予以免责。[109] 这种责任的承担依据,并不

---

[106] 大阪高判昭56・4・15判時1018号83頁。東京地判平3・3・28判時1423号84頁等。参见山口純夫「責任無能力者の失火責任と監督義務者の責任」法律時報46卷6号(1974年)254頁。

[107] 東京高判平3・9・11判時1423号80頁(最高裁判所判決的原審)。青森地判昭61・2・27判夕599号49頁等。

[108] 福岡地小倉支判昭47・1・31判時683号117頁。東京地判昭48・4・11判時724号53頁等。加藤编,前注〔1〕,260頁〔山本執筆〕。参见幾代=徳本,前注〔1〕,194頁。

[109] 東京控判大7・3・11新聞1399号21頁。大判大10・2・3民錄27輯193頁。東京地判大13・11・17新報25卷19頁。大判昭18・4・9民集22卷255頁等。

是基于无责任能力人为特定的违法行为其自身的预防过失,而是对于无责任能力人的行动监督义务人怠于一般的监督所产生的过失,而且这种过失的有无被转换到举证责任上,[110]是一种中间责任。

这里的监督义务不限于在预见到危险可能发生的情况下,为了回避权利侵害结果的发生需要采取必要行为的义务,还包含对无责任能力人生活全部的监护、教育的广泛义务。[111] 因此,在无责任能力人为违法行为的情况下,就先推定了其存在监督上的过失,成功地举证证明尽到了监督义务以来免责是非常困难的。[112] 然而,亲权人·监护人这样对生活全部承担监督义务的人和学校教员这样只对特定生活的局部承担监督义务的人,二者还是有很大不同的。[113] 和代理监督人的关系,不能说有了代理监督人就可以免责了。[114] 身上监护型的监督义务人要以尽到监督义务来免责的话,不仅要求直至该事故发生时没有怠于一般的教育·管理,还需要委托的相对方是适当的人选并把监督工作完全地委托给了代理监督人。[115]

如能够证明即使监督义务人或者代理监督人没有怠于履行监督义务损害也会发生,那么是否能够免责?对此,没有像民法第715条第1款但书使用者责任那样的规定。否定说认为,既然与民法第715条条文表达不同,也就不能进行同样的解释。法典对无责任能

---

[110] 梅,前注[66],875 頁。我妻,前注[10],156 頁。加藤,前注[1],159 頁。加藤編,前注[1],259 頁[山本執筆]。

[111] 我妻,前注[10],156 頁。四宮,前注[7],674 頁。平井,前注[7],218 頁。幾代＝德本,前注[1],194 頁。

[112] 加藤,前注[1],164 頁。前田,前注[6],139 頁。幾代＝德本,前注[1],192 頁。遠藤編,前注[9],68 頁[潮見執筆]。

[113] 我妻,前注[10],159 頁。加藤,前注[1],164 頁。幾代＝德本,前注[1],194 頁。

[114] 東京地判昭37·11·2下民集13卷11号2217頁。名古屋地判昭38·1·26判時347号52頁。函館地判昭46·11·12、和歌山地判昭48·8·10、高松高判昭49·11·27、福岡地小倉支判昭56·8·28判決等。

[115] 林編,前注[7],1298 頁[松岡執筆]。

力人的监督要求严格,因此假使有懈怠履行监督义务,则无论无责任能力人的行为和义务懈怠之间是否有因果关系都应当认定承担赔偿责任。[116] 肯定说认为,民法第714条应该解释为仅仅是使受害人免于承担举证证明监督义务人的过失以及过失与加害行为之间的因果关系。既然否定绝对责任,那么就应该如同监督义务人举证证明没有怠于履行监督义务即能够予以免责一样,如果能够举证证明义务的懈怠与加害行为之间没有因果关系也应该理解为能够免责。[117] 这里,广泛且总括性的监督义务的违反和结果发生之间的因果关系只要满足相当的"稀薄的因果关系"即可,因此,证明因果关系不存在的成功可能性是很低的。[118]

三、有责任能力的未成年人的侵权行为和监督义务人责任

(一) 问题的所在

如上文所述,未成年人对他人实施侵权行为造成了损害,如"对其行为的责任未具备足以辨识的智能"时,未成年人不承担赔偿责任(民法第712条)。而由对无责任能力人"负有法定监督义务的人"来承担赔偿责任(民法第714条)。因此,亲权人的责任只有在未成年人没有责任能力的情形下才产生,具有补充的性格特质。[119] 对此,民法修正案理由书进行了如下说明:"当无责任能力人应对自己实施的侵权行为承担责任时,监督人不承担赔偿责任。只有在监

---

[116] 鸠山,前注〔32〕,907页。宗宫,前注〔79〕,23页。冈村玄治『债権法各论』(严松堂书店,1929年)708页。戒能通孝『债権各论』(严松堂,1946年)478页。加藤编,前注〔1〕,259、261页〔山本执笔〕。

[117] 我妻,前注〔10〕,159页。末弘,前注〔53〕,1077页。松坂,前注〔65〕,166页。加藤,前注〔1〕,164页。谷口=植林,前注〔67〕,147页。四宫,前注〔7〕,677页。远藤编,前注〔9〕,68页〔潮见执笔〕。

[118] 沢井,前注〔41〕,246页。远藤编,前注〔9〕,68页〔潮见执笔〕。

[119] 鸠山,前注〔32〕,906页。我妻,前注〔10〕,158页。

督义务人根据本条前段的规定被追究责任的情况下,监督义务人才承担赔偿责任,因为监督义务人没有理由承担责任。"关于是否应当承担补充的责任,在法典调查委员会里有若干争议,但最终还是遵从了原来的方案。[120] 但对于补充责任的观点,存在批判[参见本文二·(一)·2·(2)部分内容]。

(二)学说·判例的动向

学说如上文所述,最初认为对于有责任能力的未成年人的侵权行为,即使监督义务人存在监督义务的懈怠也不需要承担责任。[121] 然而,对上文提出的问题点,很早就有学者进行指摘,甚至提出了无论未成年人是否有赔偿责任都应当认定监督义务人承担责任的立法论主张。[122] 对该条的解释也出现应努力提高监督义务人责任的意见。[123] 另外,依据家族共同体理论认可家族共同体的责任,进而也提出承认家长责任的解释论。[124]

随后直至1957年,从即使未成年人有责任能力监督义务人也要承担责任这一最合理的观点中又提出了以下学说:"虽然第714条规定'依前两条的规定无责任能力人不承担其责任的情况',但其应当与但书的内容相关联来进行解读,即其只是意味着在这种情况下存在过失的推定,监督义务人的责任认定并没有限制第709条一般原则的意思。"[125] 因此,依据一般原则,如果受害人能举证证明

---

[120] 详细的论述,参见川井健＝飯塚和之「責任能力のある未成年者の不法行為と監督義務者の不法行為責任」判例評論188号(1974年)26頁。寺田,前注[7],70頁。

[121] 菱谷精吾『不法行為論』(清水書店,1905年)290頁。横田,前注[24],448頁。鳩山,前注[32],906頁。末弘,前注[53],1075頁。

[122] 鳩山,前注[32],908頁。穂積,前注[43],30頁。我妻,前注[10],158頁。宗宮,前注[79],23頁。我妻編,前注[78],259頁〔四宮執筆〕。

[123] 我妻,前注[10],158頁。

[124] 末弘厳太郎「私法関係の当事者としての家団」『民法雑考』(日本評論社,1932年)。戒能,前注[116],476、478頁。对此观点也有诸多批判,详细参见山口,前注[36],186頁。

[125] 松坂,前注[65],163頁。

监督义务人有过失以及其与无责任能力人的行为之间有因果关系,就能够追究监督义务人的责任。

以上的理论,在1955年以后的裁判例中也开始被采用,经过宇都宫地方裁判所1970年3月19日判决,下级裁判所刑事裁判例集第21卷第3号第374页等,[126] 最终由最高裁判所1974年3月22日判决,最高裁判所民事判例集第28卷第2号第347页得以确认,之后的下级审判也随之如此裁判。很大程度上得到了学术理论的支持,今日已成为通说理论。[127]

(三)问题的探讨

这里存在的问题是,到底什么样的情况下,存在违反监督义务以及其与损害的发生之间有因果关系?

亲权人依据民法第820条对子女的监护·受教育,负有义务。监护·教育是指为了未成年人得以健全地发育而对其身体及精神两方面都给予全面的各种照顾并采取相应的措施。[128] 与其说规定的是权利要素,还不如说义务要素才是该法条的本质内容。这种义务被认为是对子女自身的义务[129]、或者是对社会的义务[130],但也可以认为是对社会义务的同时对子女自身的义务[131]。亲权人应当

---

[126] 详细参见山口,前注[36],191页。
[127] 加藤,前注[1],162页。明石三郎「責任能力ある未成年者の不法行為と親権者の賠償責任」法律時報43巻6号(1971年)138頁。加藤編,前注[1],258頁〔山本執筆〕。山本進一「不法行為をした未成年者に責任能力が認められるときと親権者の賠償責任の有無」判例評論150号(1971年)25頁。川井健「責任能力」柚木馨=谷口知平=加藤一郎編『判例演習:民法〔第4〕(債権法 第2)』(有斐閣,1964年)226頁。佐々木一彦「親の責任」判例タイムズ268号(1971年)104頁。広中,前注[7],455頁。
[128] 中川善之助編『注解親族法(下)』(有斐閣,1952年)44頁〔山木戸克己執筆〕。
[129] 中川編,前注[128],43頁〔山木戸執筆〕。
[130] 谷口知平「"鬼ごっこ"中の傷害行為に違法性がないとされた事例」民商法雑誌47巻4号(1962年)601頁。
[131] 我妻栄『親族法』(有斐閣,1961年)316頁。

负有使未成年人适应社会的育成义务,其中被认为也包含了使未成年人不对他人实施侵权行为的注意义务。

除此以外,关于违反监督义务与损害发生之间存在因果关系,在一直以来的事例中,当对损害的发生有预见可能性时,负有应当预防的义务但予以放任就具有过失,因为如果尽到了义务则具有回避结果发生的可能性,此时过失与损害发生之间即存在因果关系。但是,此时过失中带有的非难性是指能够防止结果的发生而没有防止,这就导致了预见可能性和回避可能性成为过失判断的前提,即如果预见可能且为了回避结果发生的义务没有尽到的话则被认为是有责的。最终,义务懈怠与损害之间的因果关系被包含在过失有无的判定中,即可以说是只要存在没有义务懈怠就没有损害发生这一关系就足够了。[132] 因此,虽然说是监督义务人的监督义务懈怠与损害发生之间存在因果关系,但实质上是监督义务人是否有违反监督义务的问题,这里的监督义务与亲权人负有的一般监护教育义务并无不同。

对于以上学说有如下批判:学说一认为,这里的直接问题并不是民法第820条的一般的监护教育义务即与自己孩子的关系问题,而是与受害人的关系即加害人父母的监护教育义务的违反是否能够被评价为对第三人的安全确保义务违反 = 民法第709条的过失?[133]

学说二认为,违反监督义务以及其与损害之间因果关系的存在,在什么情形下应该被认可,应当尝试进行类型化的考察。[134] 由此,进行以下分类:(a)子女在父母的现场监督之下,父母能够对子

---

[132] 芦川豊彦「責任能力ある未成年者の不法行為と監督義務者の不法行為責任」判例タイムズ310号(1974年)81頁。
[133] 森島,前注[5],151頁。
[134] 川井健=飯塚和之,前注[120],26頁。此学说认为,以民法第820条的一般监护教育义务为理由来使监督义务人承担侵权责任是不合理的解释。

女实施监视、指导、助言而懈怠之,从而导致了损害的发生;(b)实施侵权行为的道具、手段从父母转移到了子女,由于怠于对其用法进行适当的指示,而发生了侵权行为的情形;(c)子女有对他人施加危害、损害的恶习,父母虽然知悉但怠于进行充分的监护·教育处置,而发生了侵权行为的情形;(d)不属于以上(a)(b)(c)的任何一种情形。在(a)情形下,父母的责任认定是比较容易的。(b)、(c)情形,存在可以直接认定责任成立的情况,也存在过失·因果关系是能够进行事实上推定的情况。而在(d)情形下,对父母的责任追究是困难的,抽象地一般地来说对此是无可奈何的,因为对于子女有责任能力的侵权行为,是不应该由其父母来承担责任的。

但是,正如上文所述,监护教育义务也是对社会的义务,从亲权人也包含有要让自己的子女不对他人实施侵权行为的注意义务这个角度来说,把一般的监护教育义务的违反评价为民法第709条的过失也是可以的。学说二所主张的判断基准似乎又过于严格了。总之,要件如果过于严格要求的话,就会出现更多无法追究父母责任的情况。[135] 如前所述,亲权人依据民法第820条,负有教育未成年人适应社会的义务,这个义务里也包含了监督未成年人不对他人实施侵权行为的义务。而学说一的主张里没有考虑到此点。虽然未成年人也具有一个独立的人格,对其的监督义务的范围自然也是有限度的,但是由于亲权人负有对未成年人生活全面的监督义务,因此在未成年人对他人实施加害的情形下,原则上就推定其有监护教育义务的懈怠,亲权人应当承担责任。

然而,有责任能力的未成年人,其具体样态也多种多样。从年龄上来看,下至小学六年级左右,上至接近成年人。从发展路径来看,有结束义务教育后马上就业的,也有高中毕业后就业的,还有进

---

[135] 石黒一憲「責任能力ある未成年者の不法行為につき監督義務者たる親に民法709条に基づく不法行為責任が認められた事例」法学協会雑誌92巻10号(1975年)1419頁。

入大学的。从和亲权人生活的方面来看,有完全和亲权人共同生活的,也有完全和亲权人没有共同生活关系的。虽然说都是服从于亲权管理的人,即虽然亲权人都负有监护教育义务,但情况多样,是否能够一概地统一对待也是个问题。经济上已经独立于亲权人,完全不受亲权人影响的有责任能力的未成年人其侵权行为也要以监护教育义务为理由由亲权人来承担责任,是否对亲权人过于苛刻?而对于像离开父母寄宿上学的大学生这样,虽然没有事实上的共同生活但经济上依附于亲权人,即没有完全脱离亲权人的影响力的情形,以监护教育义务为理由由亲权人来承担责任,也未必没有道理。以上两种情形作为两个极点,还有许多各样的中间情形,在有责任能力的未成年人实施侵权行为时,判断其亲权人是否违背了监督义务,与亲权人共同生活事实的存在或者经济上的依存程度应作为一个判断标准。[136]

---

[136] 详见,山口純夫「責任能力ある未成年者の不法行為と監督義務者の不法行為責任」民商法雑誌72卷1号(1975年)173頁。山口純夫「未成年者の不法行為と親権者の責任」Law School 52号(1983年)65頁以下,收录于中川淳编『財産法と家族法の交錯』(立花书房,1984年)。山口純夫「未成年の子がその所有車両を運転中起こした事故につき父に自動車損害賠償法三条による運行供用者責任が認められた事例」民商法雑誌72卷5号(1975年)150頁。

不作为侵权行为

[日] 中井美雄*

一、引言

要使不作为侵权行为的"行为者"承担责任，其"不作为"需要满足民法第 709 条规定的侵权责任的成立要件。通常情况下，该要件论是以积极的加害行为的存在为前提进行讨论的。从行为论的角度来看，与"积极的"或者说"能动的"作为行为相对应的是，"应为而不为"即不作为这样的消

---

* 中井美雄（なかい よしお，1932 – 2019）。毕业于大阪大学法学部，于立命馆大学取得法学硕士、法学博士学位。历任立命馆大学法学部专任讲师、副教授、教授，奈良产业大学法学部（现奈良学园大学）教授、姬路独协大学教授。

著作：『約款の効力（叢書民法総合判例研究）』（一粒社，2001 年）；『担保物権法』（青林書院，2000 年）；『債権総論講義』（有斐閣，1996 年）；『通説民法総則』（三省堂，1991 年）；『民事救済法理の展開』（有斐閣，1981 年）；等等。

论文：「成年後見制度と私的自治」立命館法学 3・4 号下卷 271・272 号（2000 年）623 頁；「物上代位の法目的（一）（二）」奈良法学会雑誌第 11 卷第 3 号（1998 年）59 – 77 頁，第 12 卷第 2 号（1999 年）45 – 68 頁；「包括根保証の責任制限—『意思の解釈』という判断基準について—」立命館法学 250 号（1996 年 6 号）49 頁；「民法における『能力』制度論の動向—『意思能力・行為能力』を中心に」立命館法学 225・226 合併号（1993 年）；等等。

极样态。从这一点来说,作为与不作为被明确地区别开来。但是,不作为行为作为侵权行为要归责于行为人的话,与作为行为同样地必须要满足侵权责任的成立要件。不作为需要基于故意或者过失、具有违法性,这些基本上应该与作为的情况是没有不同的。不作为是基于过失或者具有违法性,是在判断不作为的侵权责任性质时不可欠缺的要件。但是,由于不作为的特性原因,这些要件论又受到了什么样的影响也是不得不关注的重要问题。

在思考不作为侵权责任时,作为"行为"概念的"作为"与"不作为"的异同、不作为侵权责任的成立要件,特别是"过失"与"违法性"的具体认定标准、两者的关系、不作为与损害之间的"因果关系",都是需要探讨的问题。

二、作为"行为"概念的"不作为"

首先,行为人需要对他人所遭受的损害承担侵权责任的前提,应该是仅限于基于自己的行为造成的损害,即所谓的自己责任·个人责任原则。即使是在亲权人对子女的行为或者使用人对被使用人的行为承担侵权责任的情形,理论上也是由于对他人负有监督义务的人怠于履行监督上的义务即也是对自己的行为承担责任。侵权责任法上的行为,因为是判断是否让人承担侵权责任的法的评价对象,所以必须是人的有意识的举动。无意识的动作不是这里所说的行为。但是,侵权责任中涉及的行为,包括了作为和不作为。不作为要成为侵权行为,从违法性这一点出发,其前提必须是要有"作为义务"。由于人的行为或者说外部的状态几乎都可以被无限地细致分解,因此,区别"作为"与"不作为",在本质上、哲学上是极为困难的。将两者进行对比配置时其常识性的含义是指,当一个人应该开始做一些妥当的行为却没有做时,就涉及"不作为"侵权责任的问题。

其次,"行为"到底是什么,最终应该从民法的根本原则即意思自治中推导出来。意思自治的原则是指"能够根据自己的意思来决定自己的社会生活关系",这种把人的意思活动作为发生法效果的基础,是现代私法的原则。因此,人无须对不是起因于自己的意思活动发生的后果承担责任。在这里,"行为"是指"人的意思活动"。即人设定了一定的目的,为实现此目的根据意思依照自然的因果法则来支配操纵外界(包括自己的身体)。这种"基于意思对外界的支配操纵"就是"行为"。如果这样定义"行为",那么不作为的情形就会出现问题。例如,与B进行格斗并把B杀害的A,看到了B扔掉的柴火头正在致使稻草堆燃烧,A本可以简单地把火势熄灭,但为了湮灭B的尸体及其他证据,而任由火势蔓延把家院全部焚烧了的情况。或者,负责开闭铁道岔口的守卫打瞌睡而没有落下拦路杆导致通行人被碾压死亡。这些情况下,不作为就会出现争议问题。前一种情况,由于不去熄灭火是自己的意思决定,并把自己的身体沿着"不去熄灭火"的方向支配操纵,所以可以说是"行为"。但是,在后一种情况中对于没有落下拦路杆并没有意思决定。在这里存在所谓的基于过失的不作为。过失不作为是否属于侵权行为是一个很难的问题,在不作为里一般都存在作为义务的问题,其被认为是违法性的问题,但认定为是不作为者的过失进而认定为是不作为的侵权行为也是可以的。

最后,对行为人要认定其具有归责性,则需要发生的侵害及损害是归因于行为人的自由行为。行为并不限于是积极的·能动的行为,即并不限于是作为的表现形式,也可以通过不作为的形式来表现。行为是侵权责任的一般要件,只有是作为或者不作为这种基于人的自由意思的行为才是归责的前提,只有在这种意思指引下的行为才能被评价为是违法及有责的行为。的确,作为和不作为从外观上是可以进行区别的。作为通常被认为是积极的或者是能动的行为,对外被认为是损害他人权利或利益的意思活动。而与之相对应的不作为,并不伴有这种能动的活动。不作为的特征是应当为之的行为而没有为的结果、没有回避被预测到的危险。在不作为的情况中,是以一个人侵害了回避义务为前提的。

如此看来,关于不作为侵权行为可作以下的整理。

依据法令＊·合同·习惯·法理等负有作为义务的人,处于具有能够防止结果发生的状态却没有实施防止行为,致使结果＝损害发生的情况下,则不作为侵权行为成立。作为义务的存在是其前提。

"侵权责任中成为问题点的行为,无论其是作为还是不作为,不作为要认定为侵权行为,从违法性的角度,其必须是以有作为义务的情况为前提。"[1]或者说是"不作为成立侵权责任的情况下,需要不作为具有违法性,其前提必须是有作为义务。此义务虽然不限定于法令上的义务,但在以个人自由为基础的今日,也不能过于宽泛"[2]另外,不作为侵权责任中存在以下三点问题:"第一,从'违法性'这一观点来看,如果不存在'作为义务'则不能因'违法'而让其承担侵权责任。例如,碰巧沿河边散步,虽然看到有人溺水但还是继续走而不救的情况下,尽管从道义伦理上可予以非难,但对于溺水人的死亡通行人并不需要承担侵权责任。作为义务来源于(ⅰ)法令……、(ⅱ)合同·无因管理……、(ⅲ)公序良俗(例如,被使用者罹患应当给予扶助的疾病时,使用者对其产生保护义务)等基于意思自治原则来考量得出。但不能过于简单地就认定有作为义务的存在。"[3]所有这些说明的共同点是,为了认定"不作为侵权责

＊ 法令,是指日本议会制定的法规范和行政机关制定的法规范的总称。——编译者注

[1] 幾代通＝徳本伸一補訂『不法行為法』(有斐閣,1993年)19頁。
[2] 加藤一郎『不法行為法』(有斐閣,増補版,1974年)133頁。
[3] 前田達明『民法Ⅵ2(不法行為法)』(青林書院,1980年)108頁。

任"中存在"违法性",就必须要有"作为义务"的存在,这意味着在任意规定这些作为义务时表现得犹豫不决。

与对法益造成危险的能动行为人相比,不作为人不回避危险则存在各种各样的特点,在负有侵害回避义务的情形下,不作为与作为是同样的位列。

现在,作为侵权责任成立要件中的"过失"是指,对被评价为违法事实的发生由于不注意而没有认识到,这里的不注意是指对他人的注意义务的懈怠。因此,过失也指预见到了违法事实的发生,但怠于履行防止的注意义务,即一般认为,过失的概念已经摒弃了心理上的因素而质变为对注意义务的懈怠这样的客观概念。过失被解释为以预见可能性为前提的损害防止义务＝回避义务的违反。不作为侵权行为中的过失是指,能够防止事故发生但没有认识到有作为义务从而没有实施适当的行为,即作为义务最终也就是指防止损害发生的义务。如果这样思考的话,不作为中的作为义务即结果发生防止义务,与作为当中的注意义务即损害防止义务＝回避义务,到底有何实质上的不同就显得很模糊了。也就是说,不作为情况下的作为义务是违法性的问题,作为情况下的注意义务是过失的问题,这种区别变得模棱两可。这两者的法的义务关系应如何解释就成为问题。不作为情况下的作为义务有什么样的特质需要明晰化。

三、判例的分析

(一)不作为中的"作为义务"

不作为侵权行为违法性的判断前提是作为义务,那么在日本的判例中其又是如何进行考量的呢?

例一,破产管理人应当知道有相当数额的回收可能债权的存在,却没有尽到对属于破产财产的债权进行催收的善良管理者的注意义务,有判例以此为理由认可了破产债权人的损害赔偿请求权。[4] 很显然这是日本破产法第 16 条所指的破产债权无法行使的案件,由于破产管理人的不作为导致了损害的发生。破产管理人负有为了破产财产的利益不懈怠对债权进行催收、不给破产债权人带来损害的义务(债权催收的善良管理者的注意义务)。这是基于破产法产生的作为义务。其他基于法律产生的作为义务,诸如亲权人对子女的监护教育义务(民法第 820 条)、扶养义务(民法第 877 条)。在清偿债务时怠于回收股票兑换证的案例中,判例以回收股票兑换证不是法律上的义务为理由,否定了不作为侵权责任的成立。[5]

例二,对希望退出大学课外社团活动的学生动用私刑,在请求损害赔偿的诉讼中对于不作为侵权行为的违法性、关于作为义务有如下的论述:"不作为也可成立侵权行为。因为侵权行为必须是违法行为,所以不作为的侵权行为也必须具有违法性,即与使权利侵害结果发生的作为侵权行为一样,该不作为也必须成立同样的违法性评价。因此,(a)被指实施侵权行为的人必须要有防止结果发生的法律上的义务。该义务(作为义务)不限于根据法令的规定或者合同的约定,也可依据作为构成私法秩序一部分而依法被强制要求的习惯或者基于法理产生的义务。(b)不作为之所以具有违法性,是因为负有以上义务的人在能够防止结果发生的状态下,却没有为了防止结果发生实施适当的行为。"[6] 在这里,作为义务不单一地仅依据法令或合同的规定,也认为可依据作为构成私法秩序一部分而依法被强制要求的习惯或基于法理产生的义务。

---

[4] 東京高等裁判所 1964 年 1 月 23 日判决,下级裁判所民事裁判例集 15 卷 1 号 39 页。

[5] 東京地方裁判所 1955 年 6 月 13 日判决,下级裁判所民事裁判例集 6 卷 6 号 1097 页。

[6] 東京地方裁判所 1973 年 8 月 29 日判决,判例时报 717 号 29 页。

例三，在电车轨道上放置石头，事后该石头就一直处于放置状态而没有被及时除去而致使电车脱轨翻车、乘客受伤的事件中有如下的判旨："在往来电车的轨道上放置东西的行为，多多少少都会对通过的列车产生危险。特别是当该东西是拳头大的石头的情况下，引起使通行列车脱轨翻车、车辆受损进而使不特定多数的乘客的生命、身体及财产受到损害这样的重大事故的盖然性是很高的。在引起高概率重大事故发生的放置石头行为事件中，与实际放置石头的行为人对于放置石头的行为即使没有共同的认识或共谋，但如果此人与其朋友们不仅事先有放置石头行为的动机讨论，而且在随后的行为现场对该行为知情，并能预见到事故的发生，则该人有义务根据自己与该行为有关的先前行为，检查和确认石头是否存在。如果有的话，在可能采取措施的情况下，应清除这些石头或采取其他措施避免事故的发生。如果有可能检查和确认是否存在石头，并在有可能的情况下清除石块或采取其他措施避免事故的发生，则该人有义务采取此类措施防止事故的发生。但如果该人没有尽到采取措施防止事故发生的义务，则其对于基于事故发生损害应当承担赔偿责任。"[7] 此案例中，基于"在先行为"的作为义务被予以考虑。

正如以上在民事诉讼中请求损害赔偿案件中对于不作为侵权行为场合下的作为义务所作的说明那样，作为义务是根据"法令上的义务""基于法律被强制要求的习惯·法理产生的义务""合同上

---

[7] "京阪電車置石事件"——最判昭62·1·22民集41卷1号17页。此案例中，对于少年的行为是积极的行为还是消极的行为，很难作出评价。"五个少年在轨道上放置石块，本应预见到这在某些情况下会导致脱轨和翻车，但抱着看热闹的心态，轻信如果石块有拳头那么大，火车就会擦出火花，石块就会弹开，然后继续前行。违反了（不应该放置石块并放任事态进一步发生）注意义务……基于放置石块并放任之不管的过失，致使事故发生了。"（详见中井美雄「批判」判例时报1306号204页）

的义务"[8]来认定的,并对这一点是有共识的。同时也出现了"特殊关系上的义务""社会观念上的义务""基于先行行为所产生的结果防止义务"的讨论。Deutsch认为除了法律·习惯法·合同,法官的法创造也可以成为作为义务的依据。[9] 这里所说的依据法创造产生的作为义务是指,法律没有规定的但大量存在的被认为是必要的作为义务,在这种情况下,以社会生活上义务的形式通过判例所形成的作为义务。[10] 对于人,通过明示或者各种各样的人之间的亲近关系而使其负担对法益的保护义务。例如,夫妻、近亲属、恋人、亲友这样互相亲密的人的关系之间。这样亲密的关系在交易上也能够存在。特别是有信赖关系的情况下,即使不受合同法上的约束也是存在的。有偿的或者是从社会生活上的观点来看有保护义务的人,比如幼儿园的职员、登山向导(强力)、运动指导者、邻居、接受委托照顾孩子和宠物的人,被认为有这样的保护义务。另外,根据与事物的密切度也可以认定有此义务。例如,不动产的占有者、机动车·动物的保有者,这些人对于损害的发生虽然没有参与,但是在他们的控制领域内负有抑制危险发生的义务。建筑施工承包人错误地在我的土地上挖了一个坑,那么我也负有把坑填埋的义务。我的自家车起火或者饲养的动物罹患了传染病,那么我也负有

---

[8] 关于"合同上的义务"能否成为不作为侵权行为的前提要件即作为义务,需要进行具体的探讨。合同上的义务有很多种类。"主给付义务""附随的给付义务""保护义务""安全保障义务"等,时至今日合同上的义务论取得了广泛的研究。前两者的义务是合同上的确实性的义务,对其实现或者说义务不履行的处理,主要依据合同法理理论即可。但后两者,特别是"安全保障义务"是否具有不作为侵权行为情况下的作为义务的性格还需要进一步探讨。因为这关联到"安全保障义务"到底是合同上的义务还是侵权责任法上的义务的问题。现在"安全保障义务",在日本被认为是"基于某种法律关系而进入到了特别的社会接触关系中的当事人之间,作为该法律关系的附随义务,当事人一方或双方对对方所负有的信义则上的义务",那被认为是特定当事人之间存在的法的义务,因此有观点认为其仅是侵权责任法上的义务。合同上的义务能否成为或者说应当成为不作为侵权行为的前提要件即作为义务的理由依据,还有继续探讨的余地。

[9] E. Deutsch "Allgemeines Haftungsrecht" 2 Aufl, S・66ff.

[10] E. Deutsch, aa0, S. 70ff.

防止其蔓延的义务。与这样的状态责任或者领域责任相并列的还有"先行行为所产生的作为义务"。通过在先的行为，波及影响到了现在使危险连锁地持续进行，这种情况下，先行行为者是否有义务要进行具体地判断，即对于由其引致的连锁危险其是否应当予以停止的问题是一个归责问题，应根据对行为（作为）的期望来判断，而不是一般地判断。机动车的驾驶者对于不是由于其过失而致的被碾压被害人，应当负有采取医疗措施的义务。把邻居的孩子带到寺院墓地的大人，负有在孩子玩耍时不被墓石引起的危险伤害的保护义务。Deutsch 把"社会生活上的义务"和不作为的关联性进行了论述，认为社会生活上的义务不仅在作为侵权行为，在不作为侵权行为中也应当被要求。[11] 根据 Deutsch 的观点，让不作为者承担侵权责任的理由依据，在于作为义务。使其负有侵害回避义务，通过此义务，不作为侵权行为同作为侵权行为在侵权责任法上处于同一地位了。首先，作为义务被规定在行为规范或者社会生活上的义务中，违反了这种义务就构成了德国民法典第 823 条第 2 款中所指的保护法规的违反。例如，没有开车灯在夜间开车，引发事故的驾驶者因为违反道路交通法第 17 条而承担责任。在这种情况下，义务违反自身成为侵权责任的依据。但构成要件是通过不作为的形式来认定的。而权利或者法益侵害的构成要件，正如德国民法典第 823 条第 1 款规定的那样，是通过禁止规范来规定的。因此，为了要将这些禁止性规范变形为"去做某事"或"应当做某事"这样的命令性规范，其基础就必须要有作为义务的存在。基于这种作为义务的存在，以作为的形式规定的构成要件通过不作为的方式来实现了。与结果责任的情况不同，要认定这种作为义务，就必须有结果回避的可能性。因此，不得造成侵害这样的抽象义务还不足以成为作为义务，不存在应保护他人免受

---

〔11〕 社会生活上的义务详见，クリスティアン・フォン・バール著 Chistian v. Bar（原名）（浦川道太郎訳）「社会生活上の義務—ドイツ不法行为法における裁判官により形成された危険防止命令（一）（二）」早稲田法学 57 巻 1、2 号（1981 年）。

伤害的一般义务。虽然不存在这种一般义务，但依据法律、习惯法、合同、法官的法创造，特别的而且个别的作为义务是可以被承认的。必要的作为义务，即使法律或合同没有规定，有时也可通过判例、社会生活上的义务的形式被予以承认。社会生活上的义务与不作为之间的关系，通说认为，最初作为义务已在社会生活上的义务中被明确的表示，即针对那些建设土地、道路和运营交通的人的一种非常具体的安全注意义务。但后来这种义务在判例法中被扩大到社会生活中的一般注意义务，使其成为不作为侵权行为的一个非常总括性的责任基础，即对危险状态以及某种活动可能对他人财物造成损害的防止义务。社会生活中的义务不仅要求作为，也可以要求不作为，其含义比德国民法典第 823 条第 1 款中的保护合法利益免受不作为之损害更为广泛。从实质上来说，这种义务应被视为与保护义务相同，并与德国民法典第 823 条第 2 款有关联。当然，Deutsch 的这些见解是基于德国侵权责任法体系所产生的自身问题。但是，也可以说这里蕴含了在考虑作为义务时的基本观点。

在论及作为义务时，对国家的不作为和国家赔偿责任的案例逐年增加应该予以关注。在讨论起因于国家的不作为而产生的侵权责任时，便引发了这当中的作为义务又是在什么样的情形下产生的法学课题。这里所说的对作为义务的分析，对于侵权损害赔偿责任的成立与否的判断具有重要的意义。具体案例中，法官在口头辩论终结后却迟迟不宣告判决的情形，是否构成国家赔偿法第 1 条第 1 款中所指的具有违法性成为焦点问题，"国家赔偿法第 1 条第 1 款中的违法性，不仅是指对严密具体的法规违反，还包括对照法律、习惯、法理或者是健全的社会观念该行为（含不作为）欠缺客观的正当性"。因为，如今公务员在履行职责时实际上不依照法令的情况（如行政指导等）并不在少数。[12] 另外，关于国家的政治上的职责

---

[12] 東京地判昭 51・5・31 判時 843 号 67 頁。

和法律上的义务之间的关联性,国家负有政治上的职责并不直接意味着国家对每个国民个人负有法律上的义务。但在国家严重违反其政治职责的情况下,而且从整个法律秩序的观念来看(公序良俗、法理、健全的社会观念),追究国家的国家赔偿责任被认为是符合正义和公平的情形下,则政治上的职责便转化为法律上的义务。换言之,有判旨认为,依据健全的社会观念等,当存在国民对国家采取作为或不作为的期望或依赖时,政治上的职责就成为法律上的义务。[13] 在国家赔偿中,有观点认为不作为侵权行为的成立前提是作为义务,法律秩序(公序良俗、法理、健全的社会观念)的违反导致的违法性是作为义务的依据。虽然对此观点也存在批判的见解,但也说明了对提出以公序良俗、法理、健全的社会观念等标准作为义务的依据,也是持有肯定观点的。

古崎法官在其论文中指出,如果不能认定公务员有法的作为义务,那么该公务员的不作为就不具有违法性和可非难性。[14] 因此,作为义务是违法性的问题而不是因果关系有无的问题,基于此,作为义务分为以下三种类型。第一种类型,公务员的作为义务有法律的明文规定或者是通过对法律的解释可明确确定的情况。这一类型的焦点问题不是作为义务的确定问题,而是作为义务的懈怠达到什么样的程度时可判断其具有违法性从而予以非难的问题。第二种类型,依照法律授予了公务员某种权限,但权限如何行使委托给公务员自身进行裁量的情况。这种情况的问题焦点是公务员的权限不行使达到什么样的状态时可判断其具有违法性从而予以非难的问题。第三种类型,法律没有具体规定公务员作为权限的情形。

---

[13] 新潟地判昭 50・7・12 判時 783 号 3 頁。——"加治川水灾诉讼"。但是,也有观点指出,鉴于河流的特殊性,对河流上所需的法律上的安全确保义务的范围程度应当要比对道路的小得多。

[14] 古崎慶長「公務員の不作為と国家賠償法一条の責任」民商法雑誌 78 巻臨時増刊号 4「法と権利 4」(1978 年)207 頁以下。

这种类型的问题焦点是,在法律没有具体规定的情况下公务员是否还负有作为义务?而且,这种作为义务必须是针对受害人所承担的具体义务。行政内部的作为义务,仅是抽象的、一般性的作为义务是不够的。此外,除了公务员的不作为具有违法性,还需要该公务员的法的作为义务的违反是基于故意或者过失发生的,否则国家不承担责任。但是,在具体的情况下,一旦客观上认定了公务员有作为义务,公务员违背该义务而没有做出作为行为也就可以评价为该公务员具有过失。基于对判例的研讨,对于第一种类型中公务员的作为义务懈怠的判断标准,即抽象的"对职责所具有的普通的、一般的忠实度的公务员为标准"、懈怠(不作为)是否"客观上达到了欠缺正当性的程度"、以一般的社会观念上为实施该作为行为所需的时间为衡量标准。值得注意的是,多数的裁判例把公务员的作为义务的懈怠认定是一种基于过失的违法行为,但是,其与损害的关系说明遭遇了解释上的困难。基于不作为产生的损害是什么?因为随着时间的经过使其无法确定,这个问题还有待今后的继续研究。第二种类型,即依照法律授予了公务员权限,权限如何行使委托给公务员自身进行裁量的情况。公务员不行使权限时,早期的判例,以反射的利益或自由裁量为理由,没有问责公务员的不作为。但后期的判例中,根据裁量权的不行使是否达到了"欠缺显著的合理性"来判断权限不行使的违法性的有无,即一是对生命·身体·财产有迫近的危险;二是对公务员一方来说很容易行使权限而且权限的行使对于危险回避是有效适当的方法,但公务员一方却以自行裁量为借口不予行使时,则该不作为即可以欠缺合理性为由进行问责。关于第三种类型古崎法官主张,原则上,国家对公务员的不作为不承担政治责任。政治责任不能转换为法律上的责任——公务员的故意·过失责任。据此,在实定法上的权限规定处于空白状态的情况下,对于公务员的不作为,不是政治责任,但是否存在应例外地承认国家赔偿责任的场合是一个问题。对此,在国民的生命、身体、财产发生了紧迫的重大危险状态时,国家,特别是行政机关如果不超越法规地、一次性地采取排除危险行为就不能保护国民的情况下,则作为国家的本来使命,国家应该为处理紧急事态而采取的适当手段。对国家来说,根据全部法律秩序的明示或者默示的命令(法理)有产生作为义务的必要,这就是第三种类型下所要求的作为义务的理由根据。但是,这种作为义务,是有其限定的前提条件的、是例外产生的,原则上国家并不应该承担这种作为义务。

通过以上可知,国家赔偿责任层面上国家或者行政机关的作为义务是被限定的。[15] 特别是在行政指导场合下的行政机关的作为义务,被定位是法律上的义务这不得不说是极为消极的。

---

〔15〕 对于国家或行政机关不作为中的作为义务,行政的介入即委托给行政自行裁量时会出现问题。阿部泰隆教授在其论文「行政の危険防止責任」(判例時報883号1978年127頁、886号1978年125頁)中指出,在不以许可和认可为前提的启动预防性规制权限的类型中,这种情况原则上是允许私人进行活动等,但为了保护公众的安全等行政机关进行了积极地介入,行政介入是否必要应根据各种情况来确定,因此在一定程度上由行政机关自由裁量。这里就涉及不作为的违法性问题。尽管行政机关有规制的权限,却没有启动进而导致未能防止被害的发生,那么国家赔偿责任是否成立?如果成立那么应该限定在什么情况下成立?即提出了行政机关的危险防止责任应在什么情况下被认定为成立这一问题。在这种类型中,行政机关的危险防止责任的成立,理论上必须认定行政机关有启动规制权限的义务。在因食用有毒食用油引起公害进而起诉国家的カネミ油症事件的全国统一判决中(福岡地小倉支判昭53・3・10判時881号17頁),政府机关的危险防止责任的成立要件列举以下三点:①对国民的生命・身体的具体危险有预见可能性;②结果回避的可能性;③启动规制权限的期待可能性。虽然存在行政机关参与的特殊性,但其基本的构造与侵权行为中的作为义务的有无判断的构造并没有很大的变化。关于自由裁量和作为义务的关系论述,参见白井皓喜「国の不作為と国家賠償責任」(自治研究54巻9号1978年27頁)。其中关于作为义务的成立分析如下:第一,基于先行行为的作为义务;第二,发生的损害事关国民的生命、健康,而且该损害是由于行政机关的监督懈怠而致使不可避免发生的;第三,公务员处于管理者或者监督者的地位,基于对公务员的忠实义务的要求,该公务员是能够容易地做出作为行为的。另外,村重慶一「国家賠償法における不作為の作為義務」[司法研修所創立十五周年記念論文集(上)](司法研修所,1962年),99頁以下对相同的问题也有所论及。基于对刑法、民法、国家赔偿法中的不作为的作为义务的研讨,在国家赔偿法中不作为的情况下是否应认定存在作为义务可参照以下几点进行测试:第一,不作为时是否存在危险的状态;第二,如果实施了作为行为,是否可能防止结果的发生;第三,被害人对不作为者是否存在可期待、可信赖的情形。

(二) 不作为侵权行为和过失

1. 过失的肯定例

在札幌地方裁判所 1952 年 11 月 25 日判决,下级裁判所民事裁判例集第 3 卷第 1646 页中,原告 X 被被告医生 Y 诊断为脚气性心脏病,自此接收维生素皮下注射和粉剂处方药物的治疗方法。1949 年 10 月 26 日注射后身体发冷并发烧,于是当晚就派人去请医生 Y 出诊。但医生 Y 称不便出诊遂当即开了两副药让来人带回,其后也一直没有出诊再去诊治 X。由于 Y 始终没有出诊,X 难以忍受疼痛于同月 29 日在他人的帮助下终于来到 Y 的诊室来寻求问诊。但此时 X 的右胳膊上部已经恶化到发红肿胀处于化脓状态。Y 对此的处置方法仍然是仅仅使用从前的维他康复方法在 X 的右胳膊上部进行注射。对于患处指示其 3 日后完全化脓后再切开,这期间用药贴对患处进行冷却。X 在 Y 的指示下买了药贴,贴于患处一直等到 10 月 31 日,接受 Y 把患处切开。但病情进一步恶化,发展到上胳膊的皮下脓肿。Y 在实施手术时没有仔细地对患处进行确认,X 的患处被切开 2 处,但排脓量很少,其后也仅仅是对伤口进行更换纱布的处置,最终患处没能完全治愈。另外,同年 11 月 6 日到 13 日,Y 前往札幌市,没有顾及 X 的治疗。X 愈发感觉患处的疼痛,对 Y 的继续治疗感到不安,最终决定于 11 月 10 日去 A 医院接收了 B 医生的诊疗。当时,X 的化浓处如果再继续放任下去就有可能并发败血症,B 医生对患处进行排脓,注射停止化脓的药物,治疗持续到 11 月 15 日才有所好转,但是 X 的患处遗留下了肌肉萎缩等功能障碍以至于无法再承受重体力劳动。因此,X 向 Y 请求损害赔偿。判决在认定了以上的诊疗过程的事实基础之上,认为 Y 的专业虽本不是外科治疗,但有指导 X 采用适当的疗养方法来确保病情不会发生恶化的可期待的注意义务,而 Y 只是通知了 X 他将不在,他不在期间的疗养让 X 自己照顾自己,得出了 Y 在这段时间忽视了自己的医疗行为的结论。Y 怠于履行诊疗上的注意义务应认定存在过失,在此基础上进行了如下判定:"其次,关于 X 的机能障碍是否是由于 Y 的以上过失所引起的判断,……B 对 X 进行初诊时,X 皮下脓肿的病情已经严重恶化,在这个阶段就已经不能避免机能障碍的后遗症了。在发展至此之前,如果 X 的患部接受正确的切开或者防止化脓的注射治疗,就能够阻止机能障碍的发生。综合以上的考察,如果没有 Y 的过失的话,X 的疾患在轻度时就可以治疗痊愈。现在 X 的机能障碍的遗留是由于 Y 的以上作为义务违反即侵权行为的结果,这之间存在相当因果关系。"认定 Y 存在作为义务,Y 的过失和 X 的机能障碍的遗留之间存在相当因果关系,肯定了 Y 的侵权责任的成立。

在上文提到的东京地方裁判所 1973 年 8 月 29 日判决,判例时报第 717 号第 29 页中,如果大学的相关人员尽到了通常的注意义务,就应该能够预见到如不对引起事件的体育会团体采取适当的处置,被害学生就会受到团体暴行引致生命侵害。由于大学相关人员的预见欠缺,本可以回避的结果还是发生了,因此,认定存在过失。

2. 过失的否定例

县立高中柔道俱乐部的成员对申请退出俱乐部的成员进行集体暴力伤害导致受伤的判例中,教职人员被认定没有过失。县立高中一年级学生申请退出学校的柔道俱乐部,星期六放学后,被其他柔道俱乐部的成员殴打,造成头部外伤并伴有后遗症。被害人本人及其父母主张,柔道俱乐部的指导教师及课外活动主管老师没有掌握学生的动向没有尽到防止本伤害事件发生的注意义务,存在懈怠的过失。校长以下的教师怠于进行校内巡视存在学校管理上的过失。依照国家赔偿法第 1 条及民法第 715 条县政府也应当承担责任。判决认为,虽然俱乐部的指导教师、课外活动主管老师负有保护学生安全的职责,但"对如本案情况这样的俱乐部群殴事件所发生的一切没有防止义务。考虑学校教育,特别是俱乐部活动的特点、学生辨识能力等,该俱乐部或者该学校俱乐部的一般氛围、过去是否发生过同类事例以及其他能够预测本事件发生的特别迹象并不存在。因此,教师并不能预见事件的发生,也不存在注意义务的懈怠","现今社会,高中、大学中的俱乐部暴力制裁殴打事件不能杜绝是个突出事实,但不能仅基于此事实的存在就认为无论什么学校中的教师都会经常性地对于此类事件的发生有预见能力并负有防止发生的义务"。在本案中,很难找到任何迹象来表明教师应该能预测到此殴打事件。因此,法院认为即使教师未能预见到事件的发生,也不能被视为有过失。

考察关于过失的裁判例后可以得出,尽到注意义务预见危险,针对被预测到的危险如果没有采取结果回避措施则几乎都被认定为有过失。因此,在没有预见可能性或者即使有预见的可能性但结果回避不可能的情况下,就不能被判断为有过失。仅就过失判断而言,不作为侵权行为和作为侵权行为可以说基本上没有差异。

(三)不作为侵权行为和违法性

由于集中暴雨河川决堤,遭受水灾的居民对国家提起国家赔偿责任诉讼,因此有了关于论述河川管理的安全确保义务的不作为判例(即"加治川水灾诉讼"[16])。考虑到河川的特性,河川的安全确保义务与道路的安全确保义务不能同样地进行判断,"河川即所谓的自然公共财产,其自身就存在内在的危险。国家负有通过对其进行管理、实施治水改良工事等来提高其安全性的政治职责"。与道路不同,"对于河川所要求的法律上的安全确保义务的范围程度",考虑到河川的特殊性,不得不要求得狭小一些。"河川的改造工程,一般需要历经多年,因此对于前述所要求的各种制约也需要考虑到

---

[16] 同前注[13]。

河川安全性的阶段性提高。依照此性质,在工事实施途中,国家的安全确保义务的界限,除在以下论述的例外情况以外,原则上应依据在这个时点上所设置的治水设施能够安全引导洪水流出的规模来判断(当然,设施自身存在内在缺陷的除外)。超过此规模的洪水导致决堤了也不应认定为违背了安全确保义务。

然而,如果根据宪法第13条或由其衍生的其他法律的精神,在还没有开始或者还没有完成修建的区段内对其修建工程的完成是可以期待的情况下,或者未能采取作为行为以实现完成该区段内的修建工程会在很大程度上不符合以上法律的精神,让受灾者来承受因不采取作为行为而造成的损害有违公正公平的情况下,那么尽管有上述原则,但仍应有所作为并负有确保安全的义务。没有做出这样的作为行为导致灾害发生,则违反了国家的河川管理安全确保义务,可认定由国家来承担损害赔偿责任。

于是,对改修计划中某些还没有完成的改修工事,主张具有不作为违法时,则需要考察这种不作为是否可以被评价为上述所指的具有例外情形的违法性。这里表明了国家的河川安全确保义务也可以是一种作为义务,尽管它是被限定的。通过此判决,说明了政治上的职责和法律上的义务之间的关系,也表明了限定性的特点。

以下是宣告判决迟延被认定为符合国家赔偿法第1条第1款所说的具有违法性的判例。[17] 基于对专利权的保护,原告向法院提出请求被告停止侵权专利权的物件制造的保全申请,但由于调查官的调查报告的提交迟延,判决在专利权期届满的4个多月之后才作出。如果主管法官对调查官采取进行催促等适当措施,则判决可以在1967年6月最迟也可在1967年底作出(现在的判决是在1969年6月作出的)。民事案件的判决迟延,成为国家赔偿法的规范对

---

[17] 同前注[12]。

象,认定为具有违法性,这类案例是很少见的。宣判日期的指定虽然委任于法官的自行裁量(民事诉讼法第 190 条第 1 款被认为是训示规定*),但不能说裁量的范围没有限制。迅速地判决也是诉讼制度上的要求。本判决,对迟延的期间、迟延的原因·理由、当事人被侵害利益的内容、该事件的种类·内容进行综合性的考虑来作为违法判断的基准。(东京地方裁判所 1976 年 5 月 31 日判决,判例时报第 843 号第 67 页)

在实施城市规划项目时,负责实施该项目的地方政府指定了一个临时替代地作为交换 A 所有土地的交换预定地。但是在这个临时替代地上全部都是 B 所有的建筑物及工作物,A 数十年来不能对该临时替代地进行使用收益。因此,A 依据土地区划整理法第 77 条以负责实施该项目的地方政府不行使对第三人所有的建筑物进行转移或除去的权限为理由,对地方政府提出侵权损害赔偿的请求。原审支持了 A 的请求。地方政府提出上诉主张土地区划整理法第 77 条所规定工作物的转移·除去是地方政府的权能而不是义务(最高裁判所 1971 年 11 月 30 日判决,最高裁判所民事判例集第 25 卷第 8 号第 1389 页)。最高裁判所作出了以下判旨,"土地所有者一方面接受了交换预定地的指定,从前的土地(被交换的土地)的使用被禁止。另一方面其虽然取得了对交换预定地进行使用收益的权利,但由于地上存在其他人所有的建筑物等,导致交换预定地的使用不能。这种状态持续超过了在正常程序中不可避免的持续期限时,土地所有者在法律上没有理由对其进行忍受并承受所带来的损失。作为项目实施者在进行工程时,应当负有不给相关人员带来不当的不利益或损害的注意义务。对于妨碍了土地所有人对交换预定地进行使用收益的事态,项目实施者有责任进行解决消

---

* 训示规定,是指仅具有向法院或行政机关发出指令的性质,但违反该指令并不会影响行为的有效性。虽然违反指令规定的行为对行为本身没有法律效力,但该规定的意义特别重大,因为它可作为评判该行为的其他法律规定的基础。——编译者注

除,以防止给土地所有人带来损害的发生。这通过项目实施者合理地行使对建筑物等的转移或者除去的权限就可实现。因此,在建筑物等的存在妨碍了土地所有人对交换预定地进行使用收益时,项目实施者应当行使权限对建筑物等进行转移或者除去,这也是职务上的义务。项目实施者由于过失怠于履行该义务给土地所有者造成损害时,应当承担赔偿责任。

基于以上的事实,该地方政府的市长负有转移或者除去交换预定地上的建筑物以便 A 能够使用该土地的义务。该义务本应最迟于 1951 年内履行,但由于市长的过失怠于履行此义务,可认定为其违法的不作为导致 A 无法使用交换预定地给 A 造成了损失。

之前所举例的东京地方裁判所 1973 年 8 月 29 日判决,判例时报第 717 号第 29 页)中,也认可了不作为的违法性。

此外,对不作为违法性进行否定的裁判例也有,但其中多数都是否定作为义务的存在。

(四)不作为侵权行为和因果关系

认定不作为侵权责任的成立,需要不作为与损害的发生之间有因果关系的存在。

在上述提及的"皮下注射事件"中,肯定了右胳膊上部的机能障碍和医生诊疗上的注意义务的违反——不作为之间的因果关系。如以下判旨所述,"如果没有被告医生的过失,原告的疾患在轻度时就可以治疗痊愈。现在原告的机能障碍的遗留是由于被告医生的作为义务违反即侵权行为的结果,这之间存在相当因果关系"。因果关系通常表现为,行为和损害之间"没有前者即不会发生后者"的关系。但是,在不作为的情况下,因为不存在积极行为这一前提,所以不能被认定为通常意义上的事实上的因果关系。这种情况下如果尽到了作为义务,则这一假定的事实和损害之间的因果关系就成为问题的关键。也就是说,没有尽到作为义务即不作为和损害之间的原因结果关系成为问题的关键。在这里,不是通常意义上的事实上的因果关系,不作为者若尽到了被期待的义务,在经验法则上,如果能认定可以防止结果的发生的话,则被判断为有因果关系。这也是法的价值判断的问题。

前田教授认为,在不作为侵权行为的情况下有三个问题点,其中之一就是因果关系的有无问题。前田教授认为,实际上没有因果关系是不作为侵权行为的特点。[18] 当然,基于在先行为(主要是指基于无因管理产生的作为义务)是能够肯定因果关系存在的,否则就应该否定因果关系的存在。其主张应当明确关于不作为因果关系被考虑的要素的意义,即如果有作为义务的内容"作为"的话,该"权利受到侵害"的结果就不会发生吗?实际上,就是把其仿照作为侵权行为进行处理。使用这个方法,把"权利受到侵害"归咎于该不作为(如果没有该"不作为"即有所作为的话,"权利侵害"就不会发生),而将该不作为归咎于相关"人"的依据是作为义务的存在。植木教授则指出,因果关系的不存在并不成为一个问题点,因果关系的认定被吸收进了过失的认定当中,这是不作为侵权行为的特点。[19] 不作为侵权行为的场合下,在作为义务自身被否定的事例中,侵权行为归责要件的判断自始就不再成为问题了。在作为义务被认定为存在且违反、损害的结果也被认定为已经发生的情况下,损害的发生和作为义务的违反之间被连接之处正是不作为侵权行为的特点所在。如前所述这里是法的价值判断的问题。实际上,肯定了作为义务的存在以及对其的违反,已经表示了将不作为与损害连接起来的"因果关系"的要件功能。

---

[18] 前田,前注[3],109页。
[19] 中井美雄编『不法行為法(事務管理・不当利得)』(法律文化社,1993年)111页〔植木哲執筆〕。

四、结语

如今,国家或行政机关的危险管理责任与国家赔偿法的解释之间的关联问题正处于激烈讨论当中。特别是如上所述的那样,在不作为情况之下肯定作为义务存在的基准被大量地讨论。国家或行政机关在被认为有自由裁量权的情况下,作为义务理论成为讨论的核心问题。药品、食品卫生、公害、工伤、自然灾害等相关的各个行政管理中是否成立不作为侵权行为都处在被讨论的状态中。公共建筑物的设置·管理的瑕疵所引起的国家、公共团体的损害赔偿责任,道路、河川管理者的危险回避义务是否存在以及是否违反,这些与国家赔偿法第2条的关系都成为被讨论的对象。因此,不作为理论的研究具有重要的意义。

日本的侵权行为要件理论,随着第二次世界大战后陆续出现的企业公害、药品·食品公害、道路·河川灾害等为契机,研究取得了显著的进展。而不作为侵权行为理论又给过失、违法性、因果关系这些要件理论带来了哪些有特色的影响呢?关于过失理论,从单一的主观注意义务的违反,发展到以预见可能性为前提的损害回避义务=结果防止义务的违反来认定,即带来了"过失的客观化"。违法性理论在相关关系论之后,出现了"忍受限度论""新忍受限度论"的见解,违法性的判断要素中也掺入了故意、过失这样的主观要素。长期处于过失和违法性相互交错的状况。面对这样的侵权责任构成要件的框架设定,有的观点认为以"过失"为重点考察,也有观点认为应当以"违法性"作为重点来判断。问题是不作为侵权行为在这样的要件理论发展过程中发挥了什么样的积极作用?在这方面,就不作为侵权行为而言,基本要件是不作为者要有"作为的义务"=基于预见可能性的损害回避义务,而此损害回避义务的违反是基础并成为判断不作为者有过失或违法性的依据。不可否认的是，通过损害回避义务作为媒介，不作为被同等地位地与作为一起被纳入侵权责任的成立要件中，因而很难判断出不作为侵权行为对过失理论或违法性理论产生了独自的影响。因果关系理论承担着连接不作为中"作为义务"的违反和由此产生的损害的作用。与积极作为侵权责任中的因果关系相比，其更加具有"规范性"或者说是"技术性"，但尽管如此，也不能说给因果关系理论带来了划时代性的变化。在论及不作为侵权行为时，不得不说"作为义务"是讨论的中心，特别是关于"作为义务"的发生依据的分析。

　　通过对把违反作为义务视为过失、视为具有违法性以及违反作为义务与损害之间被认定为有因果关系的判例进行研讨可以得出，要使不作为者承担侵权责任，需要的判断要素是：对于违反作为义务的不作为所引发的损害（结果）不作为者是否能够预见（预见可能性、在什么时期内能够预见什么样的内容）；对于能够预见的结果是否存在回避可能（结果回避可能性、是否没有了其他的可采取的手段）；不作为与结果之间是否存在因果关系。对于侵权责任的成立要件，传统上认为违法性评价的对象"行为"（侵权责任成立的客观要件）和过失评价的归属点"行动者"（侵权责任成立的主观要件），二者是被区分开来进行评价的。但是，在不作为侵权责任中，二者却很难被明确地区分。作为义务的违反有时被认定为过失，有时又被认定为具有违法性。因此，在对不作为者的侵权责任加以判断的要素中，过失和违法性的区分并不十分明确。

　　另外，作为实体法基准的作为义务依据什么被认定？或者说其内容是什么？这些问题的答案通过一定的整理或许可以得出。但是从诉讼上来看，必须举证证明在被视为不作为发生的时期（必须有所作为的时期）里，不作为者对结果的发生有预见可能性，尽管存在结果回避的可能但因仍没有作为导致了结果的发生,而这些证明并不容易。需要各种各样的能够成为证据的信息·资料的收集以及公开请求,因此,其他法制度·程序的完备也是必要的。

因果关系

[日]松浦以津子*

一、因果关系理论的到达点——因果关系的二重关口理论

目前,几乎所有的学说都承认[1],侵权责任

---

* 松浦以津子(まつうら いつこ),生于1949年。毕业于名古屋大学法学部,于名古屋大学取得法学硕士、名古屋大学研究生院法学研究科博士课程学分修满。历任名古屋大学法学部助手、爱知大学法经学部副教授、爱知大学法学部教授、南山大学法学部教授、南山大学法務研究科教授。2017年退休。
著作:『製造物責任法データファイル追録19号』(第一法規,1999年);『製造物責任法データファイル追録15号』(第一法規,1997年);淡路剛久編『不法行為法の現代的課題と展開:森島昭夫教授還暦記念論文集』(日本評論社,1995年)「損害論の『新たな』展開」松浦以津子執筆;星野英一編『民法講座6 不法行為』(有斐閣,1985年)「損益相殺」松浦以津子681 – 702頁;等等。
論文:「不法行為における416条の類推適用について」南山法学32巻3・4号(2009年)109 – 144頁;「不法行為の被害者の遺族が得た自賠責からの支払や社会保険からの給付は,損害発生時から支払時までに発生している遅延損害金にまず充当されるとした事例(平成16・12・20最高二小判)」判例評論567号(2006年)275 – 279頁;「法科大学院生の自習の実態調査」南山法学29巻1号(2005年)1 – 19頁;「犬を吠えないように調教する注意義務を認めた事例」判例評論315号(2001年)179 – 183頁;等等。

[1] 幾代通『不法行為』(筑摩書房,1977年)111頁以下。

成立要件之一的因果关系理论当中存在"事实上的因果关系"和"保护范围"(抑或一直以来被使用的概念"相当因果关系")这两个问题。前者通常根据是否存在"无彼即无此"的关系来判断,由于以"事实的因果关系"为前提可能会导致无限地扩大具有可能性的原因,因此后者的作用则在于在这些可能的原因与结果关系当中,一定限度地限定损害赔偿责任的成立。

平井宜雄教授最早提出因果关系这一要件中包含了两个不同层次的问题。平井教授借鉴美国学者 Leon Green* 的研究成果,对一直以来被认为是通说的"相当因果关系"的判例进行分析,指出其中包含着"事实上的因果关系"问题、损害赔偿的范围这一价值判断的问题、损害的金钱评价问题。[2] 其所提出的因果关系当中包含了两个异质问题的见解,可以被评价为是目前通说所主张的因果关系要件中存在两个关口的理论基础。

但是,平井教授个人认为因果关系的存在与否应该仅依据事实上的因果关系的存在与否来判断。[3]

如按照平井说即因果关系的问题由事实上的因果关系来限定的话,就会产生损害赔偿的范围被无限地扩大的可能性。对此,平井说并不是不对损害赔偿的范围进行限制。平井教授是使用事实上的因果关系、"保护范围"以及损害的金钱评价这些概念,提出对损害赔偿法理论进行再构建,试图通过"保护范围"这一概念来起到限定损害赔偿范围的作用。[4] 因此,在此构建之下的因果关系理论中,问题的焦点不是限定损害赔偿范围,而是事实上的因果关

---

* Leon Green, Rationale of Proximate Case, Vernon Law Book Company, 1927.——编译者注

〔2〕 平井宜雄『損害賠償法の理論』(東京大学出版会,1971年)309頁以下。

〔3〕 平井宜雄「因果関係論」有泉亨ほか編『現代損害賠償法講座1』(日本評論社,1976年)101頁。

〔4〕 平井宜雄「不法行為における損害賠償の範囲」有泉亨ほか編『現代損害賠償法講座7』(日本評論社,1974年)27頁。

系是否存在的问题。

一方面,当时,诸如公害、医疗事故这样的事件由于事实的关联不明确导致因果关系举证困难,这种类型的案件引起了大量的关注。因此,聚焦在事实层面上的平井说所主张的"事实上的因果关系"这一概念就迅速地得到了有些学说的采纳[5]。另一方面,把因果关系的问题仅限定在事实上的因果关系里来思考的方法,很难说得到了学界的支持。多数学说认为,因果关系作为侵权责任的成立要件,在此前提之下应当进行赔偿多大范围的损害这一法的价值判断。

关于第二个关口的法的价值判断问题,应该使用什么样的用语,又依据什么样的判断标准,至今也没有达成一致。

判例至今仍使用"相当因果关系"这一概念,对于其内容,有的准用民法第 416 条通过预见可能性的范围来限定损害赔偿的范围[6],有的判例并不提及第 416 条判断标准也仅表示是否有相当因果关系的结论[7]。在各学说之中,有以平井说为依据,使用"保护范围"这一用语的观点[8],也有的避开"保护范围"这一用语,直接使用"损害赔偿的范围"[9]或者"赔偿范围的划定"[10]这些用语来表达观点。

保护范围说指出,"相当因果关系"这一概念是以采用完全赔偿原则的德国法的构造为基础,这与第 416 条的规定并不相契合,取而代之应使用"保护范围"这一概念来限制损害赔偿的范围。保护范围说对于"应保护的范围",区分以故意为中心"意图"的侵权

---

[5] 幾代,前注[1],113 頁。
[6] 大審院 1926 年 5 月 22 日判決,大審院民事判例集 5 卷 386 頁。
[7] 最高裁判所 1973 年 6 月 7 日判決,最高裁判所民事判例集 27 卷 6 号 681 頁。
[8] 平井,前注[4],27 頁。幾代,前注[1],122 頁中使用"保护范围"(即所谓的"相当因果关系")这一概念来讨论此问题。
[9] 森島昭夫『不法行為法講義』(有斐閣,1987 年)305 頁以下。
[10] 藤岡康弘ほか編『民法Ⅳ 債権各論(第 2 版)(有斐閣,1991 年)275 頁〔藤岡執筆〕。

行为和"过失"的侵权行为,并使用不同的标准。由于"意图"的侵权行为被判断为应当予以制裁的程度较高,因此原则上只要存在事实上因果关系的所有损害都应属于保护范围之内。"过失"侵权行为情况下"应保护的范围",则通过加害人对该损害是否负有回避义务来判断,即通过该损害是否属于被告回避义务的射程范围之内来决定。[11]

因此,保护范围说主张,过失侵权行为的损害赔偿范围的划定标准是义务射程。总之,依据保护范围说,"保护范围"即"应赔偿的损害范围",也是"因故意或者过失而引起的一般的侵权责任的成立范围"。换言之,保护范围与过错的判断成为一体。

由上可知,无论是"损害赔偿的范围"还是"赔偿范围的划定",试图通过怎样的概念来直接推导出某个损害是应当赔偿的结论是不可能的。在此前提下,有观点主张,为了发现赔偿范围的决定标准,只有对过去积蓄下来的判例当中的决定各种判断的因素进行类型化分析。[12] 依此观点,"损害赔偿的范围""赔偿范围的划定"这样的概念,既不是要件也不是判断标准,只是对损害能否得到赔偿为其进行政策上的判断而设计的容器而已,并且这个容器当中还准备了各种各样的类型,即所谓的类型化理论。

由于大多数学说都逐渐从保护范围说转向类型化理论,因此以下从类型化理论的角度,来探讨事实上的因果关系和"损害赔偿的范围"。

二、事实上的因果关系

(一)事实上的因果关系的判断标准

事实上的因果关系,通常如存在"无彼即无此"关系即予以承

---

[11] 平井,前注[4],27 页。
[12] 森岛,前注[9],325 页。

认。这种关系经常用"如果起风了的话,卖桶的就赚了"*这一谚语来举例说明。即"起风了"之后到"卖桶的就赚了"之间发生的各种事情都是"卖桶的就赚了"这一结果的原因,以此来说明在原因和结果之间存在事实上的因果关系。

学说上,"无彼即无此"并不是一直能被作为判断标准,因为有时虽然通过"无彼即无此"被判断为不存在因果关系,但在一些特殊情况下不得不判断为存在事实上的因果关系。"无彼即无此"作为判断标准不发挥其功能的例外场合是指,存在两个以上的事实而其中任何一个事实都能单独地导致结果发生的情况。例如,A 和 B 二人在没有意思联络的情况下同时向 C 射击,同时都命中致 C 死亡的情况。若按照"无彼即无此"这一标准进行判断,即没有 A 的射击行为 C 的死亡也会发生,同样地没有 B 的射击行为 C 的死亡也会发生。如此一来,就会推导出 A 的行为和 C 的死亡之间不存在事实上的因果关系,B 的行为和 C 的死亡之间也不存在事实上的因果关系的结论。因此,这样的情况被作为例外事例进行处理,两个事实都应当认定事实上的因果关系的存在。

作为例外的另一种情况是被称为假设因果关系的问题,有时也被称为超越因果关系。与之前的事例一样,都是 A 和 B 各自独立地实施侵权行为,但 A 和 B 的行为时间是错开的。例如,A 和 B 二人在没有意思联络的情况下都在计划杀害 C,A 对 C 下毒但在等待毒性发作时,B 射杀 C 致其死亡。因为 C 的死亡结果是由于 B 的射杀行为所致,A 的投毒行为只是 C 死亡的假设上的原因,因此被称为假设因果关系。A 的行为被 B 的行为所凌驾超越,所以也被称为超越因果关系。这种情况如果按照"无彼即无此"这一标准进行判断,就会推导出 A 的行为和 C 的死亡之间不存在事实上的因果

---

* 该谚语是指生活中如果发生了一件事情那么就会在意想不到的地方受到影响(好的或者坏的影响)。——编译者注

关系的结论。因此,有学者从损害抑止的观点出发认为此种情况下应当承认事实上的因果关系的存在。[13]

(二) 已知事实和经验法则的补充

在说明事实上的因果关系时,经常会以"由于 A 的疏忽驾驶致使 B 受伤"的例子来说明。但现实生活中原因和结果之间的事实联系如此清晰明了的事例是极少的。多数情况下事实关系是不明确的,或者即使事实关系可以被确定,但能够被推论为因果关系的经验法则又不明确。"事实上的因果关系"这一概念,因为其命名中有"事实"这个词语,就很容易产生既然是"事实"就应该能够被"科学"地确定这样的误解。但是,法的判断经常是事后的,因此,事实关系的明确会受到各种各样的限制。基于这些限制,在寻求判断时不得不根据被局限的知识作出仅在此情境之下的特定判断,这就是法判断的宿命。

针对这些事实关系不明确、经验法则也不明确的领域,法律传统上试图通过举证责任的分配来解决。也就是说,让一方当事人来承担证明因果关系存在的举证责任,如不能举证证明,就由其承担由于举证不能所带来的不利益。这样的解决问题方法,最终可能会造成使受害人自己来承担对其所发生的损害这一结果。

随着社会关系的日益复杂化,这样的解决方法逐渐被认为是不公平的。特别是在公害诉讼中,受害人在证明自己的疾病是由被告工厂排出的有害物质所致时,在疾病的病因和发病原理依据现在的医学水平并不明确、作为病因的物质是经由怎样的途径到达受害

---

[13] 森岛昭夫「不法行為における因果関係」法学教室 147 号(1992 年)21 頁。但是,在前面的那个例子中,如果 A 投放的毒药产生了作用 C 已在睡眠中死去,由于 B 对 C 的死亡并不知情遂又对 C 进行了射杀并命中心脏。在此情形下,B 的射杀行为和 C 的死亡之间的事实上的因果关系又如何认定呢?从损害抑止的观点来看,与之前的例子并没有什么区别,也应该会被认为存在事实上的因果关系吧。

人、受害人的工厂里是否有原因物质被制造并排出等这些情况对受害人来说,很多都是无从得知的。因此,出现了一些新的解决方法。

第一种方法是减轻原告的举证责任。盖然性说、"间接反证"理论主张此方法。

盖然性说认为,公害事件中因果关系的证明只需举证证明其存在的相当程度的盖然性即可。[14] 依此观点,因果关系的举证责任虽然由原告受害人承担,但如果原告能够"举证证明具有相当程度的盖然性",而被告不能证明没有因果关系的话,即认定存在因果关系。"举证已具有相当程度的盖然性"是指,"虽然已超出了具有一定确信度的推测层面,但仍未达到证据程度的证明"[15]。原告一旦成功地"举证证明具有相当程度的盖然性",而被告不能证明没有因果关系,盖然性说即认定存在因果关系。但这种思考方法,到底是事实上的推定还是法律上的推定,依学者的不同产生了若干分歧。最初主张盖然性说的德本教授认为是近似于法律上的推定[16],但也存在认为是事实上的推定[17]或者基于证据的优越性理论[18]来思考的学者观点。

"间接反证"理论是指,在证明因果关系这一要件事实时,负有举证责任的原告如果能够举证证明有可推定因果关系存在的事实,且在经验法则上也可以推断出其他事实的存在,对此除非被告能够相反地证明有推定因果关系不存在的其他事实,否则即可认定存在因果关系,[19]即不把因果关系这一事实要件作为单一的证明对象,

---

〔14〕 德本鎮「公害の民事的救済と因果関係」九大法政研究 36 卷 2—6 号合併号(1970 年)189 頁以下。
〔15〕 德本,前注〔14〕,205 頁。
〔16〕 德本,前注〔14〕,204 頁。
〔17〕 牛山積「公害訴訟と因果関係」法律時報 40 卷 10 号(1968 年)17 頁以下。
〔18〕 加藤一郎編『公害法の生成と展開』(岩波書店,1968 年)29 頁〔加藤執筆〕。
〔19〕 好美清光 = 竹下守夫「イタイイタイ病第一次訴訟第一審判決の法的検討」判例時報 646 号(1971 年)108 頁以下。

而将其作为复合性的证明对象。原告并不需要把过程中的所有事实都进行证明,只需证明一部分的事实而其他事实的存在可以被推定。例如,公害事件中因果关系的证明,对于被告的生产行为导致原因物质排出和受害人的疾患之间的因果关系原告不需要全部证明以下:(1)病症特征和原因(病因)物质;(2)原因物质到达受害人的路径(污染路径);(3)加害企业排出的原因物质(生成到排出的运作机制)。(1)和(2)被举证证明以后,对污染源的追查就已经查到了企业门口时,只要企业不能证明自己的工厂不能成为污染源,那么(3)就在事实上被推定了。[20] 其结果就是,所有的因果关系都被举证证明了。

之所以被称为"间接反证"理论,是因为在民事诉讼法中当原告已经证明了能够推定因果关系存在的间接事实[上例中的(1)和(2)]的情况下,被告可通过反证该间接事实[上例中的(1)和(2)]的存在与否尚且处于不明状态,进而达到证明因果关系的存在也是不明确的目的,这被称为直接反证;与之相对应,被告如果能够举证有推定因果关系不存在的其他间接事实且导致因果关系的存在也变得不明确了,则被称为间接反证。

第二种解决方法是通过其他的标准来认定事实上的因果关系的存在。

如果按照"无彼即无此"这一标准来判断事实上的因果关系的存在与否,就需要原因与结果之间的经验法则是明确的、众所周知的。而在经验法则不存在的情况下,就无法再使用"无彼即无此"进行判断了,取而代之的是采取利用流行病学或统计学的方法来进行因果关系的判断。

在四日市哮喘事件的判决中,即运用了流行病学的四原则:(1)疾病发生前的一定时期内存在某种因素;(2)该因素对疾病的

---

[20] 新潟地判昭 46・9・29 下民集 22 卷 9 = 10 号别册 185 页。

罹患率具有非常显著的作用;(3)从该因素分布消长的角度来看,符合流行病学中所记载的流行特征;(4)该因素作为发病原因其作用机制能够进行生物学上的说明。在满足了以上四个条件的情况下,该判决即认定该因素和疾病之间具有了因果关系。[21] 另外,在足癣X光射线事件中,X光射线的照射和癌症发生之间存在统计学上的因果关系,特别是其作为皮肤癌的发病原因相比于其他发生原因要高很多,并考虑该皮肤癌就发生在X光射线的照射部位,故此判断被告医院的X光射线的照射是原告皮肤癌发生的主要原因。[22]

流行病学上的因果关系、统计学上的因果关系这样的判断方法,其局限性在于只有在大规模疾病暴发的情况下,或者在有关损害的信息已经汇总到足够的程度具有统计意义的情况下,才能被采用。

三、损害赔偿的范围

(一)"无彼即无此"的关系应在哪里被切断?

1. 受害人自杀

通常认为按照"无彼即无此"这一标准进行判断事实上的因果关系时,在无限广泛的连锁因果关系中需要限定其界限,因此第二阶段的法的价值判断是非常必要的。在排除掉涉及损害的金钱评价问题之后,在诉讼上这样类型的损害赔偿范围的争议事例并不多。

在诉讼上被争议的事例中第一种类型就是受害人自杀的事例。

---

[21] 津地方裁判所四日市支部1972年7月24日判决,判例时报672号30页。
[22] 最高裁判所1969年2月6日判决,最高裁判所民事判例集23卷2号195页。

学说中对于受害人自杀情况下的损害赔偿问题,有的是以受害人的意思行为的介入为理由依据,按照因果关系的中断进行处理;有的如后述所论,是以受害人自身作为损害发生或增加的原因为理由依据,按照原因竞合的情况来处理。无论在什么样的概念体系下处理此问题,对于是否要让加害人承担直至受害人死亡这一损害的赔偿义务,需要对受害人直到自杀为止的具体情况进行考量,采取对自杀能否成为加害人行为的结果进行个别判断的方法。

在交通事故发生后受害人自杀的判例中,有的判例认为受害人虽然留下了后遗症但已恢复到了能够从事简单劳动的程度且受害人自身也有重回职场的决心,据此认定事故与受害人自杀之间没有相当因果关系。[23] 在交通事故的发生完全是由于加害人的过失所致给受害人造成了巨大的精神打击,且事后的赔偿交涉没有顺利进展,受害人因此患有抑郁症最终自杀的事例中,判例则判断有相当因果关系。[24] 另外,虽然是下级法院的判决,在使用人违反安全保障义务导致受害人过劳最终自杀的情况下,判例也认定了有相当因果关系。[25]

2. 直接受害人以外的法主体遭受的损害

在"无彼即无此"这一关系中通过法的价值判断来限定责任时,面临的第二种类型的问题是直接受害人以外的法主体所遭受的损害是否应当被包含在损害赔偿范围之内这一问题。其可以被作为"间接受害"或者"间接受害人"的问题来进行独立处理。但有的判例是通过"相当因果关系"的存在与否来判断是否应当被包含在损害赔偿范围之内。因此,以下探讨其具体的判断标准。

对于受害人供职企业所遭受的损害,判例认为,受害人是原告有限公司中拥有唯一代表权的董事长,而且原告实质上是个人公

---

[23] 最高裁判所 1975 年 10 月 3 日判决,交通事故民事裁判例集 8 卷 5 号 1221 页。
[24] 最高裁判所 1993 年 9 月 9 日判决,判例时报 1477 号 42 页。
[25] 東京地方裁判所 1996 年 3 月 28 日判决,判例时报 1561 号 3 页。

司。受害人作为法人机关是不可替代的即受害人与公司形成了经济上的一体性关系,因此,原告公司遭受的营业利益损失能够请求损害赔偿。[26] 也就是说,对于受害人供职企业所遭受的损害是否能够得到赔偿,是通过受害人与企业是否能够形成经济上的一体性关系来判断的。

对于受害人以外的其他个人所遭受的损害,存在以下关于受害人的孩子受到损害的判例。

被告与已婚男性存在婚外恋关系导致男方婚姻关系破裂,受害人妻子可对其请求损害赔偿。但对于子女由此而失去的父爱、父亲的亲权保护*而产生的损害是否需要承担责任,判例认为:"父亲对未成年子女的关爱、亲权保护、教育的投入,与他跟其他女性是否姘居无关,基于该父亲的自由意思也是能够对子女履行的。"由此,判例判断婚外恋关系和受害人子女的损害之间"没有相当因果关系"。[27] 即在这种情况下,是以第三人自由意思的介入作为依据,来判断对于受害人以外的其他个人所遭受的损害是否应当列入赔偿范围的。

(二) 原因竞合

1. 原因竞合的思考方法

损害赔偿范围的问题当中,除了对按照"无彼即无此"这一判断标准产生的无限连锁关系需要进行切断这一问题,还存在原因竞合的问题,即对于某种结果,当存在数个有事实上因果关系的情况下,加入作为第二道关口的法的价值判断来评判是否存在因果

---

[26] 最高裁判所 1968 年 11 月 15 日判决,最高裁判所民事判例集 22 卷 3 号 587 页。

* 日本民法第 819 条第 1、2 款规定:"父母协议离婚时,应当协议确定一方为亲权人。诉讼离婚时,裁判所应当确定父母中的一方为亲权人。"——编译者注

[27] 最高裁判所 1979 年 3 月 30 日判决,最高裁判所民事判例集 33 卷 2 号 303 页。

关系。

当结果的发生与数个原因相关时,对于通过法的价值判断来决定损害赔偿范围这一做法,存在不同的讨论。通过原因竞合这一概念来处理此问题的思考方法,是以数个原因的存在为前提,对此按照比例或者部分地承认因果关系,比例因果关系论由野村教授[28]提出、部分因果关系论由滨上教授[29]提出。相比于一直以来的要么存在要么不存在的二者择一式的因果关系判断方法,这些学说则主张按照比例或者部分地承认因果关系的存在。这些观点是在事实上的因果关系的层面上来判断对于所发生的全部损害,被告的行为有多少的贡献度?然后在该范围之内认定损害赔偿。在多个原因并存的情况下,这些观点基于让加害人对全部损害都承担赔偿责任是不合理的这一价值判断,缩小了每个加害人的赔偿范围。从另一方面来看,这些观点似乎也旨在促进侵权责任的成立。

当然,通过原因竞合这一概念来处理问题的方法也是基于一定的价值判断之上的。从发生的损害如何在原告、被告之间进行分配这一角度来考虑原因关系的问题,特别是把什么作为原因进行对待,这本身就是价值判断。以此为前提,以下含比例因果关系在内,当被告的行为作为原因,分别与自然力、原告的因素、第三人的行为发生竞合时,进行如下三种情况的分析。

2. 被告的行为和自然力的竞合

在判断被告责任时,当损害的发生是由被告的行为和自然力的竞合导致的情况下,如何进行考量?

以前的判例认为,如果自然力的贡献力度很大就作为"不可抗

---

[28] 野村好弘「因果関係の本質——寄与度に基づく割合的因果関係論」交通事故紛争処理センター創立十周年記念論文集『交通事故損害賠償の法理と実務』(ぎょうせい,1984年)62頁。

[29] 浜上則雄「損害賠償法における『保証理論』と『部分的因果関係の理論』」一、二・完)民商法雑誌66巻4号(1972年)3頁、5号(1972年)35頁。

力"来否定责任的成立;反之,如果自然力的贡献力度很小就肯定责任成立。[30] 但是,通过下级裁判所的判决可以看出,有的判决是在事实上的因果关系的层面上对因果关系进行比例性的承认,进而来认定比例性的赔偿责任。例如,在飞弹川公交车坠落事故的第一审判决中,[31] 被告国道管理者国家的责任范围中就扣除了不可抗力作为原因力的部分。另外,也有的判例虽然不采用比例因果关系理论来进行裁判,但通过原因竞合的方法也认定承担一定比例的责任。[32]

学说中也可以看到赞同上述下级裁判所判决的倾向。理由是当损害是由被告的行为和自然力相结合而发生的情况下,如不对被告的损害赔偿范围进行限制,那么自然力引起的风险就会让被告来承担,这是不公平的。特别是当自然力的作用力度很大时,应当认定减少损害赔偿额。[33]

但是,主流学说对比例责任的认定是持反对意见的。有以不承认比例因果关系理论作为理由依据的。[34] 也有观点认为,在自然力和被告的行为相结合的情况下,是以自然力的存在作为前提来判断被告的行为是否让其承担损害赔偿责任的,对此进行判断之后再以该自然力作为原因加以判断是不适当的。如以自然力作为原因来减轻被告责任的话,会导致自然力引起的风险最终由受害人来承担,这是不公平的。[35]

3. 被告的行为和受害人原因的竞合

在被告的行为与受害人的原因发生竞合的情况下,下级裁判所

---

[30] 松山地方裁判所西条支部 1956 年 12 月 21 日判决,訟務月報 2 卷 2 号 31 頁。
[31] 名古屋地方裁判所 1973 年 8 月 10 日判决,判例時報 700 号 3 頁。
[32] 大阪高级裁判所 1977 年 12 月 20 日判决,判例時報 876 号 16 頁。
[33] 能見善久「土地工作物責任についての一視点」NBL(商事法務研究会編) 167 号(1978 年)12 頁。
[34] 国井和郎「道路災害と公の营造物責任」判例タイムズ 295 号(1973 年) 24 頁。
[35] 森岛,前注[9],80 頁。

的判决中曾经对此有以一定比例的事实上的因果关系为理由对被告的赔偿责任进行限制。[36] 但最高裁判所并没有对此通过因果关系理论来处理，而是采用类推适用过失相抵规定的方法来对被告的赔偿责任进行减额。

交通事故的受害人遭受的损害"超过了加害行为单独作用时通常应发生的程度、范围，并且损害的扩大是基于受害人的心因要素作用时"，类推适用过失相抵的规定。[37] 在另一判例中，受害人在交通事故发生的一个月前曾经一氧化碳中毒，在一氧化碳中毒症和交通事故引起的头部撞击共同作为原因引发损害的情况下，对于加害行为以前存在的疾患，"应对照疾病的样态、程度等，在让加害人来赔偿全部损害有失公平"时，类推适用过失相抵的规定。[38] 前一个判例是以损害超过了通常发生的范围，并且损害的扩大是基于受害人的心因要素的作用为理由依据来限制被告的赔偿责任。后一个判例则是提炼出"有失公平"这一价值判断作为裁判的理由依据。

学说中对于是否应当限制被告的赔偿责任分为赞成说和反对说。赞成说中有以比例因果关系作为说理依据的，[39] 但大多数是和判例持相同观点认为应当类推适用过失相抵的规定，[40] 并有学说认为应把受害人的原因分类为"心因上的原因"和"身体上的原因"。"心因上的原因"的情况下，如果受害人对损害的发生能回避而没有回避则具有非难可能性，应当认定予以减少损害赔偿额；而对于"身体上的原因"如受害人对其成为原因有认识的可能性，却怠于采取适当的处置和应对的情况下，应当认定予以减少损害赔偿

---

[36] 東京地方裁判所1971年2月18日判决，判例時報626号68頁。
[37] 最高裁判所1988年4月21日判决，最高裁判所民事判例集42卷4号243頁。
[38] 最高裁判所1992年6月25日判决，最高裁判所民事判例集46卷4号400頁。
[39] 野村，前注[28]。
[40] 加藤新太郎「因果関係の割合の認定」判例タイムズ633号（1987年）56頁。新美育文「判批」ジュリスト935号（1989年）84頁。

额。[41] 但该学说是以"心因上的原因"和"身体上的原因"在能够被明确区分的前提下进行的分类，且不说由心理压力引致的各种多样疾病的例子，就连"心因上的原因"和"身体上的原因"其概念本身就很不明确。另外，即使存在"心因上的原因"也未必就具有非难可能性。笔者自身虽不采用赞成说，但认为如果这些仅仅是作为法律上的概念而不是为了进行类型化而提出的概念，那么作为该学说的判断标准最好还是直接使用非难可能性这一概念。

反对说的理由是，即使受害人自身的特性是损害发生的前提，但如果让受害人来负担所发生的损害，就会给受害人强加了一个不得接触侵权行为的行为规范，这是不公平的。[42] 也有学说认为，基本上采用反对说，仅在例外的事例中才能减额。[43]

4. 被告的行为和第三人行为的竞合

被告的侵权行为与第三人的加害行为发生竞合，在满足民法第719条共同侵权行为责任的构成要件时，需承担不真正连带责任，不能被减额。在满足竞合型侵权行为责任的构成要件时，判例和多数学说认为也是共同侵权行为要承担不真正连带责任。但下级裁判所的审判中存在对赔偿责任进行限制的判决。

第一种类型是在交通事故中，受害人由于遭受第二次碾压发生了损害的扩大并且两起交通事故之间存在相当长的时间间隔，即在第二起交通事故发生时第一起交通事故所引起的损害已经完成了现实化。对于第一起交通事故由第一起交通事故的加害人来承担责任这是没有争议的。但对于第二起交通事故所发生的损害，有的

---

〔41〕 大塚直「割合的責任編をめぐる判例、学説の状況」星野先生古稀『日本民法学の形成と課題 下』(有斐閣,1996年)859頁。

〔42〕 平井,前注〔3〕「因果関係論」,109頁。另外,也有学说认为,由于在交通事故中存在保险制度因而倾向否定说,能见善久「寄与度減責——被害者の素因の場合を中心として」四宮先生古稀記念論文集『民法・信託法理論の展開』(弘文堂,1986年)251頁。

〔43〕 西垣道夫「『鞭打症』における損害算定上の諸問題」『現代損害賠償法講座7』(日本評論社,1974年)320頁。

判例认为仅由第二起交通事故的加害人承担责任。[44]有的判例则根据第一加害人和第二加害人的各自贡献度来决定各自所承担对应比例的责任。[45]

第二种类型是交通事故与医疗过错发生竞合的情况。有的判例从公平的立场出发,根据贡献度的大小来认定责任的分配。[46]

有力说认为与上述"2."和"3."部分的情况相比较,在被告的加害行为和第三者的加害行为发生竞合时,应当承担比例责任。理由在于尽管认可了被告可被减轻损害赔偿额,但由于受害人仍可对第三人请求赔偿,所以不会像上述"2.""3."部分情况那样对受害人产生不利。[47]

四、今后的课题——对因果关系二重关口理论的质疑

(一)质疑的提出

因果关系的二重关口理论,即事实上的因果关系问题和由其产生的无限扩张可能性的因果连锁进行限定的法的价值判断的问题,上文已对其相关的判例、学说的现状进行了概览。但是,对于二重关口理论,特别是使用事实上的因果关系这一概念作为因果关系判断的第一个步骤的意义,存在以下疑问。

第一,通说认为事实上的因果关系的存在与否,依据"无彼即无此"这一标准进行判断。但是当中被提出来的"彼"这一事实,应从

---

[44] 東京高级裁判所 1975 年 5 月 30 日判决,交通事故民事裁判例集 8 卷 3 号 639 页。受害人在第一起交通事故中受到九级伤残的后遗症,在第二起交通事故中成为七级伤残的后遗症,判例认定七级到九级的劳动能力的差额,由第二起交通事故的加害人来承担责任。

[45] 名古屋地方裁判所 1992 年 9 月 7 日判决,判例タイムズ811 号 177 页。

[46] 静冈地方裁判所沼津支部 1977 年 3 月 31 日判决,交通事故民事裁判例集 10 卷 2 号 511 页。

[47] 大塚,前注[41],870 页。

这是损害赔偿责任的归责问题这一观点上加以提炼，否则会招致理论上的混乱。另外，随着对"无彼即无此"这一判断标准所进行的理论上的例外、辅助概念的所占比例的增加，"无彼即无此"已经难以再称为是判断标准了。

第二，如果"无彼即无此"这一标准对事实上的因果关系的判断起不到良好作用，那么采用其他判断标准是否能够解决问题呢？并不是。问题的关键就存在于事实上的因果关系这一概念里。在美国法的体系中存在进行事实判断的陪审团和进行法的价值判断的法官这两个不同的法机关，其中承担实践性作用的"事实上的"因果关系这一概念因此应运而生，而没有此制度背景的日本＊采用这种两个阶段的判断也许根本没有必要。事实上的因果关系到底是否为一种与损害赔偿范围不同性质不同的判断，值得思考。

（二）事实上的因果关系的判断标准

1. "无彼即无此"中的"彼"

通常认为，如存在"无彼即无此"的关系就可认定有事实上的因果关系。且以"如果起风了的话，卖桶的就赚了"这一句谚语来举例说明，即"起风了"之后，到"卖桶的就赚了"之间发生的各种事情都是"卖桶的就赚了"这一结果的原因。在这样的原因和结果之间存在事实上的因果关系，大多数论述都是如此对事实上的因果关系进行说明的。

但是，这样的说明有如下的问题点。第一，事实上的因果关系是侵权责任的成立要件，为了使加害人承担损害赔偿义务才会在原因与结果之间形成问题的焦点。因此，被提炼出来的"彼"这一事实必然与使加害人承担损害赔偿义务这一目的相关联。事实上的因果关系存在与否的判断，与单纯地确定事实连锁关系是不同的，

＊ 日本从 2009 年 5 月 21 日开始实施裁判员制度（裁判員の参加する刑事裁判に関する法律）。原则上是从普通市民中选取 6 名与 3 名职业法官组成合议庭共同评议定罪、量刑，但该制度仅适用于重大刑事案件的审理。——编译者注

没有这样前提的观点说明只会使问题混乱化。

例如,由于持续晴天想要给花浇水,因碰触到了花盆,花盆掉落砸到路人使其受伤。导致受伤这一结果的原因事实,首先会列举浇水行为、在窗边放置花盆或一直放置的行为,如果是物理学者也可能还会列举万有引力。但法律学家是从归责的观点来思考的,所以不会把万有引力作为受伤的原因。同样地,如果下雨了则不会去浇花,进而花盆也不会掉落。因此,持续晴天与受伤之间虽然存在"无彼即无此"的关系,但法律学家不会把持续晴天作为受伤的原因。也就是说,虽然依据"无彼即无此"的关系判断出存在事实上的因果关系,但如果因果关系问题与法律相连接时,即与让谁来承担损害赔偿责任这一效果相关联时,就会着眼于归因于人的行为。

当然,也存在自然现象与事实上的因果关系相关联的情况。为了让人来承担不作为责任,自然现象与结果之间的事实上的因果关系的认定往往成为问题的焦点。例如,由于集中暴雨山体滑下落石导致路面发生人身伤害的事例。道路管理者如果采取了行为,那么该行为就成为法的价值评价对象,此行为与事故之间的事实上的因果关系将首先成为被考虑的问题。但如果道路管理者什么都没有行动,由于没有可被考虑的人的行为,那么就应着眼于集中暴雨或者落石这样的自然现象,这些自然现象与结果的关系通常应该作为事实上的因果关系被提出。但是,这种情况从法的观点来考虑的话,道路管理者的不作为与集中暴雨相关联,是否构成管理上的瑕疵问题,而作为其前提就有必要确定被告的行为或不作为与自然现象之间的关系、自然现象与结果之间的关系。另外,在诉讼中被告主张自己的行为不是事故的原因,事故的真正原因是自然力、是不可抗力时,自然现象便成为考虑的对象,对此就需要判断事实上的因果关系。在这种情况下,基于抗辩关系,也需要尽量大致地确定与自然现象有关的事实关系。

以上这些情况都是自然现象或者自然力作为原因之一被举例

说明的。有的学说主张自然力和结果之间存在事实上的因果关系，认为这是原因竞合的一种形态，与第三人侵权行为的竞合、受害人自身体质原因的竞合情况是一样的，这些在上文中已经论述了。但是，自然现象中也存在各种各样的情形，不禁产生把某种自然现象作为"彼"到底是基于什么样的标准的疑问。例如前面提到的持续晴天不能作为事实上的因果关系存在与否的考虑对象，那么为什么集中暴雨就可以作为考虑对象呢？作为原因竞合的一种形态被提出的自然现象里面是否无意识地掺杂了自然现象的异常性、可能成为被告的行为义务者的预见可能性这些标准了呢？因此，需要明确的是在判断事实上因果关系的存在与否时，被提炼出来的"彼"事实，是与让谁来承担损害赔偿义务这一目的相关联的，与单纯地仅仅是确定事实连锁关系的操作是不同的。

2. "无彼即无此"是判断标准吗？

用"无彼即无此"作为标准来判断事实上的因果关系的存在与否这一思考方法的最大问题是，此标准能够适用的事例在现实生活中很少存在。而在这些极少的事例中事实上的因果关系的存在又是不争的事实，进而也就没有必要再运用这个标准来进行判断了。

另外，在原因竞合的情况下，如运用"无彼即无此"作为标准就会得出不存在事实上的因果关系的判断结果，因此便不再以"无彼即无此"作为标准来认定事实上的因果关系的存在。这被认为是例外的情况，但如果例外的情况越来越多，则作为原则的判断标准实际上可以说是并没有发挥到判断标准的作用。在事实关系不明或者为了尽可能地推断出因果关系的经验法则也不明的情况下，此判断标准并没有发挥作用，而是通过减轻因果关系的举证责任、流行病学或者统计学的手段来处理。这些是否能够被称为"无彼即无此"这一标准的辅助原则呢？

如此思考下来，就变为仅在一些有限的情况下才可以"无彼即无此"作为标准来判断事实上的因果关系。因此，对于因果关系理论所主张的根据"无彼即无此"来判断事实上的因果关系的这种说法不得不产生质疑。

(三) 事实上的因果关系的概念起源及其意义

在日本介绍事实上的因果关系这一概念的平井教授,根据的是美国学者 Leon Green* 的研究成果。因此,要想理解事实上的因果关系这一概念,就必须溯源到 Leon Green 的主张。

当时,因果关系的存在一般是通过近因(proximate cause)这个标准来判断的。但是,Leon Green 认为因果关系应该限定在事实上的因果关系。这种思考方法是以法官和陪审团的权限能够被明确区分为基础前提。

Leon Green 主张,侵权责任的问题由以下组成:(1)权利 = 义务;(2)过失;(3)因果关系;(4)损害。权利 = 义务是指,原告的利益是否属于应当被保护的范围之内,即原告相对于被告来说是否享有应当被保护的权利。过失的问题是指,被告的行为违反了应当保护原告利益的义务。因果关系的问题是指,被告的行为是否为原告所遭受损害的原因。损害即确定损害数额的问题,当中包含了损害的确定以及对其进行金钱评价的操作。[48]

---

* Leon Green, Rationale of Proximate Case, Vernon Law Book Company, 1927. ——编译者注

[48] Leon Green, Judge and Jury 32 – 37 (1900). 平井教授把 Leon Green 的近因(proximate cause)相关分析方法运用在日本法上,以此来分析"相当因果关系"的判例。平井教授指出,正如近因理论中包含了本应在不同的概念下处理的问题,同样,"相当因果关系"的判例中也包含了本应在不同的概念下处理的问题。然而,平井教授关于侵权责任的概念构成与 Leon Green 侵权责任的概念构成是不同的。Leon Green 主张,侵权责任的问题由权利 = 义务、过失、因果关系、损害组成。而平井教授则主张由事实上的因果关系、"保护范围"、损害的金钱评价组成。也就是说,Leon Green 把权利 = 义务的问题和过失问题进行区分并分别进行处理,而平井说则是在"保护范围"这一概念中进行一次统一地判断。为什么会发生这样的不同,因为在美国法中权利 = 义务的问题由法官进行判断,而过失的问题则由陪审团进行判断。但在日本法中并没有这样的机制分担,因此就需要通过由义务射程决定的"保护范围"这一概念进行处理了。

以上这些问题中,(1)是法律问题,需要法官进行判断。但是(2)(3)(4)是事实问题,对此法官仅就陪审团的判断是否依据了充分的证据进行考察,即最终还是由陪审团作出判断。[49] Leon Green 认为承担司法判断职责的除了法官还有陪审团,即对陪审团的存在进行了积极的评价。Leon Green 的基本观点是,一旦陪审团对(2)(3)(4)进行了评定,该判断就应当被尊重。即便陪审团的判断是非专业性的、与法官的法的价值标准不一致,也不允许对其进行颠覆。

但是,因果关系如果采用近因这一标准来进行判断的话,由于近因是含有法的价值判断的概念,那么法官就可在此概念之下不再依托于陪审团而自行作出判断。Leon Green 对采用近因这一标准的判例进行分析后,发现本来应该由陪审团进行判断的过失、事实上的因果关系的问题,却作为近因问题由法官进行了处理。[50] 在这样的情况下,进行一审的法官实质上就剥夺了陪审团的权限,而二审的法官则实际上就是对一审中陪审团作出的评定进行了颠覆。如此一来,Leon Green 是不能够容忍的,因为其主张陪审团在承担司法判断职责上是具有积极作用的。

基于以上的原因,Leon Green 提出因果关系的问题应当限定于事实上的因果关系,目的是使因果关系的判断由陪审团来进行,即把因果关系的问题纯粹地作为事实问题来对待,以便把其作为陪审团的职责事项来进行处理。依据 Leon Green 的理论构建,因果关系的问题就必须应当是"事实上"的因果关系问题。对此,日本法中并不存在把因果关系的问题限定于事实上的因果关系的实践上

---

[49] 如法官认为关于(2)(3)(4)的论点证据不充足,无须将事实的判断提交给陪审团的情况下,则法官会指示陪审团作出内容为某些事实证据不足的评定。陪审团则依照该指示作出评定。这种评定被称为指示评定(directed verdict)。指示评定尽管是由陪审团完成的,但实质上是法官的判断。总之,法官对(1)的问题,以及(2)(3)(4)论点的证据充分性问题进行判断,陪审团则对(2)(3)(4)的问题进行判断。

[50] Leon Green, Rational of Proximate Cause 78(1927).

的理由,并且也不存在使用事实上的因果关系这一概念进行第一阶段判断的实践上的理由。如此一来,根据事实上的因果关系这一概念进行第一阶段判断的理论意义是否还存在?

(四)事实上的因果关系与赔偿范围之间的关系

"事实上的因果关系"概念中因为有"事实上的"这一定语,因此很容易认为既然是"事实"就应该是"科学的"、能够确定的。但是,法的判断经常是事后的,事后再把事实关系完全地掌握是非常困难的,并且不能为了追求事实关系而没有时间上的限制。在寻求判断的期间里以能够掌握的事实关系为对象,根据该时点的见解必须作出当前的判断,这是法判断的宿命。即使附上了"事实上的"这一定语,也不能成为科学实验的对象,只能说是确定的对象是事实关系而已,但本质上是法的价值判断并没有改变。

判例认为,"诉讼上的因果关系的举证,并不是一点疑义没有的自然科学似的证明。而是依照经验法则综合研讨全部的证据,只要能够证明特定的事实能够引起特定结果的发生这一关系的高度盖然性,并且该判定不能引发普通人的疑惑、能够使人具有真实性的确信程度,具备这些就足够了"。[51] 据此,因果关系的举证程度具有盖然性即足矣明言之。这也意味着法律上的因果关系与自然科学上的因果关系不同,只要满足其各自的价值判断即可。

故而,事实上的因果关系也是法的价值判断,那么事实上的因果关系和作为损害赔偿范围被论及的问题之间,实质上又有什么不同呢,不禁产生了疑问。进而,对再加入第二阶段的法的评价的必要性也产生了质疑。笔者认为,关于因果关系的问题,在某些特定情况下作为事实上的因果关系的问题进行处理,其他的情况下应作

---

[51] 最高裁判所 1975 年 10 月 24 日判决,最高裁判所民事判例集 29 卷 9 号 1420 页。

为损害赔偿范围的问题进行处理,这样更加符合实际情况。

因果关系理论中最重要的问题就是依据怎样的标准来进行法的价值判断,以及明晰应当如何进行具体操作。但是,对因果关系的二重关口理论的检视也是不可回避的,现在正是这样做的时候,即此文之意义所在。

救济方法

[日]圆谷峻*

一、序言

(一)救济方法的类型

1. 侵权行为法的救济方法

侵权行为法又被称为事故救济法。[1]若强调

---

* 圆谷峻(円谷峻　つぶらや たかし),生于1945年。1969年毕业于横滨国立大学经济学部,1974年一桥大学大学院法学研究科博士课程学分取得退学。历任横滨国立大学经营学部讲师、助理教授、教授。2006年从横滨国立大学退休后,成为该大学的名誉教授,2006年任明治大学大学院法务研究科教授,2012年任放送大学客座教授。曾担任日本法务省司法考试考查委员(2002—2005年)、消费者法学会理事(2009—2014年)、日本私法学会会员、金融法学会会员、都市住宅学会学术委员、日美法学会会员。

著作:『契約の成立と責任』(一粒社,1991年;成文堂,2004年);『比較財産法講座』(学陽書房,1992年);『現代契約法の課題—国際取引と民法理論—』(一粒社,1997年);『債権総論—判例を通じて学ぶ—』(成文堂,2008年);『不法行為法事務管理不当利得—判例による法形成(第2版)』(成文堂,2010年);『民法』(放送大学教育振興会,2013年);『ディーター・ライボルトドイツ民法総論—設例・設問を通じて学ぶ—〔第2版〕』(成文堂,2015年);等等。

受害人救济的理念,则理想的制度设计是无论加害人是否具有归责事由,都应救济遭受损害的受害人。新西兰的事故补偿法就采用了这样的制度设计。至于我国是否能够创设这种救济制度,则是今后需要讨论的课题。依据后文提及的医药品副作用受害救济和研究振兴基金法,无论加害企业是否具有归责事由,只要受害人因医药品的副作用遭受损害,就可以在一定范围内获得救济。然而从现状来看,今后仍然应当维持传统的救济体系,依据侵权救济措施实现对受害人的救济,必要情况下,通过保险、基金等手段,在一定范围内补充和完善现在的侵权救济体系。

本文讨论侵权救济方法。关于债务不履行的救济方法,包括作为履行请求的修补请求、替代物请求以及损害赔偿、减少价款和契约解除等。而侵权的救济方法主要是指损害赔偿、原状恢复和停止侵害请求。

论文:「瑕疵担保責任」『民法講座5 契約』(有斐閣,1985年);「瑕疵担保責任—民法の基本問題」法学教室84号(1987年);「『契約上の交渉』に関するメディクスの鑑定意見」法学志林85巻2号(1987年);「製造物責任訴訟における立証責任の転換(上)(下)」NBL446号、448号(1990年);「製造物責任における欠陥責任と無過失責任(上)(中)(下)」NBL508号、510号、511号(1992年);「ドイツ消費者信用法」横浜国際経済法学1巻1号(1993年);「ドイツにおける新たな消費者倒産処理手続」田中誠二先生追悼論文集刊行会編『田中誠二先生追悼論文集:企業の社会的役割と商事法』(経済法令研究会,1995年);「同時履行の抗弁権と留置権」法学セミナー579号(2003年);「判例法による消滅時効法の展開」川井健ほか編『転換期の取引法—取引法判例10年の軌跡—』(商事法務,2004年);「債務法の現代化と瑕疵担保責任」川井健先生傘寿記念論文集刊行委員会編『取引法の変容と新たな展開—川井健先生傘寿記念論文集』(日本評論社,2007年);「EUおよびドイツにおける製品安全制度」円谷峻=松尾弘編『損害賠償法の軌跡と展望—山田卓生先生古稀記念論文集』(日本評論社,2008年);「裁判所による損害賠償額の認定」『現代民事法の課題—新美育文先生還暦記念』(信山社,2009年);「重大な医療過誤と因果関係の証明」明治大学法科大学院論集7号(2010年);「瑕疵担保責任—担保責任と債務不履行責任の接合」円谷峻編『社会の変容と民法典』(成文堂,2010年);「ヘーデマン『一般条項への逃避』の今日的意義」横浜法学22巻3号(2013年);等等。

〔1〕 关于较早综合讨论损害赔偿制度和受害人救济的文献,可参见「特集・損害賠償制度と被害者の救済」ジュリスト691号(ジュリスト臨時増刊1979年5月20日号)。

2. 特别法的救济方法

作为现行侵权法的补充救济体系,存在各种救济方法,以缺陷产品致消费者遭受损害为例,受害人可通过如下方式获得救济。

1973年,日本制定了消费生活用品安全法,该法规定具有SG标识的产品因缺陷造成他人损害时,受害人可获得相应的救济。所谓SG标识是指,满足依该法设立的产品安全协会确立的安全标准的一定产品的标识。产品安全协会收集生产者的过失、因果关系、损害数额等资料,以此减轻受害人的举证负担。而且,如果加害企业没有赔偿能力,受害人可以向缔结责任保险的协会请求支付赔偿金。另外,如果受害人死亡或留有后遗症的,无论加害企业是否具有责任,协会都会向受害人支付一次性的补偿金。

1979年,日本制定了医药品救济基金法,该法规定消费者因医药品副作用遭受损害时,该基金须向受害人支付医疗费、医疗补贴、残疾赔偿金、残疾儿养育赔偿金、死者近亲属赔偿金、丧葬费等。1987年该法修改后,基金也会用于支持医药品的研究开发,其名称相应修改为医药品副作用受害救济和研究振兴基金法。

1994年,日本制定了产品责任法(1995年开始实施)。该法规定,因产品缺陷侵害消费者的人身或财产的,对由此产生的损害,生产者应当承担损害赔偿责任。该法确立了生产者的无过错责任,但满足一定事由的生产者可以免责。

(二)损害赔偿、原状恢复、停止侵害请求

1. 损害赔偿、原状恢复

如上文所述,侵权损害的救济方法主要包括损害赔偿、原状恢复和停止侵害请求。民法第722条规定,确立债务不履行损害赔偿以金钱赔偿为原则的民法第417条准用于侵权行为。在日本,侵权损害赔偿以金钱赔偿为原则。日本法不同于以原状恢复为原则的德国法。关于损害赔偿,后文将主要围绕赔偿范围展开论述。

关于侵害损害发生时的原状恢复,特别是名誉侵权的情况,民法专门设置了明文规定(第 723 条)。[2] 依据该条规定,对侵害他人名誉的加害人,裁判所可以通过恢复名誉处分代替损害赔偿或者作出损害赔偿命令的同时,作出恢复名誉的处分。谢罪广告是原状恢复这种救济手段的典型代表。除此之外的情形,例如不动产被他人侵夺时的物权请求权也被认为是侵权原状恢复请求权的一种类型。而且,反不正当竞争法第 7 条也规定了恢复信用的必要措施。保护知识产权的特别法也规定了代替损害赔偿的原状恢复措施(著作权法第 115 条、专利法第 106 条、实用新型设计法第 30 条、设计法第 41 条、商标法第 39 条)。矿业法还规定,相比损害赔偿,原状恢复所需费用更少,或者裁判所依申请认为恢复原状更合理,可以作出原状恢复的判决(第 111 条)。

2. 停止侵害请求

侵权行为法并没有明文规定停止侵害请求。[3] 但是,现在停止侵害这种救济方法具有了重要意义。尤其是联想到噪音诉讼等案件,就很容易能够理解它的重要意义。众所周知,著作权法、反不正当竞争法等特别法明文规定了停止侵害请求(著作权法第 112 条、专利法第 100 条、反不正当竞争法第 3 条等)。[4]

关于民法上的停止侵害请求权的法律依据,学说上存在各种观点。判例和通说认为其依据在于人格权侵害(人格权说)。此外,也出现了物权请求权说、侵权行为说和环境权说的观点。对于民法上的停止侵害,将在后文展开论述。

---

[2] 不具有法人格的团体也有可能遭受名誉侵权,有权提出谢罪广告的请求(10 卷 8 号 1059 页)。

[3] 普通法上以金钱赔偿为原则,衡平法上承认停止侵害请求(injunction)这种救济方法。

[4] 关于依据专利法提出停止侵害的问题,可参见本間崇「特許侵害訴訟における差止対象物件の特定——あるコンピュータ・ソフトウェア関連発明の実例をめぐって」『木川統一郎博士古稀祝賀・民事裁判の充実と促進 上巻』334 頁(判例タイムズ社,1994 年)。

二、损害赔偿

(一) 损害赔偿的要件

1. 故意和过失的意义

本文虽然主要讨论侵权的救济方法,但为了能够理解作为侵权救济方法的损害赔偿,有必要对其要件进行梳理。[5] 当然,关于侵权构成要件的讨论(过失、违法性),长时间处于混沌状态,故以下仅进行必要最小限度的讨论。[6]

民法第709条明确规定,故意和过失是侵权损害赔偿的构成要件。那么何为故意和过失呢?通说认为,"故意"是指"认识到自己的行为将侵害他人权利或发生能够被评价为违法的事实,仍然实施该行为的心理状态";"过失"是指"行为人因不注意而未能认识到行为能够发生上述违法事实的心理状态"(我妻说)。[7] 虽然通说将过失界定为主观要素,但同时指出,"此处的不注意是指(对他人)注意义务的懈怠,过失还指应当预见违法事实发生并加以防止的注意义务的违反"[8]。

有观点在此基础上进一步提出了将过失界定为客观的抽象过失的观点(加藤说)。此种观点认为,"过失是侵权责任的归责事由,加害人单纯主观上的不注意直接依据法律意义上的过失(或依据社会观念),且从法律立场对其作出评价,以此来判断其是否具有过失。原本主观意义上的过失,应通过具体过失作出判断,而经过

---

[5] 关于过失与违法性的关系,参见錦織成史「過失と違法性」『民法講座6 事務管理・不当利得・不法行為』(有斐閣,1985年)133頁。

[6] 沢井裕「不法行為法学の混迷と展望」法学セミナー296号72頁。

[7] 我妻栄=有泉亨=四宮和夫『判例コンメンタールⅥ 事務管理・不当利得・不法行為』(日本評論社,1963年)106頁。

[8] 参见我妻,前注[7],109頁。

某种程度的客观化,只需根据抽象过失作出判断,这是从受害人的角度出发对过失施加了一定评价的结果"[9]。

以上各观点的特色在于,将是否违反客观注意义务作为过失判断的标准,将主观要素排除过失概念之外。对此,学说上出现了排除主观要素,以是否违反客观义务判断是否构成过失的各种观点。这些观点认为过失是指对结果回避义务的违反。例如,有观点指出,"目前的侵权行为法意识认为,加害人的非难原因是通过客观抽象的注意能力判断的损害回避义务的违反"。[10] 此外,也有观点认为过失侵权的归责依据是信赖原则(前田说)。[11] 此种观点认为,过失是指抽象过失,"在社会生活中,受害人与侵权行为人发生接触时,如果受害人不能合理地期待在该种状况下行为人能够做出与通常的平均人相同的行为,则受害人将无法进行正常的社会生活"。"各人对其他社会成员能够遵守行为义务的信赖被破坏,则构成'过失侵权',应就此承担损害赔偿责任。""过失侵权"的归责依据在于信赖原则。[12] 此种观点得到部分学者的大力支持。[13]

2. 预见可能性

无论是将过失理解为行为人的具体过失还是理解为通常人的抽象过失,对结果发生的预见可能性是判断过失成立的前提。[14] 在大阪碱案的判决中,判例已经明确了过失是以预见可能性为前提的结果回避义务的违反,[15] 问题在于此处预见的对象。有观点指出,作为预见对象的危险必须达到与最终采取的回避措施形成联系

---

[9] 加藤一郎『不法行为法』(有斐閣,1974年)70頁。
[10] 沢井裕『郊外の私法の研究』(一粒社,1969年)171頁。
[11] 前田達明『民法Ⅵ2(不法行为法)』(青林書院新社,1980年)45頁以下。
[12] 参见前田,前注[11],46-47頁。
[13] 森島昭夫『不法行为法講義』(有斐閣,1987年)178頁。
[14] 也有观点认为,在公害案件中,只要损害超出忍受限度,就没有必要判断是否存在预见可能性,直接肯定加害人的责任(加害人的过失),参见淡路剛久「公害における故意・過失と違法性」ジュリスト458号376頁。该观点被称为新忍受限度论。
[15] 大判大5・12・22民事判決録22輯2474頁。

的具体性,且仅此足矣,具体可能因行为的性质、危险的种类和程度、所能预想的回避措施的性质等出现差异。[16] 这些考虑因素中还应当包括加害人的规模。

另外还必须注意的是,也有判决采取了与大阪碱案判决("预见可能性+结果回避义务违反")不同的过失判断构造。例如,在梅毒输血案中,判决指出"根据裁判所查明的事实,即便是附随性的,医生也应当对是否感染梅毒最了解的血液提供者进行必要询问,从而判断其是否存在感染梅毒的危险,在情况允许的限度内……应当从不具有感染危险的血液提供者处接受供血,这是作为医生当然需要承担的注意义务"[17]。判决认为医生应当承担问诊义务。质言之,最高裁判所认为医生应当尽到义务以确保能够预见权利侵害的危险(预见义务的承认)。但是,这种将违反预见义务等同于过失的做法很难获得一般承认,但需要对裁判所使用的预见义务的表达引起注意。[18]

我国在讨论是否制定产品责任法时,有学者担心将发展风险抗辩引入产品责任法会将原本设计为无过错责任的产品责任变成过错责任。[19] 众所周知,所谓发展风险抗辩是指,根据生产者将产品投入流通时的科学技术水平,生产者无法认识到该产品的缺陷,据此作为免责的抗辩。因此,如果从无预见可能性就无须承担责任的意义上来说,生产者的责任是在以预见可能性为前提的过错责任的

---

[16] 参见森岛前注[13],191-192页。
[17] 最判昭36·2·16民集15卷2号244页。
[18] 例如,东京亚急性脊髓视神经症诉讼第一审判决指出:"(产品责任。——圆谷注)即使立足过错责任原则的立场,关于过失前提的注意义务的内容,也不存在不同的观点,但本裁判所认为,民法第709条所规定的'过失'最终是指对合理的回避义务的违反,且需要具备以预见义务为前提的预见可能性,前提是在具体的状况下,可以期待行为人采取合理的回避措施。"(東京地判昭53·8·3判例時報899号48页)
[19] 我国在制定产品责任法时,学界从各种角度提出了质疑,对此参见关西经济联合会「総合的な消費者予防・救済制度の充実に向けて——提言」(1992年7月)。这篇论文将本文所阐释的内容作为反驳论据之一(17页)。

语境下进行判断的。最终通过的产品责任法在第 4 条第 1 项规定了发展风险抗辩。该条第 1 项规定了生产者的一项免责事由,即"根据生产者将该产品交付时的科技和知识水平,无法认识到产品缺陷"。此处的"认识可能性"就是广义上的预见可能性。

前述批判意见似乎能够适用于最终制定的产品责任法。但是,就作为过失前提的预见可能性是否存在作出判断时,应综合考虑包括加害企业规模在内的各种因素。对此,产品责任法第 4 条第 1 项规定的"认识可能性"的判断排除了该企业规模等具体情况,并以该企业所属的同类行业应具备的状态为标准,对认识可能性作出判断〔20〕。而且,该法规定的认识可能性是作为一项免责事由,并不像过失判断那样,就是否违反结果回避义务作出判断。至于根据哪些因素或标准来判断认识可能性,取决于法政策的判断。只有这样,才能决定产品责任法究竟是无限接近于过错责任,还是更接近于结果责任。如果是按照上述标准来判断认识可能性,则很难说我国的产品责任法是纯粹的过错责任。产品责任的责任原理属于依免责强度的无过错责任领域(或接近于过错责任,或接近于结果责任)的一种(若必须要给其命名的话)缺陷责任。

3. 违法性

民法第 709 条规定,因故意或过失侵害他人权利者应承担损害赔偿责任。曾经判例将本条规定的"权利"理解为物权、债权或

---

〔20〕 経済企画庁消費者行政第一課編『逐条解説 製造物責任法』(商事法務研究会,1994 年)110 頁作出如下说明:"生产者免责的前提是其必须证明即使参考现有的用来判断产品是否存在缺陷的最高知识水准,仍然无法认识到产品的缺陷","而不受被告企业的规模和技术水平的影响"。需要顺带说明的是,现行的产品责任法采用了与 EC 指令相同的免责事由。根据现在美国的第二版侵权行为法重述,在缺陷判断的阶段,将缺陷区分为制造缺陷、设计缺陷以及构造上的缺陷,通过考虑包括技术水准在内的危险效用标准来决定生产者是否需要承担责任。一旦认定产品存在缺陷,生产者将很难获得免责。对此,EC 指令和我国的产品责任法是概括认定产品缺陷,并且承认生产者可以免责。对此,参见円谷峻「アメリカ合衆国における製造物責任の新たな提案とその検討——ヘンダーソン・トウルスキー・リスティトメント四〇二 A 条改訂試案を中心にして」判例タイムズ819 号 39 頁。

无形财产权等法律上明确承认的权利(桃中轩云右卫门唱片案)。[21] 受学界强烈批判后,大审院改变了立场,认为只要"侵害了法律上值得保护的利益",就应当依据第709条承担损害赔偿责任。[22]

学说上,末川博士认为,第709条规定的"权利侵害"实际上是违法行为的表现,应以"违法性"替代本条的"权利侵害"(末川说)。[23] 该观点支配了此后学说的发展。此后的学说对此进行补充,认为应当从被侵害利益的性质和侵权行为的样态的相关关系判断违法性(特别是我妻说)。[24] 我妻说直至今日仍然属于通说。

(二)损害概念

1. 差额说与损害项目说

传统观点依据差额说理解损害概念。此种观点以德国普通法学的代表人物之一蒙森的观点为基础,将损害解释为若不存在债务不履行或侵权行为时的财产状态与实际财产状态的差额。[25]

关于损害,虽然德国民法也是以蒙森观点为基础,却并未将损害限定在财产损害,也承认非财产损害。德国民法典并未设置规定

---

[21] 大判大3·7·4刑事判决录20辑1360页。本案中,原告就被告未经允许擅自复制桃中轩云右卫门吹奏唱片的民事责任,提起了刑事附带民事诉讼。大审院认为,即使将"浪花节"吹奏进唱片,该旋律本身也不能成为著作权保护的对象,故受让取得唱片权利的原告实际上不享有著作权,并未发生第709条规定的权利侵害。

[22] 大判大14·11·28民集4卷670页。本案中,不能作为无体财产权对象的大学澡堂这一老店铺澡堂"字号"被擅自使用。老字号的所有权人要求擅自使用者承担损害赔偿责任。

[23] 末川博『権利侵害論』(弘文堂,1930年)301页以下。

[24] 我妻荣『事務管理·不当利得·不法行為』(日本評論社,1938年)100页以下。

[25] 德国法学家Hans Joachim Mertens的教授资格论文《民法中财产损害的概念》详细介绍了蒙森的观点(Hans Joachim Mertens, Der Begriff des Vermögensschadens im Bürgerlicherrechts, 1967)。

对损害、财产以及因果关系作出定义,由此可见德国民法典没有采用规范损害概念,而是以蒙森观点为基础,采用了自然损害概念。德国民法典的起草者不仅采用了普通法上的原状恢复原则,而且采用了完全赔偿原则。[26] 损害是否获得赔偿取决于因果关系是否成立。一旦肯定了因果关系,则所有的损害均应获得赔偿(全有或全无原则)。不同于蒙森的观点,起草者认为债权人基于特殊关系对标的物享有的特殊价值的丧失也属于应当赔偿的利益。

我国以差额说为前提,为了将利益状态的差额以金钱进行表示,将损害区分为财产损害和精神损害,并将前者进一步区分为积极损害和消极损害。[27] 积极损害是指因债务不履行或侵权行为导致的财产灭失、毁损而发生的损害,或不得不支出费用的损害。消极损害是指若没有债务不履行或侵权行为,本能够获得的利益(可得利益)的丧失。在对损害进行算定时,区分各损害项目分别算定损害,将损害数额累加,并加算精神抚慰金,采用了损害项目的累加算定方式(损害项目说)。[28]

这种传统的损害算定方式招致了某些批判。例如,有观点认为这种方式比较复杂,各损害项目的证明比较困难,容易导致诉讼期限的延长,虽然这种累加算定方式看起来比较精细,但这种方式最终还是基于盖然性的算定累加。当然,最本质的批判是,这种传统

---

[26] 德国民法典第一草案理由书,准确地说是德意志帝国民法典草案的理由书(Motive zu dem Entwurfe Bürgerlichen Gesetzbuches für Deutsche Reich, 1986)在第一草案第218条对此进行了说明。理由书认为,将已发生的损害范围视为应被赔偿的损害范围的普通法的原则是合理的,"根据这项原则,损害赔偿义务人不仅要对其作为或不作为导致的能够预见的结果承担责任,也应对所有的结果承担责任,不区分该作为或不作为直接或间接地引发了损害,一律肯定发生了赔偿义务(对此持反对立场的有法国民法典第1150、1151条等……)(Motive Ⅱ, S. 18.)。"须引起注意的是,德国民法典第一草案明确拒绝了法国民法典所采用的基于预见可能性限定损害赔偿范围的做法。

[27] 参见森岛前注[13],330页。

[28] 关于侵权行为法上的积极损害、消极损害和精神抚慰金,参见佐藤歳二「積極損害、消極損害、慰謝料」『新・実務民事訴訟講座5 不法行為訴訟Ⅱ』(日本評論社,1983年)83页以下。

的算定方式是以受害人的收入丧失为基础算定消极损害,所以受害人的收入差异将导致算定数额出现较大差别,而且因同一事故遭受损害的人数众多时,还会出现同命不同价的问题。[29]

2. 新的损害算定方式

相较于传统的损害算定方式,学说上出现了将生命、身体受侵害而遭受的死伤损害本身理解为一种非财产损害的观点(死伤损害说)。在传统的差额说和损害项目说下,死伤本身并非损害,因死伤所花费的费用或丧失的利益是损害。死伤损害说又进一步细分为评价说和总括评价说。[30] 评价说并不会对积极损害、消极损害以及精神损害等损害项目进行积极评价,只是将其作为对死伤损害金钱评价的资料。[31] 总括评价说更进一步地否定了传统的损害项目,直接将死伤本身总括评价为一项损害。[32] 此种观点背后的思想是同命同价的理想主义思想(西原理论)。[33] 依据这种观点,裁判官依自由裁量决定的精神损害抚慰金请求发挥着重要的作用。如果担心在集体诉讼中,请求不同的损害赔偿金,裁判所认定不同的赔偿金数额,从而搅乱原告整体的步调,那么总括评价说能够成为环境诉讼、产品责任诉讼中概括请求或总括请求的依据。

但是,像总括评价说这样完全无视受害人的年龄、受害程度、职业差异的做法反而可能会招致严重的不平等,在传统的损害算定方式下,通过非常精细的计算(比如考虑各种因素的分组化),能够更

---

[29] 西原道雄「損害賠償額の法理」ジュリスト381号148頁、同「生命侵害・傷害における損害賠償」私法27号107頁、野村豊弘「交通事故における損害と損害額」判例タイムズ212号20頁。

[30] 评价说、总括评价说的名称借鉴自佐藤歲二「積極損害、消極損害、慰謝料」『新・実務民事訴訟講座5 不法行為訴訟Ⅱ』(日本評論社,1983年)88頁。

[31] 吉岡進「交通事故訴訟の課題」『実務民事訴訟法講座3』3頁以下(特别是第7页)。

[32] 参见西原,前注[29]「損害賠償額の法理」,119頁;野村,前注[29],13頁。

[33] 西原理论(前述论文)对当时的学说和实务造成了巨大冲击。不过也有学者虽然对该理论提出的问题意识表示理解,但对该理论提出了批判,例如楠本安雄「逸失利益の算定」『実務民事訴訟法講座3』147頁。

接近总括评价说背后所追求的价值理念。如上所述,总括评价说的优势在于它可以将损害赔偿请求替换为精神抚慰金请求,减轻受害人一方的举证负担。如何在考虑这些优势的基础上,实现合理且公平的损害算定是今后需要解决的课题。或许可以将传统方式和新算定方式进行有机组合。[34]

此外,对评价说还提出了如下批判:若将治疗费、逸失利益、精神痛苦作为算定损害的资料,那么将很难在诉讼阶段区分主要事实和间接事实。[35]

(三) 损害赔偿的范围

1. 德国民法典与相当因果关系说

德国民法典制定后,法典采用的完全赔偿原则使加害人负担严格的赔偿责任,相当因果关系说成为德国法上的通说。相当因果关系说是指,依据事实的或自然的因果关系,则损害赔偿的范围将无限扩大,因此需要从法律上评价确定损害赔偿范围的因果关系,从而将损害赔偿责任限定在合理的范围。

上述观点为第二次世界大战之前的德国最高法院(Reichsgericht)所采用,战后德国最高裁判所即联邦法院沿袭了这一观点。[36] 例如,1951 年 10 月 23 日,在因水闸事故而向沉没船只的所有权人支付保险金的 X 对在水闸接触的其他船只的所有权人

---

〔34〕 淡路剛久「損害と損害の金銭的評価に関する一考察」『交通事故民事裁判例集創刊十周年記念・交通事故賠償の現状と課題』(ぎょうせい、1979 年)72 頁以下不仅肯定了概括性精神损害赔偿的法律构成,而且如果受害人能够证明损害赔偿的基础事实,则据此作出的损害评价也一并获得承认。

〔35〕 参见吉冈前注〔31〕,89 頁。

〔36〕 关于采用相当因果关系理论的德国联邦法院的判决,可以参见平井宜雄『損害賠償法の理論』(東京大学出版社,1971 年)51–55 頁。

主张损害赔偿的案件中,联邦法院便采用了相当因果关系理论。[37]法院认为,依据事实或自然因果关系,则应予以赔偿的损害范围将无限扩大,学说观点主张将赔偿范围限定在具有相当因果关系的损害,特别是冯·克里斯、瑞莫林以及泰瑞格等学者采用了这种观点,其中泰瑞格的观点具有合理性,具体说明如下:"当某事件不当地了提高了某种结果发生的客观可能性时,该事件系结果的相当条件(adaquate Bedingung)。依此作出评价时,仅考虑如下因素:(1)该事件发生时最具洞察力的人可能认识到的所有情况;(2)条件设定者认识到的情况。"[38]

2. 德国法的最近动向

在今天的德国,相当因果关系说已丧失了通说地位。实际上在二战之前,恩斯特·拉贝尔已经主张在确定违约损害赔偿范围时,

---

〔37〕 BGHZ 3,261. 在河道运输比较发达的德国,为了不影响船舶在河流高低落差较大处的航行,通常会设立水闸。在环绕河流两端的各个方向和底部设立水闸,将船舶拉入其中后,往水闸注水和排水,使上、下流的水位保持平衡,以此确保船舶的航行。本案水闸的结构是,上面部分宽而底部窄,从横断面来看属于圆锥形。因此,当数艘船舶并行时,两船合计的宽度必须比下面最短处要窄。本案中,因水闸的管理人离岗,其辅助人向 A 船和 B 船询问了各自的宽度。A 船回答了正确的宽度,但 B 船回答了比实际宽度小的宽度。根据他们的回答,辅助人认为两艘船并行排水也具有充分的空间,于是便进行了排水。但在排水的过程中,两艘船发生了碰撞,船壁出现了轻微刮痕。然而,随着排水进入最后阶段,两艘船紧紧靠在一起而无法移动。经查,水闸设置有警报装置,但因为电路系统故障,中途未能阻止注水。为了解决问题,辅助人向水闸注水,遗憾的是,最终 A 船依然沉没。正如本文所述,X 向 A 船的所有人支付保险金后,认为 B 船错误告知船的宽度是损害发生的原因,于是以此为由向 B 船的所有人提出了损害赔偿。B 船的所有人认为,损害发生的原因是水闸工作人员的操作失误。一审判决肯定了 X 的部分请求。X 和 Y 提出控诉。原审判决全额肯定了 X 的请求。Y 提出上诉,原审判决被撤销,就本案损害与 Y 所有的 B 船宽度的谎报之间是否存在因果关系发回重审。

〔38〕 有观点认为,严格来说,关于德国的相当因果关系理论和日本民法第 416 条,后者的损害赔偿范围更限定[山田晟 = 来栖三郎「損害賠償の範囲および方法に関する日独両法の比較研究」『我妻先生還暦記念・損害賠償法の研究 上』(有斐閣,1957 年)217 頁以下]。正如本文所指出的那样,该文指出,若行为一般性地、非因不当方法引发损害时,则行为与损害之间具有相当因果关系。对此,该文认为,第 416 条没有采用"一般性"标准,而是采取了"通常"标准,故后者的损害赔偿范围更为限定,因此德国的相当因果关系理论不考虑预见可能性的问题,而日本民法第 416 条第 2 款规定的特殊损害则以预见可能性为前提。

应强调所缔结契约的意义和目的(契约利益说)。此观点主张,契约义务或法律规定的义务是为了保护一定的利益,受保护的利益所遭受的损害应由债务人承担,至于如何确定被保护的利益内容,应重点关注契约的意义和目的。[39] 拉贝尔提出的契约利益说极大地影响了后续学说(特别是冯·克默雷尔、汉斯·施托尔等)。不过,受拉贝尔的契约利益说的影响,后续学说也主张应在侵权行为法领域贯彻依规范保护目的限制损害赔偿范围的立场(参见后文相应部分的论述)。这些观点也对我国产生了重大影响。然而需要注意如下内容。德国民法典在第823条(侵权行为法的一般原则)第2款设置了保护规范规定。[40] 根据此款规定,行为人违反以保护他人为目的的法律时,应就由此给他人造成的损害承担赔偿责任。我国现行法并没有类似的规定。被评价为保护规范的规定是依据各种政策目的而制定的,所以比较容易理解其规定的目的。从德国侵权行为法的上述构造来看,德国采用规范目的说并非难事。以此为前提,对于根据何种标准确定第823条第1款应保护的利益,德国的学说也展开了各种尝试。

因此,可以说在今天的德国,相当因果关系理论已被基本否定,被总称为规范目的说的各种观点获得了广泛认可。例如,德国具有代表性的债务法教科书之一的彼得·施莱希特里姆所著的《债务法总论》指出,"规范目的说或违法性关联说都强调应重点关注行为人违反的义务是否是以保护权利人(债权人、权利或法益的保有人)的结果损害为目的的。两种观点都认为最终应根据具体案件的情况作出判断。但是,我认为,强调关注具体违反义务的保护目的

---

[39] Ernst Rabel, Das Recht des Warenkaufs, I Band, unveränderter Nachdruck 1957, S. 459 ff.

[40] 德国民法典第823条(侵权行为法的一般原则)规定:"(1)因故意或过失违法侵害他人生命、身体、健康、自由、所有权及其他权利者,对由此给他人造成的损害负赔偿责任;(2)违反以保护他人为目的的法律者亦同。依法律的内容即使无过失也发生违法后果的,仅限有过失的情形发生赔偿义务。"

说更接近正确方向。尤其是在解决违约损害赔偿范围的问题时,这一点体现得更为明显"[41]。

另外,最近的德国联邦法院也基于规范目的说作出了相应判决。[42] 联邦法院认为,无论是契约法还是侵权行为法,都应基于规范目的判断限制损害赔偿的范围。例如,1990年1月30日,在有关税理士责任的案件中,联邦法院提出如下一般性说理:"在侵权责任及其他法律责任领域,只要损害属于被违反规定的保护范围内,该损害通常应获得赔偿。重要的是所发生的结果必须存在于危险领域内,因此当法律规范存在明确规定时,要满足这一条件。不仅需

---

[41] Peter Schlechtriem, Schuldrecht Allgemeiner Teil, 1992, S. 105 – S. 106. 关于在契约法领域适用规范目的说的合理性,施莱希特里姆指出:"违反运输给付义务的人,应负担更高价格的运输给付义务、住宿费等损害风险,但不应负担乘客等待时遭受雷击的损害或丧失巨额交易机会的损失。"(a. a. O., S. 106.) 另外,违法性关联说认为,即使因义务违反行为发生了损害,只要行为不具有违法性就无须承担损害赔偿责任,以此限定损害赔偿的范围。即使发生了损害,若引发损害的行为合法,则不产生赔偿责任。例如,根据德国民法典第287条第2句,迟延履行过程中发生损害的,若即便没有迟延损害也会发生的,债务人可以免责。

[42] 最开始的判决出现在契约法领域,涉及专家责任(本案的专家是公证人)的1981年12月8日联邦通常裁判所的判决。该案的事实概要如下:为了取得正在建造中的住宅,X委托公证人Y对不动产买卖契约进行公证。在德国法上,对于不动产买卖,若未通过公证证书签订契约,原则上契约无效(德国民法典第313条)。X得知本案住宅存在质量瑕疵后,提起其他诉讼,要求本案住宅的出卖人承担损害赔偿责任并提出减少价款的请求。但是,法院认为,本案买卖契约因存在公证上的重大错误而无效,驳回了X的请求。然而,这种判断是错误的。因为法院忽略了一项事实,根据德国民法典第313条第2句的规定,公证上的瑕疵已经被所有权转让的合意和登记治愈。X要求Y赔偿缺陷住宅价格与实际支付价格之间的差额、公证费和重新购买其他住宅的融资所需费用。一审驳回了X的请求。X提出控诉,并提出预备请求,向Y主张本来能够通过瑕疵担保请求权要求本案住宅的出卖人赔偿的金额。原审也没有认可X的请求。X提出上诉,对原审驳回X的预备请求,撤销原审判决,发回重审。联邦法院作出如下判决:"公证人的作用在于其应当履行职责的法领域,确保法律的稳定性,明确法律关系(Seybold/Hornig, BNotO. 5. Aufl., §14, Rdn. 7)。因此,公证人应当在事先考虑的司法领域内履行其相应的职责(Gonnella DNotZ1956, 453)。公证人违反上述义务,制作不完善的证书,不仅导致当事人无法实现其希望的法律效果,而且创造了不合理的法律状态,使得将来产生不必要的疑问。不同于原审判决,本判决认为,因证书的缺陷而导致错误判决的风险,应由对证书瑕疵负责的公证人承受,即使从'最具洞察力的人'角度无法直接预见因证书瑕疵导致错误判决,也是如此。"

要满足偶然的外观上的关联,还须满足与加害人所设定的危险状态之间的关联（Senat, NJW1990, 909 ＝ WM 1989, 1799m. v. Nachw.）。"[43]本案中,裁判所认为,虽然伴随着不动产取得,Y 需要承担义务,但从该义务的意义和目的来看,不能让 Y 基于税法相关理由之外的理由承担经济上的不利财产处分,因此 X 的请求不能获得认可。

现在德国债务法修改委员会已经公布了债务法修改草案。为了制定草案,修改委员会向学界公开征求意见。胡伯认为,关于契约领域的损害赔偿,发生债务不履行时,应限制完全赔偿原则,并提出了实质上与海牙统一买卖法第 82 条和第 86 条相同的草案修改意见,即建议设置第 281 条 a,将预见可能性作为确定损害赔偿范围的标准。[44]

然而,债务法修改委员会并没有采纳上述建议。就损害赔偿法整体提出修改意见的 Gerhard Holoch 认为,应当围绕限制损害赔偿范围的依据进行讨论,不过其最终并没有提出合理的方案。[45]

---

[43] BGH NJW 1990,2057. X 为了改建自己继承的不动产,便向 Y 征求取得资金的节税对策建议。但是,X 的节税对策未获税务局承认,没有发挥作用。X 认为 Y 的说明有错误,违反了相应的义务。X 主张,如果自己知道无法节省税费,本能够转让本案的不动产而获得买卖价款,于是要求 Y 赔偿自己实际负担的各种费用以及若出卖不动产所能够获得的利益。Y 提出反诉,要求 X 支付咨询费。一审肯定了 X 的请求,驳回了 Y 的反诉请求。Y 提出控诉,但原审判决 Y 败诉。Y 提出上诉,原审判决被撤销,为确定反诉请求的请求额,将本案发回重审。

[44] Urlich Huber, Leistungsstörungen, in: Gutachten und Vorschläge zur Überarbeitung des Schuldrecht, Band I,1981. S. 802 – S. 803. 胡伯提案中第 281 条 a 规定:"(1)发生债务不履行时,债权人只能要求债务人赔偿其考虑债权关系的内容以及可能认识到的情况,债务人能够预见到的、可以避免的、债务人作出行为时所必须考虑到的损害。债权关系系因契约发生的,以债务人在缔结契约时知道或应当知道的各种情况为判断标准。(2)……"

[45] Gerhard Holoch, Allgerneines Schadensrecht, in: Gutachten und Vorschläge zur Überarbeitung des Schuldrecht, Band I,1981. S. 375 – S. 478.

(四) 我国的损害赔偿论

1. 民法起草者关于损害赔偿范围的观点

我国民法未就损害赔偿范围的确定标准作出规定。关于侵权损害赔偿的范围,首先来看一下民法起草者的观点。

在明治28年(1895年)10月2日第119次法典调查会议上,与现行民法第709条的条文表述相同的草案第719条受到了质疑。[46] 土方宁委员提出了如下疑问:"关于侵权行为,条文只规定了侵害他人权利并对他人造成损害的,应当负担赔偿责任,但并没有就此作出任何限制……侵权损害赔偿范围没有任何限制。只要能够证明损害系侵权行为导致的,就需要承担不存在任何限制的赔偿责任,与债务不履行的情况相比,两者明显失衡。也就是说,本条规定不存在像第415条那样的限制规则。若维系现在第719条的规定,意味着该条确定的损害赔偿范围没有任何限制。我不太明白其中的逻辑,故就此提出疑问。"(古汉字已经转换为新汉字,下同。——圆谷注)[47]

针对这一疑问,起草者之一的穗积陈重作出如下说明:"既然存在原因结果的关系,关于原因,确定一项其他标准,只要能够证明结果的存在,责任主体就应当承担全部的损害赔偿责任。<u>既然已经发行了损害,难以通过法律规定将已发生的损害进行切割。比较合理的处理方式是由法官就是否存在原因结果的关系作出判断,本条之所以这样规定,也正是基于这样的考虑。</u>"穗积对土方委员说,您可以在审议讨论对应现行民法第722条的草案第730条时再提出修改意见。[48](下划线由圆谷所加)土方委员并没有对穗积的回应表

---

[46] 法務大臣官房司法制度調査部監修『法典調査会　民法議事速記録五』(商事法務研究会,1984年)296頁以下。

[47] 参见前注[46],304页。

[48] 参见前注[46],304-305页。前田達明『不法行為帰責論』(創文社,1978年)231頁;森岛,前注[13],326页认为民法起草者并没有采用德国法上的完全赔偿责任,而是依具体情况由法官作出判断。我认为这是比较合理的理解。

示赞同,而是又提出了如下疑问:采用上述规定是否会导致无法与债务不履行的情况保持一致?[49] 对土方再次提出的疑问,穗积陈重未作回应,而是将问题转向了失火责任。

起草者梅谦次郎在听完上述质疑和回应后,指出:"我仔细听了以上发言内容,土方先生非常关心这个问题,并多次提出修改建议,这是关乎原则的问题,非常重要,我想表达一下自己的观点。"梅谦次郎认为,在债务不履行的情况下,也不应该限制损害赔偿的范围,然而这种观点只是起草专家组的少数意见,并未被采纳,明确了这一点之后,梅谦次郎就为何第719条没有限制损害赔偿的范围进行了说明。[50] 第一,在债务不履行的情况下,债务人在最初负担债务时无法预见,即使之后情况发生,债务人也不能履行债务,因此相较于侵权,对债务不履行的制裁应更加缓和,这种做法是符合逻辑的;第二,这种做法只适用于契约及其他法律行为所产生债务的情形,这些情形下的债务认定应当考虑当事人最初希望达成的目的。基于上述理由,梅谦次郎指出:"赔偿的范围应仅限于事先能够预见的损害,也就是通常能够发生的损害,仅在特殊情况下,才赔偿特殊损害,尽管我不赞成这样的观点,但不得不承认这种做法多少有些道理。然而,在侵权行为的情况下,不存在类似的情况。"[51] 根据梅谦次郎的观点,虽然行为人实施了侵害他人权利的侵权行为,但若主张自己并不是在使他人遭受损害的目的下实施的,从而获得免责,这显然是不符合逻辑的。

2. 判例及传统观点

众所周知,判例的立场是应将民法第416条准用于侵权损害赔偿的情形(富贵丸案判决)。[52] 由此可见,不同于起草者的观点,判

---

[49] 参见前注[46],305-306页。
[50] 参见前注[46],310-311页。
[51] 参见前注[46],311页。
[52] 大判(民刑事连合部)大15·5·22民集5卷386页。

例的立场认为,无论是债务不履行还是侵权,都应该适用相同的原理,限制损害赔偿的范围。上述判决的立场也被现在的判例接受。[53]

但是,如果准用第416条的规定,将在确定侵权损害赔偿范围时引发混乱。这种混乱不仅会出现在侵权的情形中,也会出现在债务不履行的情形中,因为都是将第416条错误地理解为德国法上的相当因果关系理论。例如,鸠山博士认为,应参考德国法上的相当因果关系理论限制损害赔偿的范围,民法第416条就是对德国法上的相当因果关系理论的确认,因此若限制侵权损害赔偿的范围,应准用第416条的规定。[54] 之后的判例和学说也都默认了第416条是对德国法上相当因果关系理论的确认这一看法,主张应准用第416条的规定限制侵权损害赔偿的范围。传统观点对第416条规定的解读是,该条第1款是对相当因果关系理论的确认,该条第2款是对该理论适用前提的特殊情况的确认,该条第2款所规定的特殊损害是指能够预见到的通常发生的损害。[55]

但是,平井教授明确指出,民法第416条的规则并不是借鉴德国法,而是借鉴1854年英国法院作出的Hadley判决。[56] 该案的事实概要如下[57]:经营面粉厂的X是本案发动机的所有权人,因该发动机的转轴折断,X便将发动机带至Y处修理,委托其参考该转轴制作并提供新部件,因Y迟延提供,X不得不延长停业期间,于是X向Y主张延长停业期间的逸失利益。

财税法庭(Court of Exchequer)认为:"双方当事人缔结契约,其中一方违约的,另一方因此遭受的损害赔偿额是自然(naturally)发

---

[53] 例如,最判昭48・6・7民集27卷6号681页、最判昭49・4・25民集28卷3号447页等。

[54] 鸠山秀夫『増訂改版日本債権法総論』(岩波书店,1925年)74页以下。

[55] 我妻栄『新訂債権総論』120页。

[56] 参见平井,前注[36],45页。

[57] Hadley v. Baxendale (1854),9 Ex. 341,156 E. R. 145.

生的。换言之,必须能够公平合理地预测该损害系因违约,依事物通常的发展过程而自然发生的。如果原告将为什么缔结本案契约的特殊情况告知了被告,该情况为双方所知晓,那么因违约而发生的双方当事人都能够合理预测的损害,就是在被告知的特殊情况下因违约通常所能发生的损害。"本案确立了两项规则:其一,违约方应当赔偿的损害范围是,自然发生的损害,即必须能够公平合理地确定损害系因违约而依据事物的性质发生的,或者损害必须是契约缔结当时双方当事人都能够预料到的违约损害结果;其二,如果双方当事人事先知情为什么签订契约,那么应当赔偿双方当事人能够合理预测的因违约发生的损害。Hadley 判决确立的上述规则被英国动产买卖法采用,且间接影响了 UCC 及国际货物统一买卖法公约的制定。

然而,需要引起注意的是,该规则是为了限制违约损害赔偿的范围,并不是确定侵权损害赔偿范围的规则。侵权损失赔偿规则是由 1921 年 Re Polemis 判决确立的,1961 年 Wagon Mound 号判决对该规则进行了修正。Re Polemis 判决认为,应当以普通人为标准,如果侵权人能够预见或应该预见其侵权行为造成的损害,侵权人必须就因侵权行为所产生的一切直接损害结果承担赔偿责任。[58] Wagon Mound 号判决确立的规则类似于 Hadley 判决确立的第一项规则。[59]

因此,我国民法第 416 条的规定源自 Hadley 判决确立的规则,将该条规定作为确定侵权损害赔偿范围的准用规范,实际上相当于在英美法系上,将契约法的规则引入侵权行为法领域。

3. 义务射程说及危险性关联说

此后,学说上普遍认为不应该将第 416 条准用于侵权,须确立

---

[58] Re Polemis and Furniss, Whithy &Co., [1921]3K. B. 56.
[59] Overseas Tankship (U. K.) v. mort's Dock and Enginieering Co. Ltd. [1961] All E. R. 404.

其他标准来确定侵权损害赔偿的范围,并提出了各种观点。平井教授认为,对于损害赔偿法,应考虑如下三项因素以确定损害赔偿的范围:其一,加害行为与损害事实之间是否存在事实因果关系;其二,该损害事实是否属于该责任规范的保护范围;其三,损害事实的金钱评价(平井说)。[60] 基于此种观点,平井认为,过失侵权的损害赔偿范围应根据过失即损害回避义务的射程范围来确定。[61] 此观点被称为义务射程说。依据这种观点,是否存在损害回避义务及损害回避义务的程度应通过与判断过失相同的三要素来确定[①过失行为引发结果=损害的盖然性(危险);②该行为侵害的利益(被侵害利益)的重要程度;③比较衡量①、②与要求行为人承担义务所牺牲的利益]。[62]

另外,该观点还认为,如果是故意侵权,原则上行为人应赔偿与故意侵权具有事实因果关系的所有损害。

义务射程说也受到了学界的批判,批判观点认为,如果在发生第一次损害后出现了后续损害,则义务的射程范围将无法作为确定损害赔偿范围的标准。[63] 对此,有学者提出应当运用危险性关联的概念来确定损害赔偿的范围。例如,石田(穣)将侵权引发的损害界定为第一次损害,第一次损害能否获得赔偿取决于加害人是否具有故意或过失(侵权构成要件的问题),第一次损害的后续损害能否获得赔偿取决于第一次损害给后续损害带来了何种危险(危险

---

[60] 参见平井,前注[36],158 页以下。

[61] 平井宜雄「不法行為における損害賠償の範囲」『現代損害賠償法講座 7』(日本評論社,1974 年)11 頁以下。

[62] 平井宜雄『債権各論』(弘文堂,1992 年)30、123 頁。本文所介绍的过失认定方法,正如平井教授所指出的那样,参考了汉德法官的公式(汉德公式)(第 30 页)。最近有关的文献,可参见瀬川信久「危険便益比較による過失判断——テリー教授から、ハンドの定式と大阪アルカリ事件まで」『星野英一先生古稀祝賀・日本民法学の形成と課題(下)』(有斐閣,1996 年)809 頁以下。

[63] 前田達明『民法Ⅵ₂(不法行為法)』(青林書院,1980 年)298–299 頁。

性关联评价的问题），[64]这种观点被称为危险性关联说。该观点基本上类似于德国法上的危险性关联说。此外，石田还从危险性关联的角度对第416条进行了说明，肯定了该条规定可以准用于侵权。[65]

然而，并不是所有赞成危险性关联的学者都赞成准用第416条（例如前田说）。[66] 前田认为，起草者并没有就损害赔偿的范围设置特别规定，而是依据裁判官的自由裁量，由此可见，应直接将危险性关联或危险范围作为确定损害赔偿范围的标准，没有必要类推适用本身就存在问题的关于债务不履行的第416条规定。[67] 根据前田的观点，对于第一次权利侵害，适用与义务射程说相同的观点，而对于后续的权利侵害，应适用危险性关联或危险范围标准，这对应条文中的"因故意或过失侵害他人权利者"（成立要件的问题）；因各"权利侵害"所生之住院费、丧葬费、可得利益的损失、精神痛苦等损害可以在何种程度上获得赔偿，这对应条文中的"由此产生的损害"，属于损害赔偿范围的问题。[68]

然而，也有学者认为，危险性关联的概念并不能成为确定侵权损害赔偿范围的标准，它只是用来说明结论或作为说服的工具而已，"即使必须通过抽象概念来确定赔偿范围，也不应该借助这一概

---

[64] 石田穣『損害賠償法の再構成』（東京大学出版会，1977年）141页以下。石田说大致将侵权行为区分为意思责任的侵权行为（以行为人一定样态的意思作为归责依据的侵权行为）和行为责任的侵权行为（以行为人所实施行为的客观性质作为归责依据的侵权行为），又将后者进一步细分为客观责任的侵权行为（只要行为人没有实施防止损害发生的客观上合理的行为，就无法免责的侵权行为）与结果责任的侵权行为（即使行为人实施了防止损害发生的客观上合理的行为，也无法获得免责的侵权行为）（第131页以下）。

[65] 参见前注[64]，143页。

[66] 参见前注[63]，299页以下。

[67] 参见前注[63]，301-302页。

[68] 前注[63]，302页。沢井裕「不法行為における因果関係」『民法講座6 事務管理・不当利得・不法行為』（有斐閣，1985年）259页，特别是298页以下从危险性关联的角度进行了梳理。

念推导出结论,而应当综合考虑上述各种因素(当事人的地位、加害行为存在的社会关系的种类、损害的种类、社会意识等。——圆谷注),从'公平'的角度推导出相应的结论"[69]。

4. 总结

在我国,关于损害赔偿范围的讨论陷入了与过失、违法性相同的混乱状态。这种混乱有愈演愈烈之势。相比于这种学说状况,判例还是会依然维系相当因果关系理论。[70] 认识到可能会提出的批判,依然可以预言,即便是不采取相当因果关系理论,采取新的理论尝试,最终得出的结论与采用相当因果关系理论所得出的结论之间也不会有太大的差异。因此,有学者提出了这样的讽刺:"目前的相当因果关系理论、危险性关联说充其量只是证成结论正当性的工具而已。"[71]

因此,在侵权领域,原则上还是应当采用相当因果关系理论,同时应将第416条解释为专门适用于确定违约损害赔偿范围的规则,不能将其准用于侵权领域。原则上采用相当因果关系理论,为了更好地解决多个原因并存时的损害赔偿范围问题等,作为实现合理解决的辅助手段,可以考虑灵活运用过失相抵的规定。[72] 这种处理比较实际,也最契合民法典起草者的观点。

另外,虽然在德国,与我国的义务射程说基本类似的规范目的

---

[69] 参见森岛前注[13],324页。
[70] 参见森岛前注[13],325页脚注5。
[71] 参见森岛前注[13],325页。
[72] 由于篇幅的限制,本文并没有讨论多个原因并存时的损害赔偿范围确定问题(比如责任论、因果关系论)。最近相关的文献,可参见大塚直「原因競合における割合的責任論——競合的不法行為を中心として」『星野英一先生古稀祝賀・日本民法学の形成と課題(下)』(有斐閣,1996年)849頁以下、前田陽一「不法行為における『損害の公平な分担の理念』と素因減額論に関する一考察——被害者の素因の競合に関する最高裁判例を契機として」『星野英一先生古稀祝賀・日本民法学の形成と課題(下)』(有斐閣,1996年)293頁以下。当受害人的特殊体质与加害行为结合引发损害时,最高裁判所准用了过失相抵的规定(最判昭63・4・21民集42卷4号243頁、最判平4・6・25民集46卷4号400頁等)。

说得到广泛支持,但我国并没有像德国法那样的保护法规规定(德国民法第 823 条第 2 款),因此说两国存在不同的法律土壤。但是,也有例外,采用德国法的规范目的说和我国的义务射程说能够合理确定损害赔偿的范围。例如,因律师、司法书士等专家作出的错误说明和不当处理而使顾客遭受损害的情形。专家和顾客之间一般存在契约关系,但在实务中通常会追究专家的侵权责任。在类似这样的情况下,可以根据专家应当负担义务的射程范围来合理确定损害赔偿的范围。[73]

三、停止侵害

(一) 概述

1. 停止侵害请求权的法律依据

损害赔偿系事后救济方法,而事前或侵权行为实施过程中制止加害行为的救济方法也非常重要。停止侵害请求权和损害赔偿请求权都是救济受害人的重要方法。判例上肯定了事前的停止侵害请求权(北方杂志判决)。[74] 除专利法、反不正当竞争法等特别法外,民法也肯定了停止侵害请求权。尤其是在我国,随着公害纠纷的激化,提起停止侵害请求的诉讼在不断增加。然而,我国的侵权行为法并没有停止侵害请求权基础规范,因此其法律依据并不明确。

许多公害判例将人格权作为停止侵害请求权的法律依据。但是,最高裁判所并没有明确表明人格权可以作为停止侵害请求权的

---

[73] 在契约法领域,可以依据拉贝尔提出的契约利益说(契约法领域的规范目的说)合理地确定损害赔偿的范围。对此,将另文阐释。

[74] 最大判昭 61·6·11 民集 40 卷 4 号 872 页。

法律依据(例如,大阪国际机场噪音停止侵害请求案)。[75] 我国民法明确规定的停止侵害请求权的法律依据是物权请求权。但是,前述北方杂志判决认为"作为人格权的名誉权具有与物权一样的排他性",所以可以基于作为人格权的名誉权,肯定侵害行为的停止侵害请求。既然肯定了基于人格权侵害的停止侵害请求,那么在侵害更具重要性和紧迫性的身体、健康等权利的公害案件中,自然没有任何理由否定基于人格权的停止侵害请求权的成立。当然,这并不意味着否定了基于物权请求权的停止侵害请求。受害人可以选择将人格权或物权请求权作为停止侵害请求权的法律依据,或者将二者都作为请求权依据。不过,二者具有不同的适用条件(见下文相应部分的论述)。

2. 忍受限度论

停止侵害请求权获得肯定,侵害者不需要具备故意或过失。当然,物权请求权也不需要侵害者具备归责事由,只要客观上存在侵害状态或可能发生侵害即可。而基于人格权的停止侵害请求权须满足侵害行为具有违法性的要件。是否具有违法性,需要综合考虑被侵害利益的性质、损害程度、地域性、侵害行为的样态等各种因素作出判断,如果侵害程度超出忍受限度则行为具有违法性(忍受限度论)。因此,基于物权请求权的停止侵害请求和基于人格权的停止侵害请求存在较大差异。

但是,即便是在物权请求权的场合,也存在很多情况,不像侵夺土地这样,能够从客观上、物理上作出判断,须根据受害人的主观状况作出判断,诸如噪音、恶臭等侵害行为,对于此种类型的侵权行为,在判断受害人是否真正受到侵害时,应与人格权侵害的情况相同,适用忍受限度论。不过,这并不是违法性判断,而是从是否存在侵害的角度进行判断。

---

[75]　最大判昭 56·12·16 民集 35 卷 10 号 1369 页。

(二)德国法的新动向

1. 德国民法典第 906 条的修改

德国民法典在相当于我国相邻关系规定的第 906 条(不可量物侵入)规定了煤气、臭气、噪音、振动(生活妨害)等内容。由此可见,德国民法主要是将生活妨害的停止侵害请求作为一种物权请求权。然而,1994 条 9 月 21 日,该条规定被修改。[76] 对我们而言,此次修改的内容非常引人注意,以下作简要介绍。

此次修改将原本只有一句话的该条第 1 款增加了第 2 句和第 3 句。

> 第 906 条(不可量物侵入)
>
> (1)土地所有人对于煤气、蒸汽、臭气、烟、煤、热、噪音、振动及其他来自他人土地的类似影响,只要该侵害或影响未侵害自己对土地的使用,或属于非实质侵害的,土地所有人不得禁止。<u>依法律或法规的规定进行调查评估得出的影响只要没有超出法律或法规确定的界限或标准值,原则上只存在非实质侵害。没有超出依联邦生活妨害保护法第 48 条发布的、反映现有技术状态的一般行政命令规定的某项数值的,亦同。</u>
>
> (2)他人在其土地所在地利用土地引发实质侵害,只要从经济上无法期待采用这种利用方法的利用人采取可能的措施予以阻止的,亦同。土地所有人必须忍受由此产

---

[76] 德国民法典第 906 条修改的依据是 1994 年 9 月 21 日的 Gesetz zur Änderung sachenrechtlicher Bestimmungen(BGB.Ⅰ,1994,S.2457)判决。此次进行的修改是针对第 906 条的第二次修改。在制定德国民法时,第 906 条的规定是:"土地所有人对于煤气、蒸汽、臭气、烟、煤、热、噪音、振动及其他来自他人土地的类似影响,只要不侵害自己土地的使用或并非实质性侵害的,土地所有人不得禁止。"1959 年修改后,增加了第 2 句和第 3 句。

生的影响,但该影响超出可能期待的程度,侵害该土地通常的使用和收益的,土地所有人有权请求其他土地的所有人提供相当的金钱补偿。

(3)禁止通过特殊管道将煤气、蒸汽等导入邻地。(下划线部分为作者插入)

2. 修改的意义

此次修改是基于德国联邦法院最近的判例,是法创造的结果。例如,联邦法院在1990年3月23日被称为民俗祭礼案的噪音停止侵害请求案中,作出如下判决:"民法第906条规定的实质噪音妨害与联邦生活妨害保护法第3条第1款、第22条规定的重大噪音妨害一致,两者都是指对环境造成的有害影响。私法上的生活妨害规范和公法上的生活妨害规范没有必要区分各自确立的忍受限度界限的基本标准而作出相应解释,也就是没有必要区分一方系实质性侵害,另一方是重要性侵害。""相比于统一私法和公法上的判断标准,就是否容忍噪音发生,采取比公法更为有利的处理是不合理的。""因此,超过(联邦生活妨害法确定的。——圆谷注)标准值无疑属于民法第906条第1款规定的实质侵害。"[77] 实际上,联邦法院提出的上述观点已经为联邦行政法院的两项判决所承认,[78] 以本判决为契机,此后的联邦法院一致延续这种观点。[79] 此次修改就是为了与判例法理保持一致。

修改后的德国民法典第906条提及的联邦生活妨害保护法于1974年3月21日公布,并于同年4月1日实施,旨在保护生活环境的行政法规范。该法是为了保护公众免受生活妨害的重大侵扰(erhebliche Belastigung)(该法第3条第1款、第22条)。该法确定

---

[77] BGBHY 111,63.
[78] BVerwG NJW 1988,2397, NJW1989,1291.
[79] 例如,青蛙噪音案判决(BGBHZ 120,239)等。

的判断标准是生活妨害是否对公众造成重大侵扰。该法第48条（行政规范）还规定，行政机关为了实施本法规定的联邦政府的法规命令，在取得联邦参议院的同意下，可就以下事项制定一般行政规范：（1）未超出第1条目的的生活妨害值；（2）可以通过技术手段避免超出目的的排放值；（3）排放及生活妨害的调查程序；（4）根据第7条第2款、第3款规定的法规命令，特别是满足其设定的要件，能够被法规规制的设备主管部门采取的措施。

由以上说明可知，依据修改后的第906条，只要超出立法规范和行政规定确立的标准值，就会被认定为本条所规定的实质侵害，便可以提出停止侵害请求。

在我国，停止侵害请求是否获得认可须由裁判官依忍受限度作出判断。德国法的最新动向与我国的做法存在很大的不同，其处理方式比较透明且较为合理。不过，德国法之所以采取这样的处理方式，是因为居民对行政机关比较信任，因此在现阶段，将德国法的这种处理方式引入我国，应保持慎重。

请求权竞合

[日] 大久保邦彦 *

一、序言

请求权竞合问题是指，某事实关系的法律效果

---

* 大久保邦彦（おおくぼくにひこ），生于1963年。1986年毕业于京都大学法学部，京都大学大学院法学研究科民刑事法专业博士课程学分取得。历任京都大学法学部助手、神户学院大学法学部讲师、神户学院大学法学部助理教授、甲南大学法学部教授、甲南大学法科大学院教授，现任大阪大学大学院国际公共政策研究科教授。

著作：島村健＝大久保邦彦＝原島良成＝筑紫圭一＝清水晶紀『環境法の開拓線』（共編著）（第一法規出版，2023年）；橋本佳幸＝大久保邦彦＝小池泰『事務管理・不当利得・不法行為』（共編著）（有斐閣，2020年）；星野俊也＝大槻恒裕＝村上正直＝大久保邦彦『グローバリズムと公共政策の責任 第3巻 自由の共有と公共政策』（共編著）（大阪大学出版会，2019年）；等等。

论文：「時効民事法制度の新展開」藤原正則ほか編『松久三四彦先生古稀記念論文集』（信山社，2022年）；「『法の内的体系』鳥瞰図」阪大法学73巻2号（2023年）；「利益衡量論（利益考量論）の再評価」阪大法学72巻2号（2022年）；「不正競争に基づく不当利得責任」阪大法学71巻5号（2022年）；「時効障害の効力の人的範囲の拡張根拠」阪大法学70巻2号（2020年）；「時効制度の存在理由について」阪大法学69巻6号（2020年）；「債権法改正法下における「債権」概念について」名城法学69巻1＝2号（2019年）；「民法（債権関係）改正による時効障害制度の再構成—中断・停止から更新・完成猶予へ—」阪大法学68巻3号（2018年）；「動的体系論による立法の方法論的基礎」国際公共政

满足以相同给付为目的的数个请求权规范的构成要件时,是否发生与请求权规范数量对应的请求权(请求权的数量问题),权利人和义务人之间的法律关系应通过何种法律规范进行处理(适用法律规范的问题)。[1]能够与侵权损害赔偿请求权发生竞合的请求权除债务不履行的损害赔偿请求权外,还有比较重要的不当得利返还请求权,由于篇幅的关系,本文只对契约责任和侵权责任的竞合问题(以下简称"责任竞合问题")展开讨论。

早在罗马法时代,责任竞合问题便引起了学者的关注,从19世纪末开始又引发新的争论是因为社会的实际需要。[2]随着技术的高度发展和社会接触的扩张,现代社会出现了许多侵害他人权利或法益的风险,但是以古典市民社会为基础的德国和我国并未明确解决方案。判例上通过创造保护义务和"社会生活上的义务"等概念,扩张了传统契约责任和侵权责任的适用范围,但因为缺乏对两种责任关系的思考,两种责任交错的场景不断增加,这成为责任竞合问题的背景。[3]

本文在第二部分简单比较两种责任,第三部分和第四部分介绍相关学说和判例,最后在第五部分展开若干讨论。

二、契约责任与侵权责任的比较

契约责任和侵权责任在构成要件和法律效果上都实现了整

策研究17卷1号(2012年);「自己の物の時効取得について」民商法雑誌5=6号(1990年);「自然債務否定論」奥田昌道先生還暦記念『民事法理論の諸問題 上』(成文堂,1993年);「請求の客観的予備的併合の適法要件」神戸学院法学26卷1号(1996年);等等。

〔1〕 四宫和夫『請求権競合論』(一粒社,1978年)1頁。
〔2〕 川島武宜『民法解釈学の諸問題』(弘文堂,1949年)2-4頁。
〔3〕 半田吉信「契約責任と不法行為責任の交錯」奥田昌道先生還暦記念『民事法理論の諸問題上卷』(成文堂,1993年)365頁,讨论了契约责任和侵权责任的扩张。

合,[4]两者不存在较大的差别。

(一) 要件层面

1. 违反的义务

若债务人的行为不仅侵害了债权——单纯的债务不履行,而且侵害了其他权利,就会发生责任竞合的问题。例如,承租人毁损租赁物,除违反保管义务侵害债权外,还侵害了出租人的所有权,存在构成侵权的可能。[5] 一种比较自然的理解是,侵权行为的违法性在于权利侵害,契约法上的义务和侵权行为法上的义务具有不同的内容。也就是说,这种理解认为,契约法上的义务是尽到积极地注意保管他人之物的义务,而侵权行为法上的义务是指不得消极地侵入他人支配领域的义务,两者是不同的义务。[6] 因此,在这种理解下,两种责任违反的义务存在差异(后文第五部分将再讨论这个问题)。

无论是哪种责任,都是由受害人(债权人)承担义务违反(权利侵害)的证明责任。[7]

2. 归责事由(故意、过失)

契约责任的归责对象是债务不履行(违反义务)的事实,而侵权责任中故意和过失的对象是权利侵害,若以上文所述为前提,则两种责任的归责对象出现了差异。另外,两种责任原则上都会因抽象轻过失而发生(关于例外,请参见本文第四部分的论述)。关于

---

[4] 参见四宫,前注[1],58-59页。
[5] 我妻荣『事務管理・不当利得・不法行為』(日本評論社,1937年)131-132页(采取请求权竞合说)。
[6] 参见川島武宜「請求権の競合」私法19号(1958年)31页关于请求权竞合说的理解(众所周知,川岛采用的是纯粹法条竞合说)。
[7] 关于医疗过错(契约责任),参见中野貞一郎『過失の推認』(弘文堂,1978年)89-91页;关于安全关照义务,参见最二小判昭56・2・16民集35卷1号56页、最三小判昭59・3・27交民集17卷2号289页。

因他人行为的责任,独立的辅助人系履行辅助人,[8]但不是被用人,[9]民法第715条第1款但书规定,用人者存在免责的可能性,在这两点上,两种责任出现了差异。对因物所生之责任,只存在于侵权责任的规定(民法第717条、第718条)。

关于归责事由的证明责任,在契约责任中,债务人(加害人)须证明自己不存在归责事由(不具有过错),而在侵权责任中,受害人须证明加害人具有故意或过失。但是,当加害人违反"社会生活上的义务"时,有观点指出应由加害人就自己不存在过失承担证明责任。[10]

3. 责任能力

通说认为,民法第712条和第713条可以类推适用于契约责任。[11]

4. 特别规定

关于契约责任,存在诸如无偿保管的民法第659条(仅就具体过失承担责任)、高价品运输的商法第578条、第568条、第595条(必须明确告知运输的物品是高价品才产生责任)等特别规定,而关于侵权责任,存在诸如失火责任法(仅就重大过失承担责任)等的特别规定。

(二) 效果层面

1. 损害赔偿的范围

判例认为,规定债务不履行损害赔偿责任的第416条可类推适

---

[8] 最三小判昭35·6·21民集14卷8号1487页。

[9] 因此,在关于契约缔结过失责任的情况中,独立辅助人破坏契约交涉过程的,只成立契约责任。对此还应参见潮见佳男『債権総論』(信山社,1994年)38页。

[10] 关于德国法上的讨论,参见锦织成史「民事不法の二元性(二)——ドイツ不法行為法の発展に関する一考察」論叢98卷3号(1975年)35页。

[11] 奥田昌道编『注釈民法(10)』(有斐閣,1987年)396页[北川善太郎]。最近出现了有力的反对观点[前田達明『口述債権総論』(成文堂,1993年)155页、平井宜雄『債権総論』(弘文堂,1994年)80-81页]。

用于侵权。[12] 但是,最近的学说大多反对判例的立场。[13] 不过,有观点认为,违反保护义务的,应根据侵权行为法的归责标准来确定损害赔偿的范围。[14] 关于精神损害赔偿,判例和通说都认为可将第 710 条的规定类推适用于债务不履行的情形,但判例否定了第 711 条对债务不履行的类推[15]适用。[16]

2. 过失相抵

两种责任关于过失相抵的规定不同(民法第 418 条、第 722 条第 2 款),判例基本忠实于法条的文义解释。不过,从很早开始,学说上就主张将两种法律规范进行整合。[17]

3. 消灭时效、除斥期间

契约责任适用民法第 166 条(起算点)和第 167 条(10 年期间)的一般原则,而侵权责任适用民法第 724 条的特别规定。这是二者最大的差异,之所以会出现安全关照义务,是因为时效完成无法追究侵权责任后,依契约责任的逻辑追究相应的责任。[18] 但是,学说上也出现了有力观点,认为应将民法第 724 条(类推)适用于基于安

---

[12] 大連判大 15・5・22 民集 5 卷 386 頁(富喜丸事件)、最小判昭 48・6・7 民集 27 卷 6 号 681 頁。

[13] 参见四宫,前注[1],99 頁以及 104 頁脚注 2 所列举的各种学说观点。

[14] 参见前田,前注[11],200 頁(关于后续侵害);潮见,前注[9],234 – 235 頁(潮见认为违反保护"完整性利益"的从给付义务构成"加害给付",参见 108 頁)。

[15] 关于这个问题,可参见宫本健蔵『安全配慮義務と契約責任の拡張』(信山社,1993 年)207 – 210 頁。

[16] 最一小判昭 55・12・18 民集 34 卷 7 号 888 頁(有关安全关照义务)。福冈地小仓支判昭 57・9・14 判時 1066 号 126 頁、東京地判昭 591022 判時 1161 号 134 頁在否定对近亲属成立违反安全关照义务的债务不履行责任的基础上,肯定了近亲属的侵权精神损害赔偿请求。

[17] 参见奥田,前注[11],654 – 655 頁(能见善久)。

[18] 最早承认安全关照义务的最高裁判所第三小法庭 1975 年 2 月 25 日判决,最高裁判所民事判例集第 29 卷第 2 号第 143 頁肯定了侵权责任的消灭时效期间经过,认为违反安全关照义务的损害赔偿请求权的消灭时效期间适用民法第 167 条第 1 款的 10 年期间。另外,松本克美「時効規範と安全配慮義務——時効論の新たな胎動」私法 52 号(1990 年)142 頁指出,从当时公开的裁判中收集的 292 件有关安全关照义务的案件中,有 101 件主张侵权责任,因已经过 3 年的时效期间,所以采用了安全关照义务的法律构成。

全关照义务违反的请求权。[19]

4. 履行迟延的时期

侵权损害赔偿债务立即陷入履行迟延,而债务不履行的损害赔偿债务属于未确定履行期限的债务,判例[20]和通说[21]认为,应根据民法第412条第3款的规定,自债权人向债务人提出履行请求时陷入履行迟延。

5. 抵销禁止

不得将侵权损害赔偿债权作为被动债权进行抵销(民法第509条),判例和学说认为,在一定范围内,该条可类推适用于契约债务。[22]

---

[19] 奥田昌道「契約法と不法行為法の接点——契約責任と不法行為責任の関係及び両義務の性質論を中心に」於保不二雄先生還暦記念『民法学の基礎的課題(中)』(有斐閣,1974年)262 – 263頁、円谷峻「製造物責任と安全配慮義務」Law School 27号(1980年)35頁、高橋眞「判批」香川3巻2号(1983年)324頁、新美育文「『安全配慮義務』の存在意義」ジュリスト823号(1984年)103 – 104頁、青野博之「契約なき債務不履行——契約ある不法行為との関係も含めて」中川淳先生還暦祝賀論集『民事責任の現代的課題』(世界思想社,1989年)177頁、大木康「不当利得返還請求権の消滅時効」奥田昌道先生還暦記念『民事法理論の諸問題下巻』(成文堂,1995年)480 – 481頁、辻伸行「安全配慮義務違反に基づく損害賠償と消滅時効規範——適用すべき消滅時効規範の検討を中心にして」上法39巻3号(1996年)17、26頁。

[20] 最一小判昭55・12・18民集34巻7号888頁(有关安全关照义务)。金沢地判平4・6・19判時1472号105頁(有关医疗过错)对于主位请求即债务不履行的损害赔偿请求,判决认为自债权人提出履行请求时(诉讼送达时)陷入履行迟延,而对于预备请求即侵权损害赔偿请求,判决认可了从侵权行为发生时(准确地说,只提出了从离开医院时的请求)的迟延损害赔偿金的请求(类似的判决还有大阪高判昭62・3・31判例タイムズ656号170頁)。東京高判昭57・7・15判時1055号51頁认为,侵权损害赔偿请求权的消灭时效期间经过,否定了从事故发生时的迟延损害赔偿金请求。此外,还有下级裁判所判例,比如浦和地判平4・3・2判時1441号125頁(有关医疗过错)认为债务不履行时陷入履行迟延。

[21] 四宮前注[1],102頁(四宮认为违反契约上的"安全义务"的,直接陷入履行迟延);新美育文「『安全配慮義務』の存在意義」ジュリスト823号(1984年)102 – 103頁(新美认为两种债务都是从请求时陷入履行迟延)。另外,奥田昌道「請求権競合問題について」法学教室159号(1993年)24頁认为两种债务在故意的情况下直接陷入履行迟延,而在过失的情况下从请求时陷入履行迟延。

[22] 東京地判昭39・9・17下民集15巻9号2208頁、乾昭三「判批」立命63 = 64号(1965年)622頁、下森定「国の安全配慮義務」下森定編『安全配慮義務法理の形成と展開』(日本評論社,1988年)259頁。

6. 债务的连带性

共同侵权行为人承担连带责任(民法第 719 条),有观点主张将本条类推适用于契约责任。[23] 最近关于尘肺诉讼中安全关照义务的违反,相继出现了将民法第 719 条第 1 款后段类推适用于契约责任的判决。[24] 另外,虽然有判决没有明确提及第 719 条,但肯定了契约责任和侵权责任的不真正连带责任。[25]

7. 裁判管辖

有判决将规定侵权行为发生地为裁判管辖地的民事诉讼法第 15 条类推适用于违反契约上安全关照义务的损害赔偿案件。[26]

8. 特别规定

关于契约责任,除了关于短期消灭时效、除斥期间(民法第 570 条、第 566 条第 3 款、第 600 条、第 622 条、第 637 条,商法第 566 条、第 589 条、第 766 条、第 596 条、第 626 条)、责任消灭(商法第 588 条、第 625 条)、责任的定型化(商法第 580 条)等特别规定,还有可能通过具体的契约或条款对责任数额进行限制。

三、学说

下文将探讨关于责任竞合问题的学说观点。[27] 可将关于责任

---

〔23〕 加藤一郎『不法行為』(有斐閣,1974 年)50 頁、前田達明『民法随筆』(成文堂,1989 年)127 頁。

〔24〕 東京地判平 2·3·27 判時 1342 号 16 頁(控诉审和上诉审均维持了原判决)、千葉地判平 5·8·9 判例タイムズ 826 号 125 頁、長崎地判平 6·12·13 判時 1527 号 21 頁、福岡高飯塚支判平 7·7·20 判時 1543 号 3 頁。

〔25〕 東京地判昭 60·10·15 判時 1170 号 42 頁。

〔26〕 東京地決昭 61·1·14 判時 1182 号 103 頁。学说观点请参见新堂幸司·小島武司編『注釈民事訴訟法(1)』(有斐閣,1991 年)189-190 頁[上北武男]。

〔27〕 学说观点请参见大久保邦彦「請求権競合論の問題構造」ジュリスト 1092 号(1996 年)91 頁、山本克己「メタ·ルールによる規範調整と規範統合方式——請求権競合問題を手掛かりに」ジュリスト 1096 号(1996 年)2 頁。

竞合问题的学说观点(判例立场)作如下分类。

有观点认为同时满足两种责任构成要件的情况是完全不存在的(以下简称"严格区分说")。[28] 依此观点,不会发生责任竞合的问题。关于同时满足两种责任构成要件时的解决方法,存在两种观点:其一,契约法规范排除侵权行为法规范的适用(以下简称纯粹法条竞合说——A);其二,同时成立两种责任(以下简称纯粹责任竞合说——B),依据责任竞合解决方法的不同,又可细分为①请求权竞合说和②规范整合说;其三,既肯定存在契约法规范排除侵权行为法规范适用的情形,也认为存在同时成立两种责任的情形(以下简称折中说——C),依据两种责任竞合解决方法的不同,又细分为①请求权竞合说和②规范整合说。

(一)请求权竞合说(B①、C①)

请求权竞合说承认契约责任请求权和侵权责任请求权的并存。此种观点又可细分为自由的请求权竞合说和作用的请求权竞合说。

1. 自由的请求权竞合说

自由的请求权竞合说认为,除因满足而消灭外,契约责任请求权和侵权责任请求权相互独立。[29] 此种观点的依据除罗马法以来的传统外,还包括以下五点:其一,某种事实关系满足一种构成要件则相应地发生一种法律效果;其二,侵权法上的义务并未因契约的存在而被排除,只不过是被具体化、强化了而已(存在两种义务);

---

[28] 例如,平野认为契约责任是对契约利益(给付利益)的侵害,而侵权责任是对完整性利益(给付利益以外的利益)的侵害,参见平野裕之「契約責任の本質と限界——契約責任の拡大に対する批判的考察(序説)」法論58巻4 = 5号(1986年)608、611、615頁;同「完全性利益の侵害と契約責任論——請求権競合論及び不完全履行論をめぐって」法論60巻1号(1987年)45、107 - 109頁;同「利益保障の二つの体系と契約責任論——契約責任の純正化及び責任競合否定論」法論60巻2 = 3号(1987年)545頁。

[29] 采用(纯粹责任竞合说中的)自由的请求权竞合说的有德国法上的迪茨。关于迪茨观点的介绍,参见川島武宜『民法解釈学の諸問題』(弘文堂,1949年)263頁以下。我国判例的主流观点是自由的请求权竞合说。

其三,提供两种武器有利于保护受害人;其四,既然在当事人不同的情况下发生两种请求权,那当两种资格集中于一人时,也应该认为发生两种请求权;其五,两种请求权的属性和范围不同,承认两种请求权具有实际意义。[30]

学说上对自由的请求权竞合说提出了各种批判,[31] 堪称此种观点致命缺陷的是,若采取纯粹责任竞合即自由的请求权竞合说的观点,那么关于契约法上的责任减轻以及短期消灭时效的特别规定将因承认侵权责任而变得毫无意义。

2. 作用的请求权竞合说(修正请求权竞合说)

为了消除以上纯粹责任竞合即自由的请求权竞合说的缺陷,作用的请求权竞合说认为,即便采用请求竞合说,也应当肯定并存的两种法律规范的相互作用,特别是应当承认契约责任规范对侵权行为规范的影响。例如,关于高价商品运输的商法第 578 条的规定类推适用于侵权行为,基于特别约定的免责也应及于侵权责任。[32]

但是,如果一味地承认两种请求权规范之间的相互作用,则将会出现具有同一内容的请求权并存的局面,[33] 这是毫无意义的。换言之,正因为两种请求权内容不同,所以承认请求权竞合才有意义。[34] 因此,如果保留请求权竞合说的一席之地,只能像涉及安全

---

[30] 参见川島前注[2],26 - 32 頁(关于德国法学说的介绍);四宮,前注[1],51 - 57 頁。

[31] 四宮前注[1],54 - 57 頁。

[32] 四宮前注[1],58 - 59 頁。最近,有学说又重新对作用的请求权竞合说进行了评价,参见半田吉信「責任競合論——請求権競合説への回帰」北川善太郎先生還暦記念『契約責任の現代的諸相(上巻)』(東京布井出版,1996 年)167 頁。

[33] 采用这种观点的有高木多喜男ほか『民法講義 6 不法行為等』[石田穰](有斐閣,1977 年)150 - 151 頁。另外,1992 年新制定的国际海运法第 20 条之二第 1 款规定,减轻或免除承运人契约责任的规定可准用于承运人的侵权责任[对于这部法律的介绍,参见菊池洋一『改正国際海上物品運送法』(商事法務研究会,1992 年)、落合誠一『運送法の課題と展開』(弘文堂,1994 年)、山田泰彦「商法海商法における運送人の契約責任と不法行為責任——国際海上物品運送法第 2 0 条の二との関係」駒論 51 号(1995 年)95 頁]。

[34] 四宮前注[1],61 - 63 頁。

关照义务的最高裁判所的判例那样,采用自由的请求权竞合说。

(二)纯粹法条竞合说(A)

纯粹法条竞合说认为,契约法通常排除侵权法的适用(否定两种责任发生竞合)。这种观点消除了上述纯粹责任竞合即自由的请求权竞合说的缺陷。以下将介绍最为详细阐述此种观点的川岛说。

川岛认为,契约责任法是为了规制基于契约关系产生的责任,而侵权法是为了规制契约关系以外的责任,二者都是为了赔偿损害,具有各自不同的适用范围,发挥着各自不同的功能,[35] 相对于一般社会生活关系,契约关系构成一种特殊的危险关系,其社会关系的特殊性要求其采取不同于契约之外一般关系的特殊规律(契约法)。采用纯粹法条竞合说,需要确定两种法域的适用范围,川岛认为,契约法的适用范围由"意思解释"(意思表示的解释)确定,契约法适用范围以外的领域属于侵权法的适用范围。"意思解释"的标准包括当事人所欲实现的目的、习惯、任意法规范、诚实信用原则。[36]

(三)折中说(C)

折中说既承认存在契约法排除侵权法适用的情况,也承认两种责任竞合的情况。依此观点,在契约法排除侵权法适用的情况下,契约法上的责任限制以及短期消灭时效的特别规定便具有了实际意义,从而消除了上述纯粹责任竞合即自由的请求权竞合说的缺陷。[37]

---

[35] 因此,也可以认为川岛采用了严格区分说。

[36] 川岛前注[2],125—155頁。

[37] 另外,若采用纯粹法条竞合说的川岛说,在依据折中说认定两种责任发生竞合时,将对契约法上的责任限制以及短期消灭时效的规定采取目的论限缩解释[広中俊雄『民法綱要第一巻総論(上)』(創文社,1989 年)69 頁;川島武宜『民法解釈学の諸問題』(弘文堂,1949 年)139、144—146 頁]。

根据将两种情况区分的标准,可将折中说细分为主观折中说和客观折中说。[38] 主观折中说认为,只有当义务人或履行辅助人具有故意时(也有观点认为包括重大过失)才发生两种责任的竞合。[39] 而客观折中说认为,只有实施与契约履行不具有内在关联性的行为(以下简称逸脱行为)[40]违反义务时才发生两种责任的竞合。另外,根据两种责任发生竞合时的解决方法的不同,又可将折中说区分为请求权竞合说[41]和规范整合说。[42]

(四)规范整合说[43](B②、C②)

规范整合说是指,只发生满足数项请求权构成要件的一种请求权,包括如下三种观点。

1. 请求权二(多)重构造说

请求权二(多)重构造说根据请求权的功能及要素分别理解实体法上的请求权,承认请求权的二重构造乃至多重构造。[44] 例如,奥田认为近代法的基本思考模式是,严格忠实于"法律要件到法律效果"的理论构造,"一种构成要件对应一种法律效果""一种请求权规范对应一种请求权",并提出了如下观点:其一,发生实体法上

---

[38] 平野充好「高価品に関する運送人免責規定とその適用排除」山口経済学雑誌43卷6号(1995年)645頁。

[39] 采用主观折中说的还有村田治美「判批」判評98号(1967年)104頁。

[40] 当然也有观点认为"逸脱行为"包含故意行为。

[41] 参见高木前注[33],150-151頁[石田穣]。我国的有些判例采用客观折中说中作用的请求权竞合说[参见本文第四部分之一(一)]。

[42] 新诉讼物理论被强势提出之前的德国法学说采用客观折中说中属性规范整合说,例如菲舍尔。关于菲舍尔观点的介绍,参见大久保邦彦「民法における法条競合論に関する一考察——請求権規範競合説、特にその系譜を中心として」民商101卷1号(1989年)107-108頁。

[43] 关于规范整合说的详细介绍,参见大久保邦彦「新実体法説に関する一考察」神院24卷1号(1994年)1頁。

[44] 除本文介绍的奥田说采用请求权二重构造说外,还有三ケ月章「法条競合論の訴訟法的評価——新訴訟物理論の立場よりの一考察」我妻先生還暦記念『損害賠償責任の研究(中)』(有斐閣,1958年)715頁。

请求权竞合时,观念上数个请求权(观念请求权)发生竞合,但实际上只发生一项请求权(实际请求权),让与等的处分对象、提起诉讼导致时效中断的对象和诉讼标的都是指后者的实际请求权;其二,应当分别思考实际请求权存在(以及金钱债权情况下的数额问题)的问题和实际请求权的属性(法律性质)的问题;其三,发生竞合的观念请求权(从法律视角)之一被承认,则发生实际请求权,相应地作出给付判决;其四,实际请求权的属性应通过发生竞合的观念请求权的法律性质进行合理地(符合法律经验)取舍选择加以确定。[45]

2. 属性规范整合说(狭义的请求权规范整合说)

属性规范整合说认为,根据数个请求权规范,发生一项请求权。[46] 这是规范整合说的共通理解。例如,上村说从强调目的解释的角度出发,认为构成要件和法律效果的联系是立法者有目的创设的目的论关系,当法律上具有多义性的一种生活现象被涵摄在多个法律规定时,究竟是承认多个具体的法律效果,还是承认以多个法律规定为前提的单一的、具体法律效果,并非形式逻辑的问题,归根结底属于合目的的考量或评价问题。在此基础上,上村提出如下具体观点[47]:如果实体法秩序只认可一次给付,则即使存在多个法律依据,也只发生单一实体法上的请求权(统一请求权)。统一请求权的属性须区分情形予以确定:其一,如果发生竞合的法律规定存在顺位关系,则依此顺位关系确定其属性;其二,若不存在顺位关系,则根据发生竞合的全部法律规范确定其属性。对于后者,应依据各自规定的意义和目的,作出合目的的解释,而且原则上应基于

---

[45] 奥田昌道『請求権概念の生成と展開』(創文社,1979年)313頁。
[46] 除本文介绍的上村说采用属性规范整合说外,还有加藤雅信『財産法の体系と不当利得法の構造』(有斐閣,1986年)614-618頁。
[47] 上村明広「給付訴訟の訴訟物」岡山大学法経学会雑誌18巻2号(1968年)325頁;同「請求権と訴訟物」民訴17号(1971年)189頁。

最有利于债权人的原则确定其属性。

3. 全规范整合说

全规范整合说属于广义上的请求权竞合说的一种,系四宫和夫博士提出的观点。依据同一事实关系,在从属于同一法律体系且本质目的相似的请求权规范中,在相同的当事人之间发生针对相同给付内容的多个可能的请求权[48]时,属性规范整合说仅将请求权规范的法律效果部分整合,承认具有统一属性的单一请求权,而全规范整合说认为规范整合也应及于构成要件部分。[49] 四宫认为,支持整合构成要件的理由依据是,应将"满足一个统一的构成要件则相应发生一项请求权"作为近代法的思考范式加以维持。[50] 因为契约责任规范和侵权行为规范具有相似的本质目的,故两种法律规范适合进行整合,但从功能层面来看,契约责任规范对风险的分配更为精细,所以在基于私法自治对法益进行处分所能够被允许的限度内,原则上应优先适用基于契约责任规范的风险分配规则,对基于契约责任规范的权利剥夺,对受害人提供最小限度法律保护的是具有"权利保护功能"的侵权行为规范,而且,契约责任规范依据各种事由进行风险分配限定在特定场景,超出该特定场景的,便不再适用于此种风险分配规则。[51]

四、判例

在我国,多数判例采用请求权竞合说的观点。作为采用请求权

---

[48] "可能的请求权"是指根据"满足实体法规定的一项请求权规范必然发生一种请求权"的传统理论,可能成立的请求权(四宫,前注[1],15页)。

[49] 四宫前注[1],42、68、72、76、226页。

[50] 四宫前注[1],42、43页脚注2、226页。

[51] 四宫前注[1],91-94页。

竞合说而被作为指导性判例加以引用的判决虽然在判决理由部分明确涉及了请求权竞合的问题,但通常属于非实质性理由部分。由于篇幅关系,本文仅从抽象论的视角,对有关请求权竞合问题的若干最高裁判所指导判例展开讨论。

据我所知,我国的判例大致存在两种立场:第一种是采取客观折中说中自由的请求权竞合说,第二种是采取纯粹责任竞合说中自由的请求权说。除此之外,也有为数不多的判例采用了纯粹的责任竞合说中作用的请求权竞合说。

(一) 客观折中说中自由的请求权竞合说

【判例①】大审院 1912 年 3 月 23 日判决,大审院民事判决录第 18 辑第 284 页

承租人导致房屋被烧毁时,发生侵权请求权和违约请求权的竞合(判旨中的"第三种情况"),侵权责任因失火责任法的存在而被减轻,但对契约责任的认定不构成影响。大审院就责任竞合问题作出如下详细说明:

"某一行为是否导致违约请求权和侵权请求权的竞合,可区分三种情况分别讨论。第一种情况是,该行为与契约不具有内在关联,契约关系的存在只是为成立侵权提供了机会,比如赠与某物时,因过失导致该物之上附着了传染病菌,受赠者因此被感染。此种情形只发生侵权请求权,而不发生违约请求权。第二种情况是,该行为并未超出契约关系的范围,在履行契约义务或行使相应权利时,因未尽到必要注意导致损害发生,比如容易毁坏之物的出卖人在没有对该物做好防护措施的情况下,将其交付给买受人,或者承租人因使用不善污损了房屋的墙壁。此种情形仅发生违约请求权,不发生侵权请求权。第三种情况是,该行为超出了主观或客观所欲达成的目的,比如保管人故意毁坏保管物,或者马的借用人过度使用马致马死亡。此种情形同时发生违约请求权和侵权请求权,二者发生

竞合。在第三种情况下,侵权请求权和违约请求权分别是两种独立的请求权。契约责任的减轻并不会影响侵权责任的认定,同时侵权责任的减轻也不会影响契约责任的认定。"

其中,第三种情况明显采用了自由的请求权竞合说,但第一种情况和第二种情况的理解出现了分歧。该判决受到了针对失火责任法适用于承租人契约责任的大审院 1905 年 2 月 17 日的判决(民事判决录第 11 辑第 182 页)、本案原判决长崎控诉审 1911 年 5 月 23 日判决(法律新闻第 740 号第 25 页)提出批判的松本丞治《关于失火责任》[52] 一文的影响,因此自然而然会得出如下结论:第一种情况因不满足契约责任的成立要件,欠缺责任竞合问题产生的前提,而第二种情况满足两种责任的成立要件,发生责任竞合的问题,但此时契约法优先于侵权法适用。关于如何区分第二种情况和第三种情况,判决列举了如下标准:"行为"是否"超出了契约关系的范围"以及"行为是否超出了主观上或客观上通过契约所欲达成的目的"。由此可见,本判决采用了客观折中说中的自由的请求权竞合说。过去的很多观点只关注了本判决的第三种情况,认为该判决采用了纯粹责任说中的自由的请求权竞合说,这种看法比较片面。

---

〔52〕 松本大体上赞同了赫尔维格(Hellwig)的观点,黑尔维希认为若发生竞合的两种法规属于一般法与特别法关系,则排除一般法的适用,对于契约上的债务履行,契约法的规定系特别法,因此排除侵权行为法的适用。在此基础上,松本进一步展开如下说明[松本丞治「失火ノ責任ニ付テ」新報 21 卷 11 号(1911 年)16 - 19 页]。"黑尔维希根据一般法和特别法的概念说明违约和侵权,逻辑上难以自洽:(1)即使某行为产生契约关系,未超出违约的范围,也只能依据契约法的规定发生契约上的请求权;(2)但是,违约行为并不妨碍因其他理由的存在构成侵权。在后者的情况下,发生违约和侵权两种独立的请求权,发生所谓的请求权竞合。例如,(1)承租人在使用房屋的过程中破坏了出租屋内的家具、自行车的承运人在运输过程中损坏了自行车,此时仅发生契约法上的请求权;(2)但是在故意破坏家具或故意乘用自行车而损坏自行车时,除构成违约外,还构成侵权。然而,在后者的情形下,违约请求权和侵权请求权之间不存在任何关系,是两种独立存在的请求权。"[(1)和(2)系由作者补充]。比较判例①和松本说可以得出,大审院判决指出的第二种情况对应松本说指出的情况(1),第三种情况对应松本说指出的情况(2)。

【判例②】最高裁判所第三小法庭1963年11月5日判决，最高裁判所民事判例集第17卷第11号第1510页

原告(托运人、货物的处分权人)将货物交由被告(承运人)运输，但被告的工作人员未经原告允许，擅自将货物交付给第三人，导致货物灭失。原审判决认为，被告承运人违约的损害赔偿责任的时效期间经过(商法第589条、第566条)，但商法上关于承运人责任的特别规定不能构成否定侵权的理由，承运人须承担侵权责任。被告基于主观折中说提出上诉，最高裁判所根据客观折中说作出如下判决：

"被告的主张是，对于运输处理及运输，若货物灭失或毁损，不能适用民法上关于侵权责任的规定，因此原判决是违法的。

"但是，关于运输处理者及承运人的责任，大审院判决[1915年第954号、1926年2月23日判决，民事判例集第5卷第108页(判例④)]已经指出，基于运输处理契约及运输契约的债务不履行的损害赔偿请求权与侵权损害赔偿请求权发生竞合，本判决对此表示认同……

"被告认为，即使承认债务不履行的损害赔偿请求权和侵权损害赔偿请求权发生竞合，两者发生竞合的情形也仅限于运输处理者及承运人存在故意或重大过失，原审判决一方面认为不具备故意，另一方面又未对过失的轻重作出判断，便轻易地肯定了侵权损害赔偿请求权，这是违法的。

"但是，以上两种请求权发生竞合只需要运输处理者及承运人存在过失即可，并不需要具备故意或重大过失。

"根据原审判决认定的事实关系，可得出如上结论。原审判决认为，上诉公司吴分店职员存在过失，由此引发的结果并非货物处理过程中通常所能够预料的事态，且严重超出了契约本来的目的范围，不仅构成债务不履行，也成立过失侵权损害赔偿请求权，这种判断是值得肯定的。"

仔细阅读本案判旨不难发现，本判决采用了客观折中说中的请

求权竞合说。然而,对于如何理解本判决,学说上出现了分歧。最高裁判所第二小法庭 1969 年 10 月 17 日判决[判例时报第 575 号第 71 页(判例⑥)]在非判决理由的部分明确指出,本判决采用了纯粹责任竞合说中的请求权竞合说。但是,下级裁判所出现了采用与本案相同说理,却采用客观折中说的判例。[53]

(二)纯粹责任竞合说中自由的请求权竞合说

【判例③】大审院 1917 年 10 月 20 日判决,大审院民事判决录第 23 辑第 1821 页

X 与 Y 缔结拖船契约,由 Y 负责对 X 的船只进行拖航,因 Y 的船长 A 的过失导致船只搁浅,原审判决肯定了 Y 的用人者责任,但 Y 基于客观折中说,提出了上诉。

"根据原审判决认定的事实,基于双方缔结的契约,Y 应当安全地将 X 的船只进行拖航,但 Y 违反约定,未履行契约义务,其行为并未超出契约的范围。也就是说,判决明确指出,Y 职员的过失责任的依据在于上述拖船契约,损害的发生原因是违反了将船只安全拖航至指定地点的义务,过失行为和权利侵害均没有超出前述契约违反的范围。因上述行为所生损害的赔偿责任是基于 Y 的债务不履行,不能忽视这一点直接认定构成侵权。只有当 Y 脱离了债务履行的关系,故意毁损债权人财产时,才能直接认定构成侵权。"

但是,大审院基于如下理由驳回了 Y 的上诉:

"同一事实关系既有可能构成债务不履行,也有可能构成侵权。我国民法规定,基于契约的请求权和侵权请求权可以发生竞合,原

---

[53] 東京地判 41・1・21 下民集 17 卷 1 = 2 号 7 頁(责任否定)[判例⑥的第一审判决,第二审(東京高判昭 42・10・31 下民集 18 卷 9 = 10 号 1059 頁)予以变更]、東京地判昭 44・6・30 判時 575 号 47 頁(非判决理由部分)、東京高判昭 49・3・20 下民集 25 卷 1 = 4 号 189 頁(责任肯定)。

审判决认为,Y 通过其代理人,与 X 缔结了就 X 所有的'明治丸'船只的拖船契约,Y 应按照约定将船只安全地拖航至指定地点,但是拖船的过程中,因 Y 职员的过失,被拖曳的船只搁浅在'浅濑湾'。因船体受损,为了离开搁浅地,不得不将船上装载的煤炭丢入河中,依据民法第 715 条,Y 应当承担侵权责任。"

由此可见,大审院采用了纯粹责任竞合说中请求权竞合说。

【判例④】大审院 1926 年 2 月 23 日判决,大审院民事判例集第 5 卷第 104 页

X 委托 A 运输货物,A 转委托给 Y,Y 的职员 B 在运输货物的过程中,将装载货物的货车停在路边,转而去负责其他货物的配送,其间货物遗失,X 丧失了这批货物的所有权。X 遭受了失去所有权的价值损失,要求 Y 赔偿。Y 主张 A 在转委托时没有按照商法第 338 条(现行法第 578 条)的规定明确告知货物类型,提出不承担赔偿责任的抗辩。原审判决驳回了 Y 的抗辩。Y 提出上诉。大审院基于如下理由驳回了上诉:

"商法第 338 条规定,对于高价商品的运输,承运人须尽到特别注意,若托运人没有告知承运人托运商品是高价商品的,与普通货物作相同处理,最终货物毁损灭失的,由托运人承担损害赔偿责任过于苛刻,故承运人无须承担运输契约的违约责任。但是,如果托运人同时属于货物的所有人,该批货物因承运人的过失而灭失的,承运人对托运人构成债务不履行的同时,还对所有人构成侵权,发生契约请求权和侵权请求权的竞合。对于本案的高价货物运输,承运人即使不需要承担债务不履行责任,但因为其没有尽到普通人应尽的注意义务,也应当对所有人承担侵权责任。"

松本丞治博士对本案判决提出了如下批判:"对放置在路边的货车中的货物,没有任何理由要求一般的普通人为防止他人盗窃而尽到注意义务,虽然本案中的承运人的用人者未履行契约上的注意义务,但尽到了一般普通人应尽的注意义务。因此,没有任何依据

证成侵权的成立。"[54]（本文第五部分将对此批判作出评价）

另外需要注意的是，本案中 X 与 Y 之间不存在直接的契约关系，所以只能主张侵权责任。因此，本案关于请求权竞合的论述并非判决理由的实质部分。

【判例⑤】大审院 1928 年 6 月 13 日判决，法律新闻第 2864 号第 6 页

客人 X 进入由 Y 经营的澡堂，未将携带的现金寄存保管，而是放在衣服中存入了衣柜，Y 的工作人员 A 因未尽到普通人应尽的注意义务，导致 X 在洗澡的过程中其现金被盗。原审判决认为 Y 应当承担民法第 715 条的用人者责任，Y 则主张"民法与商法是普通法与特别法的关系，本案只能适用于作为特别法的商法，应排除适用于民法关于侵权责任的规定"，"即使认为商法的规定（旧法第 354 条至第 355 条、现行法第 594 条至第 595 条）与民法关于侵权责任的规定发生竞合，鉴于商法更注重对客人进行充分保护的宗旨，本案应只能适用商法规定来确定相应的责任"，以此为由 Y 提出上诉，大审院基于如下理由驳回了 Y 的上诉：

"是否成立债务不履行的损害赔偿责任与是否成立侵权损害赔偿责任是两个不同的问题，否定债务不履行的损害赔偿责任不构成否定侵权责任的理由。商法第 355 条（现行法第 595 条）仅规定，在满足该条规定时，澡堂的主人应承担债务不履行的损害赔偿责任，这与侵权法规制的对象存在差异，并不像上诉人所主张的普通法和特别法的关系那样，二者不存在相互抵触的关系，纵然依据上述商法规定澡堂的主人不需要承担债务不履行的损害赔偿责任，但如果对于已经发生的损害，澡堂的工作人员未尽到普通人应尽的注意义务从而引发损害的，其工作人员构成侵权，澡堂的主人如果不能证

---

[54] 松本烝治『判例民事法・大正十五年度』（有斐閣，1928 年）89 – 90 頁。

明民法第 715 条但书规定的事实,就应当按照该条规定承担赔偿责任。"[55]

【判例⑥】最高裁判所第二小法庭 1969 年 10 月 17 日判决,判例时报第 575 号第 71 页

托运人 A 和 B 缔结了合成树脂的海运契约。B 委托 Y 装货,但在工作的过程中污损了合成树脂。与合成树脂的所有权人 A 签订海上保险契约的 X 根据保险契约向 A 支付了填补损害的保险金,代位 A 向 Y 主张侵权损害赔偿责任(用人者责任)(因 A 和 Y 之间不存在直接的契约关系,不能主张违约责任)。[56] 最高裁判所在非判决理由的部分指出,判例②采用了纯粹责任竞合说中的请求权竞合说。

"本判决引用的最高裁判所 1963 年 11 月 5 日第三小法庭判决(判例②)指出,'关于运输处理者及承运人的责任,大审院判决(1925 年第 954 号、1926 年 2 月 23 日判决,民事判例集第 5 卷第 108 页)(判例④)承认了基于运输处理契约及运输契约的债务不履行的损害赔偿请求权与侵权损害赔偿请求权的竞合',肯定了两种请求权当然发生竞合,正如判决所示,侵权责任的成立并不仅限于非属货物运输处理通常所能预料的事态,严重超出契约本来目的范围的情形。"[57]

---

〔55〕 类似的判决有大判昭 17・6・29 法律新闻 4787 号 13 页。

〔56〕 控诉审判决(東京高判昭 42・10・31 下民集 18 卷 9 = 10 号 1059 页)肯定了债务不履行责任。

〔57〕 最高裁判所关于安全关照义务的判决都采用了纯粹责任竞合说中自由的请求权竞合说。采用此种观点的下级裁判所判决不胜枚举,最近的判决有关于高价货物运输的神户地判平 2・7・24 判时 1381 号 81 页。在货物的所有权人的赔偿代位人向承运人主张侵权损害赔偿的案件中,東京地判平 3・9・25 判时 1432 号 137 页认为承运人存在重大过失,至于是采用了纯粹责任竞合说中请求权竞合说、主观折中说中请求权竞合说,还是作用的请求权竞合说,重大过失的认定对本案的判决不发挥任何作用,并不明确。控诉审判决東京高判平 5・12・24 判时 1491 号 135 页也不明确。

(三)纯粹责任竞合说中作用的请求权竞合说

【判例⑦】大审院 1929 年 3 月 30 日判决,民事判例集第 8 卷第 349 页

本案涉及的问题是,对于海上运输过程中船长及其他船员的轻微过失,是否存在能够使船舶所有权人免责的商事习惯及其效力,以及该商事习惯对侵权责任的影响,大审院作出如下判决:

"如果船舶所有权人对相对方承担的基于运输契约的责任存在限制,则相应地其对相对方承担的侵权责任也应受到相同的限制。"

【判例⑧】大审院 1938 年 5 月 24 日判决,民事判例集第 17 卷第 1063 页

本案中,托运人就运输货物的破损,向负责海上运输的承运人主张运输契约的债务不履行责任及侵权损害赔偿责任,大审院维持了原审判决。[58][59] 原审判决如下:

"根据当事人缔约契约时的意思表示,免责条款不仅适用于债务不履行的情形,同样适用于判断侵权是否成立的情形。"

---

〔58〕 川岛前注〔6〕38 页认为,处理邮政法适用问题的大判昭 2・11・17 民集 6 卷 602 页系"承认契约责任的规定涵摄侵权责任的判决",应该认为邮政法是民法的债务不履行法和侵权行为法两者的特别法〔薮重夫「契約責任と不法行為責任」松坂佐一・西村信雄・舟橋諄一・柚木馨・石本雅男先生還暦記念『契約法大系Ⅰ(契約総論)』(有斐閣,1962 年) 166 页注 9、上野芳昭「契約債務不履行と不法行為との関係について——判例の最近の傾向についての一考察」山形大学紀要(社会科学)13 卷 1 号(1982 年)9 – 13 页〕。

〔59〕 采用纯粹责任竞合说中作用的请求权竞合说的下级裁判所判决有关于商法第 578 条作用的東京地判昭 50・11・25 判時 819 号 87 页(否定了承运人的责任。但是,采用纯粹责任竞合说中自由的请求权竞合说的控诉审判决对此进行了变更(東京高判昭 54・9・25 判時 944 号 106 页)。控诉审判决得到了上诉审判决的支持(最三小判昭 55・3・25 判時 967 号 61 页))、東京地判昭 57・5・25 判時 1043 号 34 页、東京地判平 2・3・28 判時 1353 号 119 页、有关运输格式条款作用的大阪地判昭 30・6・1 判時 65 号 21 页、有关规定 1 年除斥期间的船货证券格式条款作用的東京地判平 6・5・24 金法 1400 号 104 页。此外,東京地判昭 41・5・31 下民集 17 卷 5 = 6 号 435 页(责任否定)究竟是采用了作用的请求权竞合说还是主观折中说,并不明确。

五、讨论

通过以上考察可知，关于责任竞合问题，虽然学说上出现了理论最为完善[60]的全规范整合说，但学说上并未达成一致意见，判例上也没有形成统一立场。应该如何消除这种胶着状态呢？

请求权竞合说主张，契约上的义务和侵权法上的义务是并存的两种义务，因此违反两种义务相应地发生两种请求权。而纯粹法条竞合说认为，因为契约法上的义务排除侵权法上的义务，所以只发生契约请求权。这两种观点都认为契约上的义务与侵权法上的义务是两种独立的义务。然而，随着全规范整合说的出现，学说上开始对当事人之间(加害人、债务人与受害人、债权人之间)存在两种义务提出质疑。那么究竟存在几种义务呢？通过考察当事人之间义务的设定依据及其内容，可以寻找解决责任竞合问题的答案。

正如本文第二部分之(一)所述，责任竞合问题发生在债务人的行为同时侵害债权和其他权利的情形。例如，当承运人毁损托运人所有的货物，除构成违反保管义务(或者说安全交付货物的义务)的债权侵害外，还侵害了托运人的所有权，因此发生责任竞合问题，对此种情形，过去的观点倾向于认为，契约法上的义务是对货物进行保管的积极义务，而侵权法上的义务则是不侵犯他人支配领域的消极义务(对于这种一般意义上的不可侵义务，权利侵害系违法性即义务违反的表征)，两者属于相互独立的两种义务。但在判断两种责任发生竞合的场景，行为的首要目的具有重要的社会价值(比如医疗

---

[60] 奥田昌道「民法学のあゆみ」法时47卷11号(1975年)126頁、前田達明『口述債権総論』(成文堂,1993年)227頁。

或运输[61]),从"被允许的风险"这一社会需求角度出发,不应认为在这种情况下,权利侵害系违法性的表征。[62] 换言之,在这种情况下,应当认为侵权行为的违法性在于违反了德国法上的"社会生活的义务"[63],应在具体的场景下设定侵权行为法上的义务,若未违反此种义务,即使侵害了权利,也应当认为行为不具有违法性。

此外,当两种责任发生竞合时,契约责任成立前提的义务是保护完整性利益的义务,[64][65]与"社会生活的义务"相同,保护义务

---

[61] 德国法的判例认为,运输业或仓储业的物品管理者或医生应承担后面提到的"社会生活上的义务"[錦織成史「民事不法の二元性(二)——ドイツ不法行為法の発展に関する一考察」論叢 98 巻 3 号(1975 年)29 頁],这些属于发生责任竞合问题的典型场景。

[62] 澤井裕『テキストブック事務管理・不当利得・不法行為』(有斐閣,1993 年)125 頁。

[63] 给他人造成危险或保有危险者应采取与危险相应的、合理的、能够期待的避免措施以防止危险实现,这种义务在德国法上被称为"社会生活上的义务"[澤井裕『テキストブック事務管理・不当利得・不法行為』(有斐閣,1993 年)142－143 頁]。我国也应当承认这种义务,实际上也承认了这种义务。作为过失前提的避免结果发生的行为义务(注意义务)相当于"社会生活上的义务"[澤井裕『テキストブック事務管理・不当利得・不法行為』(有斐閣,1993 年)143、157 頁]。违反"社会生活上的义务"的,加害人需就自己不存在过失承担证明责任[第二部分、(一)、2],因为违反该义务的,原则上认为存在过失("社会生活上的义务"违反＝过失)。例如,在判例④中,因 X 与 Y 之间不存在直接的契约关系,X 只能主张侵权责任,大审院判决认为,Y 未尽到普通人应尽的注意义务——此义务相当于"社会生活上的义务"(因此松本对判例④的批判是不恰当的)。虽然在我国还没有普遍采用这种表述,但本文为了表示这种义务,所以使用了"社会生活上的义务"这种表达。另外,本文采用违法性和过失二元论的观点,即使采用一元论,也可以将违反契约上的义务理解成归责事由,将违反侵权行为法上的义务理解为过失。关于"社会生活上的义务"与过失的关系,可以参见对德国法展开讨论的山本宣之「ドイツ法における社会生活上の義務と有責性」民商 105 巻 1 号(1991 年)51 頁。

[64] 本文将保护完整性利益的契约法上的义务称为"保护义务"。如后所述,完整性利益的保护有时会被纳入给付结果,包括这种情况在内,本文统称为保护义务。因此,相同的义务可能同时会被评价为保护义务和给付义务。与四宫前注[1]96 頁脚注 2 相比,本文的"保护义务"相当于四宫提出的"广义上的保护义务",它包括作为契约给付义务的"安全义务"和基于债权法上诚信原则的狭义的"保护义务"。

[65] 当然,从社会角度出发,某一给付行为发生给付结果的侵害和完整性利益侵害时,也可以认为完整性利益的侵害并非违反保护义务的问题,而是将其作为违反主给付义务的扩大损害,从而适用民法第 416 条确定相应的赔偿范围。对此问题,可参见潮見佳男『契約規範の構造と展開』(有斐閣,1991 年)282 頁以下。该书第 296 页并没有采取本文脚注的观点,而是将本文脚注的观点理解为学说观点的集大成者。

也不是根据当事人之间的合意确定的,而是基于诚信原则确立的,而且即便基于合意设定此种义务,在大多数情况下,义务内容也不是基于合意来确定的,而是根据诚信原则确定的[可以联想医疗、运输、工伤(违反安全关照义务)的情形]。

因此,无论是"社会生活的义务"还是"保护义务",都是为了保护债权人的完整性利益。

过去讨论的焦点在于,虽然方向相同,同样是他律设定的或者内容确定的义务,但是侵权行为法上的义务和契约法上的义务是否在程度上有所不同。学说上出现了如下三种观点:①两者相同[66];②契约法上的义务程度更高[67];③程度更高的契约法上的义务同时构成侵权行为法上的义务[68]。观点③认为契约可以作为侵权行

---

[66] 新美育文「判研」下森定编『安全配慮義務法理の形成と展開』(日本評論社,1988年)358頁(安全关照义务)、高橋眞『安全配慮義務の研究』(成文堂,1992年)148頁、同「安全配慮義務の性質論について」奥田昌道先生還暦記念『民事法理論の諸問題 下卷』(成文堂,1995年)302-313頁(雇佣、劳动关系中的安全关照义务)。另外,高桥坚持主张侵权行为法上的作为义务必须以先行行为的存在为前提,这一点是值得质疑的。潮见认为,为了调整受害人完整性利益保护的需求与加害人行动自由的保障,才设定了行为义务[潮見佳男『民事過失の帰責構造』(信山社,1995年)291頁]。关于医疗过错,有学者指出判例的立场是两种义务的程度相同(上野,前注[58],第14頁以下)。例如,大阪地判昭59·12·20判例タイムズ550号231頁认为,"本案中医生诊疗活动的义务,无论是将其理解为诊疗契约上的债务,还是理解为侵权构成要件之一的过失判断前提的义务,其实体规范是相同的"。(该判旨采用了后述观点④)。

[67] 除前述[第四部分·(二)]松本说采用观点②外,还有宫本,前注[15],368頁[作为给付义务的安全关照义务(安全保障义务)]。另外,采用请求权竞合说的许多观点都可以理解为采用了观点②[参照第二部分·(一)·1中川岛说对请求权竞合说的理解]。关于安全关照义务,有学者指出判例的立场认为在某种范围内契约上的义务程度更高(半田,前注[3],392-393頁)。例如,大阪地判平5·1·28判例タイムズ831号175頁认为,本案中的安全关照义务是依据劳动契约设定的契约法上的特殊义务,不属于一般法上的义务,不构成侵权。

[68] 國井和郎「判研」判例タイムズ529号(1984年)204-205頁(安全关照义务);奥田昌道「安全配慮義務」石田喜久夫·西原道雄·高木多喜男先生還暦記念論文集·中卷『損害賠償法の課題と展望』(日本評論社,1990年)38-41頁;潮见,前注[65],153-154頁。维持第一审判决和原审判决(两判决均将安全关照义务理解为侵权行为前提的作为义务或注意义务)的最一小判平2·11·8判时1370号52頁或许也采用了这种观点。

为法上作为义务的依据。由此可见,上述观点①和观点③认为被违反的义务相同,而观点②认为不同。

但是,像观点②这样,认为在相同当事人之间,就相同的法益设定程度不同的义务,这将引起法秩序内部的评价矛盾——当事人将不知道自己该采取怎样的行动。必须实现两种规范之间的调整。另外,像观点①和观点③这样,承认并存的两种相同义务,是没有任何意义的。因此,必须认为只存在一种义务(观点④)。[69] 此时重要的是如何确定具体情况下的义务内容,其次需要确定其法律性质。[70] 之所以难以界定这种义务的法律性质,是因为作为侵权行为法上的义务,他律设定的"社会生活上的义务"程度被具体的契约(当事人达成合意,将完整性利益的保护纳入给付结果,或者保护完整性利益是达成合同目的所必需的)提升或降低了。

将目光转向义务以外的层面,假如在当事人之间不具有契约关系而应当适用侵权法规范的场景,当事人缔结了契约,所以可以将侵权法规范看作契约法的特别规定[第二部分·(一)·4、第二部分·(二)·8],或者可以认为具体的契约对侵权法规范进行了修正。因此,只要契约法存在特别规定,就应当优先适用契约法规范,将侵权法作为补充适用规范。当然,也存在对契约法上的特别规定进行目的论限缩解释的情况。[71]

当然,保护人的生命、身体、健康的侵权法上的义务(联系医疗

---

[69] 除全规范整合说(如果契约法上的义务和侵权行为法上的义务在内容上是相同的,因同一法秩序对国民要求相同的内容,所以义务违反只存在一次(除四宫,前注[1],55页)外,将保护义务理解为中间责任的观点(宫本,前注[15],201页)也属于观点④。

[70] 奥田,前注[19],263页指出,"如果违反了保护义务,不应简单地采用'因为是契约责任'或'因为是侵权责任'的逻辑,而应当直面事态,发现或创造最适合的规范"。

[71] 除脚注[37]的川岛说及四宫,前注[1],94页以外,还参见商法第581条及国际海运法第13条之二。

过错或劳动灾害场景)程度不应根据当事人的合意降低,[72]因为这样的合意违反了公序良俗,是无效的(民法第 90 条),[73]故对于人身侵害,只成立侵权责任而不会出现责任竞合的问题。人的生命、身体、健康原本就属于私法自治领域外的问题,不能根据契约(法)进行风险分配。[74]

如果对本文的观点作理论上的定位,本文认为,对于人身侵害,因只满足侵权构成要件,所以不会出现责任竞合问题,而对于财产权侵害,因能够同时满足两种责任的构成要件,所以能够发生责任竞合问题,应依据纯粹法条竞合说[75]解决责任竞合问题。最重要的是发现(创造)最符合事态的规范——例如探究针对某一法益,在当事人之间设定何种内容的义务。

---

[72] 允许当事人通过合意提高义务程度。
[73] 如此理解也能确保四宫前注[1],92 页指出的侵权行为规范的"权利保护功能"的实现。
[74] 为了避免对侵权行为适用 3 年短期消灭时效期间(民法第 724 条),有时会主张时效期间 10 年的契约责任(例如关于安全关照义务的案件),但如果认为 3 年的时效期间过短,则不应采取这种做法,而应该通过解释第 724 条[例如延后期间起算点(青野,前注[19],177 页)],或者认定侵害受害人的基本权适用民法第 724 条违宪)实现问题的解决。
[75] 但是,在法条竞合说中,存在一种规范(群)排斥其他规范(群)(规范排除关系)的情况和允许其他规范补充适用的情况(规范补充关系)(四宫前注[1],63－64 页),需要注意的是,本文采取后者的观点(规范补充关系),川岛说采取了前者的观点(规范排除关系)。

消灭时效

[日]松久三四彦*

一、序言

关于"侵权损害赔偿请求权",民法第724条

---

* 松久三四彦(まつひさみよひこ),生于1952年。1976年毕业于北海道大学法学部,1979年北海道大学大学院法学研究科修士课程毕业,2010年取得北海道大学博士学位。历任小樽商科大学短期大学部商业学科讲师、小樽商科大学短期大学部商业学科助理教授、金泽大学法学部助理教授、金泽大学法学部教授、北海道大学法学部教授、北海道大学法学研究科教授,曾兼任北海道大学院法学研究科长、法学部长(2010—2012年)。2015年从北海道大学退休,成为北海道大学名誉教授,从2015年起任北海学园大学大学院法务研究科教授,2017年担任北海学园大学大学院法务研究科长(2017—2021年)。

著作:『現代民法講義Ⅰ　民法総則』(共著)(法律文化社,1985年);『民法Ⅰ　総則(Sシリーズ)』(共著)(有斐閣,第2版、1995年);等等。

论文:「債権時効(特集　民法の現在(いま)——債権法改正・成年年齢引下げ)——(債権法改正)」ジュリスト1392号(2010年);「時効中断および停止の基本構想(日本私法学会シンポジウム資料　消滅時効法の改正に向けて)——(時効法の現状と改正の方向)」NBL887号(2008年);「総括——イギリス,ケベック,ドイツ,フランスの新消滅時効法の比較と分析(ミニ・シンポジウム　世界の時効法の動向)」比較法研究70号(2008年);「不法行為賠償請求権の長期消滅規定と除斥期間(特集　除斥期間の展開)」法律時報72巻11号(2000年);「消滅時効制

规定了短期 3 年和长期 20 年的双重期间限制。时效期间的起算点,至少短期 3 年时效期间的起算点("知道损害及加害人时")适用作为原则规定的民法第 166 条第 1 款("能够行使权利时")的特别规定(关于 20 年时效期间的起算点即"侵权行为发生时"与民法第 166 条第 1 款的关系,对于前者,存在是适用加害行为时还是损害发生时的观点分歧)[参见本文第四部分·(二)]。该条的母法即德国法规定了 3 年和 30 年的时效期间(德国民法第 852 条第 1 款),其中 30 年的长期时效期间与一般债权的时效期间(德国民法第 195 条)一致。法国民法仅规定了 10 年的单一时效期间(法国 1985 年民法第 2270 条之一)。该规定制定之前,按照一般诉权适用 30 年的时效期间(法国民法第 2262 条),法国民法规定的 10 年时效期间的起算点不同于德国民法和日本民法的短期时效期间,与受害人的认识不存在关系。与德国法和法国法相比,我国民法的特色在于,采用双重时效期间限制,而且长期时效期间限制是一般债权时效期间(10 年)(民法第 166 条第 1 款)的两倍。因此,一方面需要分析 3 年的短期时效期间的存在理由(这一点与德国法相同),另一方面需要分析将长期时效期间设定为一般债权时效期间的两倍的合理性(这一点是我国民法特有的问题,但是缺乏讨论)。而且,在具体案件中,若轻易地认定 3 年时效期间,在 10 年内完成时,对受害人(债权人)较为不利;但若采严格解释,在 10 年内未完成时,对加害人(债务人)较为不利。如果对 3 年期间太短和 20 年期间过长抱有疑问,则不得不对 3 年时效期间的起算点作出微妙的解释,而受害人的权利保护和加害人时效利益之间的调整比较困难。这就导致了从制度上解释我国民法 3 年时效期间起算点比较困难,甚至从整体上对民法第 724 条作出合理解释比较困难。

度の根拠と中断範囲(1)(2)」北大法学論集 31 巻 1 号、2 号(1980 年);「民法 724 条の構造—1 期間 2 起算点の視角」『日本民法学の形成と課題 下』(有斐閣,1996 年);等等。

下面将主要介绍民法第724条的主要论点即前段3年的时效期间起算点和后段20年时效期间的法律性质的相关判例,在考察所及的限度内展开若干讨论。欲确立3年时效期间起算点的解释标准,须首先考察其存在理由。[1]

二、民法第724条前段的3年时效期间的存在理由

(一)学说观点

代表性观点主要有如下三种。

1. 降低加害人免责举证的难度

民法起草者是如何思考这个问题的呢?法典调查会关于民法第724条的审议比较简略,负责起草本条的穗积委员并未就本条的存在理由作出说明。起草者之一的梅博士指出,"是否构成侵权以及侵权损害的程度如何,伴随时间的流逝,其证明将变得困难,导致诉讼的模糊,为了避免出现这种现象,本条规定了3年的短期时效期间"。[2] 作为次要理由,梅博士关注到了避免"模糊诉讼"的裁判所利益,但其核心理由是是否构成侵权以及损害范围的举证困难。[3]

---

〔1〕 关于民法第724条的沿革,参见内池慶四郎「不法行為による損害賠償請求権の時効起算点」法学研究44卷3号(1971年)111页;「損害賠償請求権の消滅時効」有泉亨编『現代損害賠償法講座1』(日本評論社,1976年)211页〔两篇文章均收录于内池慶四郎『不法行為責任の消滅時効』(成文堂,1993年),以下引用的页码为此书页码〕。另外,清晰明了地介绍民法第724条的文献有德本伸一「損害賠償請求権の時効」星野英一编集代表『民法講座6』(有斐閣,1985年)703页。

〔2〕 梅謙次郎『民法要義卷之三債権編』(有斐閣,1984年)917页。(本书的复刻版于1912年发行)

〔3〕 近来有观点认为3年时效期间的法律依据在于降低举证困难,参见淡路剛久「時効」谷口知平ほか编『新版・民法演習1 総則』(1978年)230页;森島昭夫『不法行為法講義』(有斐閣,1978年)429页。另外,新美育文「不法行為損害賠償請求権の期限制限2・完」法律時報55卷5号(1983年)107页曾提出试论,认为本条的法律依据在于"确保当事人能够充分采取对等的攻击、防御措施"。

当然，梅博士认为"证明极其困难"主要是指受害人（债权人）的举证困难。但是，如果是为了降低受害人的举证难度，确定了对受害人不利的3年短期时效期间，逻辑上说不通[4]。作为母法的德国民法草案的理由书指出，一般相当期间经过后的请求将不当限制相对方的防御，因此推定赔偿请求不合法[5]。学说较早就明确了要降低请求的相对方即加害人的免责举证的难度，[6]若将降低举证难度作为法律依据的话，应当是降低加害人的免责举证难度。

2. 平复受害人的感情

末川博士指出[7]，"证明构成侵权的证据材料相比于契约及其他法律行为的情况，涉及更多方面，并且容易丢失"，"容易导致侵权举证的困难"，"对于自己享有侵权损害赔偿请求权具有明确认识时，需要尽早地解决纠纷，这可以作为短期时效期间的一个存在理由"，但并不是主要理由。末川提出了如下疑问：其一，"如果认为降低证明难度是确立这种时效制度的主要理由，将如何解释自侵权行为发生时的20年长期时效期间"；其二，"即使确立3年的短期时效期间，如果受害人知道损害及加害人的时间较晚，那就有可能出现自侵权发生时过了10年时效期间仍未完成的情况，对此应当如何理解"；其三，"一般而言，是否有理由认为侵权行为人即赔偿义务人应当获得比其他债务人更高程度的保护"。基于这三点疑问，末川认为"不应该仅从证据的角度来解释3年时效期间的存在

---

[4] 福冈地判昭51·12·13交民集9卷6号1691页认为，3年的时效期间经过后，"不应再加重受害人的举证难度，反过来讲，受害人也应在此限度内自行承受举证的不利益（受害人举证困难须自行承受，不需要做特殊考虑）"，这一判旨比较难以理解恰恰说明了这一点。另外，福岛地会津若松支判昭50·12·25交民集8卷6号1869页指出"举证（包含本证和反证）变得困难"。

[5] Motive, Bd. Ⅱ, S.742. 参见内池，前注[1]「不法行爲による損害賠償請求權の時效起算點」，10页。

[6] 冈松参太郎『註釈民法理由下卷』（有斐閣書房，1897年）次504页。

[7] 末川博「不法行為による損害賠償請求権の時効」法学論叢28卷3号（1932年）325页、6号（1932年）861页，收录于末川博『権利侵害と権利濫用』（岩波書店，1970年）（本文引用的页码是此书的页码）。

理由"。曾有观点认为,"受害人明明知道损害及加害人,仍不愿花费太多工夫提出赔偿请求,通常认为这是对侵权人的所作所为保持宽恕态度的体现,因此侵权损害赔偿请求权通常受受害人'愤怒的情感',即'主观的个人感情要素'支配"。因此,"从知道加害人之日起经过3年后,愤怒的情绪已然得到平复",所以"设置3年的时效期间具有相当理由,若经过3年依然提出请求,不妨认为请求权人具有某种不纯的动机,甚至暗含着某种不自然的情况",以上便是3年时效期间的正当化理由。因此,既然强调"愤怒的感情",受害人就必须认识到加害行为的违法性。而且,要求受害人对实际产生的损害具有具体认识,因过失而不知损害发生的,应认为时效期间未进行,上述存在理由能够证成此种解释的合理性。

3. 保护赔偿义务人的信赖

内池教授首先对末川的观点进行了评价,认为末川提出的"判断时效期间起算点正当依据的决定性因素是受害人的主观感情"这一观点是值得赞同的,但是,非常明显的一点是"受害人感情的平复并非权利消灭的唯一依据",故"从受害人的主观性直接推导出在一定期间经过后权利消灭的结果,存在逻辑上的跳跃"。内池认为,"发生侵权行为时,在知道受害人随时可能行使权利而一直在等待受害人主张权利的赔偿义务人"处于"极不稳定的状态",此时赔偿义务人存在免责的必要性,"如果权利人在知道损害及加害人后仍然在相当期间内不行使权利,那么赔偿义务人就有正当的理由相信权利人宽恕了自己或者权利人认为没有必要主张赔偿等,因此放弃了请求,这种合理信赖具有合理性"[8]。

(二) 判例

最高裁判所第二小法庭1973年11月16日判决,民事判例集

---

[8] 内池,前注[1],34-35页。

第 27 卷第 10 号第 1374 页(警察的侵权行为)认为,从同条的"趣旨"来看,"知道加害人时"是指"对加害人提出赔偿请求事实可能的情况下,在此可能的限度内知道可以对加害人提出赔偿请求之时"。最高裁判所延续了原审判决(东京高等裁判所 1970 年 4 月 8 日判决,判例时报第 594 号第 68 页)的结论,原审判决指出,"短期消灭时效制度的目的在于防止权利人枕在权利上休眠,从这一目的出发……"。不管是对存在理由的说明,还是从存在理由推导出的具体解释,都备受关注的是最高裁判所第三小法庭 1974 年 12 月 17 日判决,民事判例集第 28 卷第 10 号第 2059 页。该判决指出,"民法第 724 条规定短期消灭时效的目的在于,侵权法律关系通常发生在事先不具有任何关系的当事人之间的、无法事先预见的偶然事故中,因此,<u>加害人</u>是否会被提出赔偿请求,以及应当承担何种范围的赔偿义务都不明确,<u>处在极不稳定的立场</u>,在受害人知道损害及加害人但在相当期间内未行使权利时,应当认为损害赔偿请求权已过消灭时效,相应地加害人应获得保护","公司的董事长并不像前述的加害人那样处于不稳定的立场,董事长的责任适用民法第 724 条不具有实质依据,因此不能将本条规定类推适用于基于商法第 266 条之三第 1 款前段规定,第三人对董事长提出的损害赔偿请求"(文中下划线为作者标注,下同)。[9]

在下级裁判所的判决中,关于机动车交通事故导致的后遗症赔

---

[9] 本案虽然使用了"极其不稳定立场"的表达,但不能因此认为本案采用了与内池说(信赖保护说)相同的观点(柴田保幸「最高裁判所判例解说民事篇昭和四九年度一六事件」145 页)。另外,虽然本案的判旨部分未明确第 724 条的存在理由,但在说理过程中反复使用了民法第 724 条(前段)的"精神""宗旨"之类的表述。例如,大审院 1918 年 3 月 15 日判决,民事判决录第 24 辑第 498 页认为,若在知道加害行为属于侵权行为之前,进行时效期间计算,这"背离了本条的精神"。另外,在关于后遗症治疗费请求权的时效起算点如何确定的案件中,最高裁判所第三小法庭 1967 年 7 月 18 日判决,民事判例集第 21 卷第 6 号第 1559 页认为,"在事实上无法行使损害赔偿请求权的情况下,消灭时效期间进行"的解释"违背了民法第 724 条的宗旨"。该判决所说的"宗旨"在于,消灭时效期间的起算点是受害人具有认识之时。

偿请求,比较多的判决在将最初受伤时之后的时间节点作为时效起算点时,提到民法第 724 条的存在理由,如前述学说观点的主张,这些判决通常会列举降低举证难度(①)、平复受害人的感情(②)、保护加害人的信赖(③)等理由,另外还会列举消灭时效的一般存在理由即防止权利人枕在权利上休眠(④),或强调上述理由之一,或将上述理由中的几种并列。例如,列举①、②的判决(福岛地会津若松支 1975 年 12 月 25 日判决,交通民事判例集第 8 卷第 6 号第 1869 页),列举①、②但强调②的判决(松山地西条支 1976 年 7 月 29 日判决,交通民事判例集第 9 卷第 4 号第 1092 页);列举①、②、④的判决(福冈地方裁判所 1976 年 12 月 13 日判决,交通民事判例集第 9 卷第 6 号第 1691 页);列举①、④的判决(千叶地方裁判所 1986 年 12 月 15 日判决,交通民事判例集第 9 卷第 6 号第 1687 页);列举③的判决(长野地方裁判所 1986 年 3 月 27 日判决,判例时报第 1191 号第 107 页)。还有非后遗症案件,列举①、②但强调②的判决[熊本地方裁判所 1973 年 3 月 20 日判决,判例时报第 696 号第 15 页(熊本水俣病诉讼)];列举③、④的判决[东京地方裁判所 1990 年 8 月 27 日判决,判例时报第 1379 号第 105 页(因町长的虚假信息提出买卖土地损害赔偿请求的案件)]。另外,强调①的判决[新潟地方裁判所 1994 年 6 月 30 日判决,判例 times 第 849 号第 279 页(新潟斯蒙诉讼)]认为,"民法之所以就侵权设置前述特别规定,将受害人知道损害及加害人时作为时效期间起算点,是为了保护受害人的利益,同时也是为了降低加害人的举证困难","被告公司并没有因为时间的经过遭受诉讼防御上的困难",原告"提起诉讼也并不容易",因此认定被告援用时效抗辩构成权利滥用。当列举①为存在理由时,正如本案判决,3 年时效期间是在保障受害人能够行使权利的同时,降低加害人的免责举证困难。

(三)讨论

第一,降低举证困难具有两层含义。第一层含义是,降低侵权成立的证明难度。但如前所述,如果是为了降低受害人的举证困难才确立相应期间限制的话,逻辑上说不通,所以主要关注的还是裁判所的利益。如果是将裁判所的利益作为次要理由的话姑且不论,但如果是为了调整侵权法律关系双方的利益或者从应当向哪一方利益倾斜的角度来看,不能将其作为主要理由,也没有任何观点将其作为时效制度存在的一般理由。第二层含义是,降低证明侵权不成立(免责)的难度。但是,正如所述,如果是为了降低证明侵权不成立的难度,将不能合理地解释20年时效期间的存在,以及将起算点确定为"知道损害及加害人时"即受害人具有认识之时,而不是"侵权行为发生时"。

第二,平复受害人的感情对实际提起赔偿请求或提起诉讼之前的受害人不适用。裁判中承受3年时效不利益的是感情未获平复的受害人,应当能够预想到的是受害人现在仍处于愤怒当中。我们能够一般性地认为现在仍然处于愤怒状态的受害人行使权利,是"基于某种不纯的动机""属于不自然的现象"吗?若通常认为因为感情平复所以受害人放弃请求,那其中就暗含着只要过了3年受害人的心情就能够得到平复的规范价值判断。这或许能够成为一种观点,但法律不应过分干预感情本身。

第三,对于保护赔偿义务人的信赖这种观点,批判意见认为,将赔偿义务人无从知悉的受害人认识这一主观内心状态与赔偿义务人的信赖形成联系,逻辑上比较牵强。[10] 对此批判意见,内池教授提出如下反驳:一般在提起诉讼以前,双方当事人会进行事实上的协商和交涉,"不管在何时何阶段判断债务人已经知道'权利人有意识地不行使权利',既然已经知情,就应当保护这种信赖"(后文所引用的内池论文第177页)。但是,在提起诉讼之

---

〔10〕 内池慶四郎「不法行為責任の短期時効と信頼保護の法理」法学研究59巻2号(1986年)70 - 75頁。内池慶四郎「損害賠償請求権の消滅時効」有泉亨編『現代損害賠償法講座1』(日本評論社,1976年)145 - 151頁(下文引用的页码是指该书的页码)。

前若双方当事人进行了事实上的协商和交涉,"即使赔偿义务人相信权利人已经放弃了请求",作为这种信赖前提的时效期间的起算点也不应该是"知道损害及加害人时"(协商、交涉开始时),而是协商、交涉结束时。如果信赖保护说认为在交涉过程中时效中断则另当别论[德国民法第852条第2款(1977年追加内容)对此予以承认],不过在不具有类似条文的我国民法所规定的时效制度下,很难采取这种解决方式。此种观点既承认法律关系的当事人是侵权行为当事人,又以"信赖"为关键词展开解释,具有一定的违和感。当然,这种观点强调加害人所处的不稳定状态,基于与证据上的理由或者平复受害人感情等不同的依据,证成实体权利消灭的正当性。我们应当学习这种研究问题的视角,探究取代"信赖保护"的正当化依据。

第四,为了探寻3年时效时间的正当化依据,需要结合侵权法律关系的一般特性,对设置短期时效期间(保护加害人的方面)和确立时效期间起算点为"知道损害及加害人时"(保护受害人的方面)这两点进行说明。侵权法律关系的特殊之处在于,"侵权法律关系通常发生在事先不存在任何关系的当事人之间的、无法预见的偶然事故,加害人是否被要求赔偿以及承担何种程度的赔偿都不明确,结果导致其处于极不稳定的状态"(前述最高裁判所第三小法庭1974年12月17日判决,民事判例集第28卷第10号第2059页)。因此,法律关系不明确的特殊性要求从保护加害人的角度,主要基于是否存在赔偿请求和赔偿范围的不确定性,确立短期的时效期间,从受害人的角度,主要基于赔偿请求的困难,确立主观的时效期间起算点,而且需要确立比一般债权的时效期间更长的20年期间(据此是否能够充分说明时效制度的正当性,也就是说立法规定是否合理,则是另外一个问题)。在解释时效期间的起算点时,应考虑到与短期时效期间(对受害人不利)的平衡,将保障受害人能够实际提起诉讼作为基本的出发点。如果出现了只能根据20年时效期间进行救济的加害人，虽然相比于一般的债务人处于不利地位，但民法第 724 条后段也不得不规定 20 年的期间而不是 10 年的期间（民法第 167 条第 1 款）。因此，"知道损害及加害人时"的含义是受害人能够实际提起诉讼时，应当根据是否存在实际提起诉讼的可能性来对具体问题展开解释（福冈地方裁判所 1976 年 12 月 13 日判决，交通民事判例集第 9 卷第 6 号第 1691 页存在"<u>提起损害赔偿诉讼的现实可能性</u>"的表达）。具有实际提起诉讼的可能性也是指实际能够期待提起诉讼（行使权利）（福冈高等裁判所 1987 年 12 月 10 日判决，判例时报第 1278 号第 88 页认为，"法人的代表人协助加害人对法人实施共同侵权行为的，很难期待代表人实际行使损害赔偿请求权……"；福冈高等裁判所 1992 年 3 月 6 日判决，判例时报第 1418 号第 3 页认为，"能够合理期待受害人行使损害赔偿请求权的时间点是起算点"），而且实际提起诉讼的可能性的认识包括胜诉可能性的认识。[11] 此外，在交通事故的受害人被加害人起诉工作过失致死罪，一审被判有罪，二审被判无罪后向真正的加害人请求赔偿的案件（最高裁判所第二小法庭 1983 年 11 月 11 日判决，判例时报第 1097 号第 38 页），认为无罪判决确定时为时效期间的起算点。这也说明实际提起诉讼的可能性的认识包括胜诉可能性的认识。当然，胜诉可能性属于对不确定将来的预测，为了确保时效制度的实效性，这种认识不需要达到确定认识的程度[高松高等裁判所 1988 年 2 月 26 日判决，判例时报第 1280 号第 80 页（森永砒霜牛奶案）认为，"'知道损害时'并不需要受害人在诉讼中掌握充分资料确信自己能够胜诉的认识"]。

---

〔11〕 沢井裕『テキストブック事務管理不当利得不法行為』（有斐閣，1996 年）261 页指出，"对被告提起诉讼的可能性的认识包括有相当胜诉希望的认识"。

三、3年时效期间的起算点

民法第724条前段规定的起算点是"知道损害及加害人时"。首先需要分析本条规定整体上的问题,其次为了讨论方便,本文区分知道损害时和知道加害人时进行讨论。[12]

(一)关于受害人认识的一般问题
1. 对成立侵权的认识

关于民法第724条前段的解释,有观点认为,3年时效期间的开始[根据民法第138条和第140条的规定,当日不算入(最高裁判所第三小法庭1982年10月19日判决,民事判例集第36卷第10号第2163页)]不仅需要受害人知道损害和加害人,还必须认识到加害行为成立侵权(违法性、因果关系)。[13] 例如,大审院1918年3月15日判决,民事判决录第24辑第498页认为,"民法第724条规定的知道损害时并非单纯指知道损害时,还应当认识到加害行为构成侵权"。最高裁判所第一小法庭1968年6月27日判决,讼月第19卷第1003页也认为,同条规定的"'知道损害及加害人时'并不是单纯指知道损害时,还需要认识到加害行为构成侵权"。因为没有

---

[12] 关于3年时效期间的综合判例研究,可参见藤冈康宏「不法行为による损害赔偿请求権の消滅時効」北大法学論集27卷2号(1976年)171页。

[13] 判例上经常涉及违法性认识时间点的问题,而涉及因果关系认识时间点的也不在少数。例如,高松地方裁判所1980年3月27日判决,判例时报第975号第84页(参见后注[15],"受害人须认识到加害行为的违法性及加害行为与损害之间的因果关系")、后述东京地方裁判所1981年9月28日判决,判例时报第1017号第34页(日本化工铬工伤诉讼)与宫崎地方裁判所延冈支判1983年3月23日判决,判例时报第1072号第18页(松尾砒霜矿毒诉讼)、大阪地方裁判所1982年7月1日判决,交通民事判例集第15卷第4号第903页("最先知道起因于本案事故")等。另外,对因果关系的认识较为困难时(如公害),这种认识须结合违法性的认识。

认识到成立侵权,就不可能实际提起诉讼,所以这种解释是合理的。上述判决的表述在其他很多判例中都可以找到,要求认识到构成侵权意味着推迟起算点,这是有助于保护受害人的有效方法[14]。具体在如下情形下,面临诸多问题。

(1)与受害人相关的判决未确定则难以认识构成侵权的情形

在这种情况下,通常将与受害人相关的判决[15]确定的时点作为起算点。

(a)违法的临时处分、诉讼提起

在提出违法的临时处分申请,临时处分执行导致损害赔偿请求的案件中,大审院1918年3月15日判决,民事判决录第24辑第498页认为,"临时处分诉讼的判决结果影响请求权实现的,或者本案诉讼、确认诉讼的判决结果确认具有请求权之前,是否成立侵权还尚未确定",因此,"时效期间应自知道判决已经确定相对方的请求权或临时处分命令作出时已经存在影响请求权实现的障碍时,开始计算"。本判决撤销了将临时处分命令执行时作为起算点的原审判决并发回重审,虽然没有明确具体的起算点,但从判决理由的表述上来看,起算点并不是判决确定之时,而是受害人具体认识到判决确定之时。如果将受害人具体认识时作为起算点,则判决确定之

---

[14] 藤冈,前注[12],185、190页。

[15] 不是以受害人相关判决而是以同类案件判决为参考的判决是高松地方裁判所1980年3月27日判决,判例时报第975号第84页。该判决认为因医生违反了说明义务,导致还未发育成熟的婴儿患上视网膜症而失明,受害人有权主张相应的损害赔偿请求。该案判决认为,"本案属于因尚未发育成熟的婴儿视网膜症引发失明的特殊医疗纠纷,必须具备高度专业的医学知识才能知道医生的过错责任(包括违法性)以及损害与其过错行为之间的因果关系",起算点应当是最开始作出同类事故的医生过错责任的判决之后(但是二审高松高等裁判所1983年2月24日判决,判例时报第1087号第77页认定医生并未违反说明义务,撤销了一审判决)。另外,还有的判决认为起算点是原告具有参加意思的其他同类诉讼提起之时,如高松高等裁判所1988年2月26日判决,判例时报第1280号第80页(森永砒霜牛奶案)。此外,对于相关人的说辞错综复杂而无法确定谁是驾驶人的事故,有的判决认为能够明确知道加害车辆的驾驶人是在刑事案件一审判决确定之时,如东京高等裁判所1982年8月10日判决,交通民事判例集第15卷第4号第889页。

时虽然成为重要的参考因素,但绝不是将起算点固定在判决确定之时[16]。不过,也有判决认为,若临时处分债权人在本案诉讼或异议诉讼中败诉时,则起算点固定在败诉判决确定之时(东京地方裁判所1973年2月26日判决,判例时报第714号第207页)。

在违法提起诉讼时,大审院1940年12月28日判决,新闻第4670号第9页认为,"诉讼的提起是否构成侵权,一般情况下很容易作出判断,若不存在特殊情况,侵权损害赔偿请求权的时效起算点是诉讼判决确定之时……此时视为受害人知道损害及加害人时(至于在何种情况下构成侵权,可参见东京高等裁判所1983年5月18日判决,判例时报第1084号第79页)。

(b)违法的行政处分

从"主张行政处分违法并以此为由请求国家赔偿的,必须事先取得撤销行政处分或无效确认的胜诉判决"(最高裁判所第二小法庭1961年4月21日判决,民事判例集第15卷第4号第850页)这一判决说理来看,时效期间的起算点有可能是无效确认判决确定之前,但实际上通常是无效确认判决确定之时。例如,在土地所有人取得道路位置指定处分无效确认胜诉判决后请求国家赔偿的案件中,神户地方裁判所1977年1月17日判决,判例时报第863号第86页认为,"本案中,行政机关主张行政处分有效但被提起无效确认诉讼时,无效确认判决确定之时,就能从客观上认识到加害行为的违法性"[17]然而,即使受害人主观上认识到或确信构成侵权,但存在相关判决确定前尚无法认识到胜诉可能性的情况,故上述判决的说理是合理的。

---

[16] 藤冈,前注[12],179-180页。
[17] 反对观点参见河津圭一「国家賠償請求権と短期消滅時効の起算点」法律时报35卷9号(1963年)74页,河津认为,受害人在行政处分无效确认诉讼提起之前就已经具有了违法性的认识。

（c）违法起诉

东京高等裁判所 1970 年 8 月 1 日判决，下级裁判所民事判例集第 21 卷第 7、8 号第 1099 页判决［松川国家赔偿请求案（确定）］认为，"在不合法起诉的情形，即使刑诉法上的诉讼行为引发损害，并且在刑事诉讼进行的过程中知道发生了损害，但刑事案件正在审理尚未确定之前，从时效制度的目的出发，应当认为受害人尚不知道因违法行为遭受了损害"，原告方（主张精神损害和可得利益的赔偿）在"无罪判决或上诉驳回之日，才明确知道了因前述起诉行为遭受了损害"。

（d）因相对方的过错行为请求离婚判决后的精神损害赔偿

最高裁判所第二小法庭 1971 年 7 月 23 日判决，民事判例集第 25 卷第 5 号第 805 页判决认为，"因对方的过错不得以离婚而遭受精神痛苦，提出损害赔偿的，这种损害只有在判决离婚成立时才能予以评价，……因此当对方被认定存在过错并作出离婚判决等离婚确立之时，受害人才能知道导致离婚的对方行为构成侵权，以及损害已经发生"[18]。

（e）前诉确定无法取得契约意图实现的权利的情况

不动产任意拍卖的竞拍人被未在竞拍日的公告记载的租赁权人提出租赁权抗辩而请求国家赔偿，福冈高等裁判所 1975 年 12 月 22 日判决，判例时报第 814 号第 125 页认为，在送达要求承租人搬离不动产的败诉判决时，"受害人才确定知道存在能够对抗自己权利的租赁权，因此可以推定自己因为租赁权的存在遭受了损害和知道了加害人"。被银行的分行长骗取钱财，起诉后主张该笔款项系存款，提起了存款返还请求之诉但最终败诉，受害人请求用人单位即银行承担损害赔偿，东京高等裁判所 1977 年 8 月 31 日判决，判

---

[18] 反对观点参见佐藤義彦「本件判批」民商法雑誌 66 卷 5 号 923 頁，佐藤认为起算点是提出离婚诉讼之时。

例时报第 871 号第 39 页认为,如果肯定了存款返还请求,则将不会发生侵权损害,因此"明确知道自己遭受损害"是在上述诉讼的败诉判决确定之时(银行主张起算点是起诉之时)。

(f)否定起算点为相关判决确定时的案件

关于虚假申请图案设计专利的加害人提出赔偿请求的时效起算点,最高裁判所第三小法庭 1993 年 2 月 16 日判决,判例时报第 1456 号第 150 页驳回了基于虚假申请的无效审决确定时的主张,支持了原审判决[19]。

(2)因公害原因复杂难以认识违法性的情形

熊本地方裁判所 1973 年 3 月 20 日判决,判例时报第 696 号第 15 页认为,造成水俣病的原因和污染路径需要很长时间才能够被逐一查明,因此只有等到厚生劳动省发布官方公告时,受害人才能"依据具体资料认识到行为的违法性",此时才是时效的起算点。

(3)因信赖加害人的说明而缺乏违法性认识的情况

关于炸弹爆炸导致自卫队员死亡的事故,东京地方裁判所 1981 年 3 月 26 日判决,判例时报第 1013 号第 65 页认为,死亡自卫队员的近亲属不具有任何关于炸弹的专业知识,也没有任何收集信息的手段,其信赖自卫队作出的不可抗力的说明时,只当律师提供调查报告时,才能"明确认识到加害行为的违法性",此时为时效期间的起算点。像这种加害人作出不具有违法性的说明但又援用时效抗辩的案件,可认为构成权利滥用(本案原告也提出了同样的抗辩),本案判决的出现表明认识到加害行为的违法性可以阻止时效的援用。另外,也有同样类型的案件以事故发生之时为起算点,肯定了 3 年时效期间的经过,如最高裁判所第三小法庭 1975 年 2 月 25 日判决(但是,该判决认为国家未尽到对公务员的安全关照义

---

[19] 赞成观点参见山中伸一「本件判批」判例評論 419 号 8 頁,反对观点参见牛木理一「本件判批」私法判例リマークス 9 号 107 頁。

务,损害赔偿请求权的时效期间应适用民法第 167 条第 1 款的 10 年,撤销了原审判决并发回了重审),学说上存在批判观点[20]。也有案件不同于上述类型,认为加害人作出说明时(自认违法性),受害人认识到加害行为的违法性,如东京地方裁判所 1992 年 8 月 2 日判决,判例时报第 1433 号第 3 页(加害人作出男女之间一般存在工资差别的发言时)。

2. 事实认识与法律评价的认识——应以何人为标准判断是否存在认识

受害人能够实际提出损害赔偿请求,必须认识到证明构成侵权的事实和加害行为构成侵权(法律评价)。时效期间开始计算时需具备实际提起诉讼的可能性,因此必须同时具备事实认识和法律评价的认识。问题在于是否同时需要受害人具有现实认识。学说上大致存在如下两种观点:①受害人需要对事实形成认识,而对于法律评价,应当以一般人或普通人的判断为标准[21];②受害人必须同时具备对两者的现实认识[22]。关于对用人者责任(民法第715条)中"加害人"的认识,最高裁判所第一小法庭 1969 年 11 月 27 日判决,民事判例集第 23 卷第 11 号第 2265 页认为,受害人应认识到"一般人"能够判断用人单位执行工作任务的事实[23]。作为对此问题的直接回应,东京高等裁判所 1987 年 7 月 15 日判决,判例时报第 1245 号第 7 页(横田基地噪音公害诉讼)认为,"违法的认识应以一般通常人为标准";福冈高等裁判所 1992 年 3 月 6 日判决,判例时报第 1418 号第 3 页延续了一审的福冈地方裁判所 1988 年 12

---

[20] 森島昭夫「本件判批」判例評論 200 号 33 頁以下。
[21] 四宮和夫『不法行為』(青林書院,1988 年)647 頁;沢井,前注[11],260 – 261 頁;森島昭夫『不法行為法講義』(有斐閣,1987 年)438 – 439 頁。
[22] 内池,前注[1]「不法行為による損害賠償請求権の時効起算点」,39 頁。内池在文中指出,"受害人对要件事实的认识与法律判断是密切不可分的关系"。
[23] 关于对本案判决的理解,内池慶四郎「本件判批」判例タイムズ246 号 106 頁与沢井裕「本件判批」民商法雑誌 63 巻 1 号 148 頁、下森定「消滅時効の起算点」判例タイムズ268 号(1981 年)189 頁持不同看法。

月 16 日判决,判例时报第 1298 号第 32 页,认为"若要认定受害人具有违法性的认识,受害人必须充分认识到从一般人的角度足以能够提出赔偿请求的基础事实"(相同的判决参见金泽地方裁判所 1991 年 3 月 13 日判决,判例时报第 1379 号第 3 页;东京地方裁判所 1993 年 6 月 11 日判决,判例时报第 1472 号第 28 页等)。由此可知,判例采取了上述观点①。

以一般人为标准判断是否具有法律评价认识的立场受"不知法不免责"(ignorantia juris non excusat)思想的支配,但并不能从该思想中直接推导出具体结论,最终需要调整短期时效制度中保护受害人和保护加害人之间的关系[24]。鉴于 3 年期间过短(不利于受害人)而 20 年期间是一般债权的两倍(不利于加害人)以及统一判断标准的需求,认为对事实认识和法律评价认识采取受害人标准和一般人标准的中间标准的观点①,对事实认识采取受害人本人的标准,对法律评价的认识采取"一般人标准"[25]的做法是合理的。另外,像后文所述那样,只有能够预见到与已发生损害具有牵连一体

---

[24] 沢井裕『テキストブック事務管理不当利得不法行為』(有斐閣,1996 年)261 頁。

[25] 拙见所使用的"一般人"的表达是指与受害人属同种职业和相同地位的一般人。前田达明教授也采用了这种意义上的一般人,他采用了与社会一般的"平均人"相对比的"一般标准人"及"标准人"的表达[前田達明『不法行為帰責論』(創文社,1978 年)200、214 頁]另外,藤岡康弘ほか著『民法Ⅳ 債権各論』(有斐閣,1995 年)241 頁(藤岡執筆)或许受到前田观点的影响,使用了"一般标准人或合理人"的表述。以此种意义上的一般人为标准是合理的,而且本文所讨论的最高裁判所第一小法庭 1969 年 11 月 27 日判决也使用了"一般人"的表述,所以本文使用了这种意义上的"一般人"的表述。前注[22],四宫书,第 47 页的"通常人(类型化之后的通常人)"与前注[21]森岛书第 439 页的"与受害人处于相同立场的通常人或一般人"与本文所使用的一般人的含义相同。另外,当以受害人为标准时,将会面临认识能力劣后的受害人没有法定代理人,应如何判断是否具有认识的问题。名古屋地方裁判所 1983 年 12 月 15 日判决,判例时报第 1121 号第 69 页(燃气事故发生之日起 9 个月后处于痴呆状态,事故发生后约 3 年 8 个月后被宣告为禁治产人)对于被告主张以原告恢复到幼儿园程度的智力状态时,就知道了"损害及加害人",以此时为起算点的时效期间已经届满,判决认为被告并没有举证证明受害人是否恢复到幼儿园程度的智力状态,驳回了被告的主张,但如果判决的说理是具备此种程度的认识能力即可,是存在问题的。

关系的损害,才认定时效期间开始计算时,从兼顾受害人保护(将起算点推迟到能够认识时)和加害人保护(尽快从不稳定的状态解放出来实现纠纷的一次性解决)的角度,应当以"一般人"为标准判断是否能够预见,而不是以受害人本人为标准。[26]

3. 认识的程度

作为认识对象的侵权性、损害和加害人,其中对于损害,大审院1920年3月10日判决,民事判决录第26辑第280页认为,"无须认识到损害程度和具体的损害赔偿数额,只需要认识到发生了损害即可"。最近的多数判例认为应当"明确知道"损害已经发生(例如前述"对成立侵权的认识"部分的判例)。关于加害人,最高裁判所第二小法庭1973年11月16日判决,民事判例集第27卷第10号第1374页采用了较为模糊的表述,认为"在事实上能够对驾驶人提出赔偿请求的状况下,在该可能的限度内知道能够对加害人提出赔偿请求",但从保障受害人实际提起诉讼的可能性的角度出发,对认识对象(损害、加害人等)达到"明确知道"的程度。[27] 当然,若采用此种观点,当对上文所述的法律评价认识采取一般人标准时,应当认为一般人能够明确知道之时。

(二)知道"损害"时

1. 时效期间开始计算的损害赔偿请求权的范围

关于从何时开始计算何种范围的损害赔偿请求权的时效期间,最高裁判所第三小法庭1967年7月18日判决,民事判例集第21卷第6号第1559页(后遗症)认为,"既然受害人已经知道发生了侵权损害,对于当时能够预见发生了与该损害具有牵连一体关系的损

---

[26] 松山地方裁判所西条支判1976年7月29日判决,交通民事判例集第9卷第4号第1092页。

[27] 参见不法行为法研究会『日本不法行為法リスティトメント』(有斐閣,1988年)153页以下(加藤一郎)[初出ジュリスト913号(1988年)88页以下]。

害的,应认为受害人认识到了上述所有损害的发生,民法第724条规定的时效应自知道前述损害发生之时开始计算"(延续了大审院联合部1940年12月14日判决,民事判例集第19卷第2325页。后述"继续侵权部分中非法占有部分"的一般说理)。也就是说,判例认为,在知道①现在的损害发生时,受害人能够预见②与现在的损害具有牵连一体关系的损害发生的,时效期间自知道①的发生之时开始计算。如前文所述,对于①,受害人需要具备现实认识,对于②的预见可能性,应以一般人为标准进行判断[上述最高裁判所没有明确说明,但大审院联合部的判决认为,"依社会观念能够预见",援用上述最高裁判所判决的最高裁判所第一小法庭1974年9月26日判决,交通民事判例集第7卷第5号第1233页(后述"后遗症"部分)认为,"依一般社会观念能够预见当时发生损害的,认定受害人认识到所有损害的发生"]。以下将对在加害行为以及损害样态方面具有特殊性的判例展开介绍。

2. 继续侵权

判例根据侵权行为及损害发生持续的不同类型,确定了两种起算点。第一种是顺次计算说,像每日(如非法占有)、每月(如违法查定支付工资)损害顺次发生的情况,受害人知道损害及加害人后,时效按照顺次发生的损害分别计算(至少在提起诉讼之前的3年以内的赔偿请求获得认可)。第二种是概括计算说,如果能够将所发生的损害看作一个整体,则从某时间节点开始统一计算时效期间。[28] 问题是,如何理解在何种情况下"损害是可分的"[29],并且顺次发生。

---

[28] 详细参见内池慶四郎「継続的不法行為による損害賠償請求権の時効起算点(一)(二・完)」法学研究48卷(1975年)10号1页、11号31页(收录于前注[1],内池书)。

[29] 藤岡康宏「不法行為による損害賠償請求権の消滅時効」北大法学論集27卷2号(1976年)203页。

（1）非进行性损害

（a）非法占有

大审院联合部 1940 年 12 月 14 日判决，民事判例集第 19 卷第 2325 页（土地的使用权人在土地出卖后依然占有使用土地拒绝撤离的案件）否定了过去大审院的结论［大审院 1920 年 6 月 29 日判决，民事判决录第 26 辑第 1035 页。非法让他人耕种并收取费用的案件，大审院认为"应从受害人一开始知道损害及加害人时，开始计算全部损害赔偿请求权的时效期间"］，认为"侵权行为持续的，损害也在持续……只要损害持续发生，就构成因新的侵权行为导致的损害，依据民法第 724 条，应当从知道每次损害发生时分别计算时效期间"。理由主要有如下两点：①受害人未必能够预想到加害人持续的侵权行为会在将来导致持续的损害发生；②如果从一开始知道发生部分损害时计算时效期间，那么虽然侵权仍在继续，但因时效期间经过，赔偿请求将无法获得认可，这种处理结果是不合理的（理由②系由末川所指出[30]）。

（b）未发生健康损害的生活妨害（公害）

近来关于噪音、振动侵权的精神损害赔偿请求的判例主要有：①名古屋地方裁判所 1980 年 9 月 11 日判决，判例时报第 796 号第 40 页（东海道新干线噪音振动停止损害赔偿诉讼）；②东京地方裁判八王子支判 1981 年 7 月 13 日判决，判例时报第 1008 号第 19 页（横田基地公害诉讼）；③横滨地方裁判所 1982 年 10 月 20 日判决，判例时报第 1056 号第 26 页（厚木基地公害诉讼）；④福冈地方裁判所 1988 年 12 月 16 日判决，判例时报第 1298 号第 32 页（福冈机场噪音公害诉讼，二审福冈高等裁判所 1992 年 3 月 6 日判决，判例时报第 1418 号第 3 页）；⑤东京地方裁判所八王子支判 1989 年 3 月 1 日判决，判例 times 第 705 号第 205 页（横田基地第三次诉讼）等。

---

［30］　末川博『権利侵害と権利濫用』（岩波書店，1970 年）672 頁以下。

这些案件都采用了顺次计算说,认为最初的时效起算点是受害人根据自己的生活经验能够认识到噪音等超出忍受限度(违法性)时(判决①未就起算点作出明确判决,判决⑤认为起算点是在先的横田基地第二次诉讼提起之时)。此外,对于大气污染导致的精神损害赔偿请求,津地四日市支判 1982 年 6 月 25 日判决,判例时报第 1048 号第 25 页(小野田水泥公害诉讼,受害人还提出了农作物受损的赔偿请求)采取了顺次计算说,关于日照妨害的精神损害赔偿请求,高松高等裁判所 1983 年 9 月 20 日判决,判例 times 第 510 号第 103 页也采取了顺次计算说。

(c)思想差别

关于用人单位的工作人员加入特定政党、劳动工会被用人单位实施工资差别对待,职员要求用人单位支付平均工资差额和精神损害赔偿金的判例主要有:①大阪地方裁判所 1992 年 9 月 22 日判决,判例时报第 1442 号第 3 页(全海关大阪诉讼。二审的大阪高等裁判所 1995 年 2 月 9 日判决,判例时报第 1550 号第 8 页否定了侵权的成立);②前桥地方裁判所 1993 年 8 月 24 日判决,判例时报第 1470 号第 3 页(群马东电诉讼);③甲府地方裁判所 1993 年 12 月 22 日判决,判例时报第 1491 号第 3 页(山梨东电诉讼);④长野地方裁判所 1994 年 3 月 31 日判决,判例时报第 1497 号第 3 页(长野东电诉讼);⑤千叶地方裁判所 1994 年 5 月 23 日判决,判例时报第 1507 号第 53 页(千叶东电诉讼);⑥东京地方裁判所 1995 年 2 月 22 日判决,判例时报第 1537 号 13 页(全海关东京诉讼)等。关于工资差额损害赔偿请求,肯定违法查定的判决⑤认为,"因差别对待遭受的应得工资损害并不是在差别对待时一次性发生的确定的逸失利益损失,而是在每次工资支付时具体确定发生的损害",本案判决采用了与判决③相同的顺次计算说(每次支付工资时)〔在申请救济期间即"行为发生之日起(持续行为终了时)1 年(劳动合伙法第 27 条第 2 款)期间是否经过发生争议的案件中,最高裁判所第三小法庭1991年6月4日判决认为,只要是根据构成不当劳动行为的差别对待支付工资的,该不当劳动行为就具有持续性"。]精神损害赔偿请求的起算点也采用了顺次计算说(判决①、②、④、⑤、⑥)。判决⑤认为,即使工资的差别对待是"基于持续的差别意思,但是每次的具体行为及由此发生的精神损害赔偿请求权并非一个不可分的整体"。不过判决①也同时指出"本案发生的损害是顺次累积产生的,……"。

(2)进行性(积累型)健康损害

(a)劳动灾害

对此类案件,判例采用了统一计算说。①东京地方裁判所1981年9月28日判决,判例时报第1017号第34页(日本化工铬劳动灾害诉讼)认为,"围绕加害行为与损害之间是否具有因果关系发生争议时,自行政机关等公开具体结论时开始计算时效期间","像本案损害这样,从鼻中骨穿孔到呼吸器官疾病、肺癌等具有持续性且广泛的损害,不能分别把握每项损害,应将受害人遭受的各项损害作为一个整体对待。因此分别按照各种症状计算时效期间的做法是不合理的"(对部分原告,提出时效期间经过的抗辩构成权利滥用)。另外,②宫崎地方裁判所延冈支判1983年3月23日判决,判例时报第1072号第18页(松尾砒霜矿毒诉讼)认为,根据民法第724条前段的规定,"在能够对加害人行使损害赔偿请求权的限度内(换言之,在能够期待受害人开始着手行使权利的限度内),受害人根据具体资料能够认识因侵权遭受损害及加害人时为时效期间的起算点","本案中,原告等根据具体的资料认识到上述症状的广泛性、持续性及加害行为与损害的因果关系时(至少从冈山大意见书提出之时),开始对全部损害统一计算时效期间"(时效期间未经过)。在尘肺诉讼中,③福岛地方裁判所磐城支判1990年2月28日判决,判例时报第1244号第53页认为,"'知道损害发生时'是指能够把握损害全貌之时",依据尘肺法第4条,认定受害人的尘肺属于第四种类型时开始计算时效期间。(但是,20 年期间的起算点是一开始作出行政决定之时)。此外,关于违反安全关照义务的尘肺损害赔偿请求权的消灭时效(民法第 167 条第 1 款规定的 10 年期间),最高裁判所第三小法庭 1994 年 2 月 22 日判决,民事判例集第 48 卷第 2 号第 441 页认为起算点是"受害人接受最终的行政决定之时"。

(b)生活妨害(公害)

生活妨害案件也采用了统一计算说。大气污染诉讼是典型,最近的判例主要有:①千叶地方裁判所 1988 年 11 月 17 日判决,判例时报临时增刊 1989 年 8 月 5 日号第 165 页(千叶川铁诉讼);②大阪地方裁判所 1991 年 3 月 29 日判决,判例时报第 1383 号第 22 页(西淀川公害诉讼);③横滨地方裁判所川崎支判 1994 年 1 月 25 日判决,判例时报第 1481 号第 19 页(川崎大气污染公害诉讼);④冈山地方裁判所 1994 年 3 月 23 日判决,判例时报第 1494 号第 3 页(仓敷大气污染公害诉讼)等(关于时效期间的起算点,判决②、③、④是提起诉讼之时,判决①未确定起算点,但结论认为时效期间未经过),但健康损害存在个体差异,存在固有难度[31]。另外,水俣病诉讼围绕 20 年时效期间是否经发生了争议(参见后述"援用时效违反诚实信用原则、构成权利滥用的判例"第一部分)。

(3)对持续出轨的相对方的精神损害赔偿请求权

在妻子对与丈夫持续保持同居关系的女性提出精神损害赔偿请求的案件中,最高裁判所第一小法庭 1994 年 1 月 20 日判决,判例时报第 1503 号第 75 页撤销了原审判决(原审判决认为,持续的同居关系应当从整体上被评价为对妻子的侵权行为,起算点是同居关系结束时,因此本案的时效期间未经过,认可原告妻子的 500 万

---

[31] 关于上诉大气污染诉讼,可参见松村弓彦「消滅時効」判例タイムズ850 号(1994 年)60 頁。

日元的精神损害赔偿金)并发回重审。基于顺次计算说,最高裁判所认为"应当从配偶一方知道上述同居关系时,开始计算自此之前的精神损害赔偿请求权的消灭时效"。理由是,"在这种情况下,配偶一方遭受的精神痛苦,在同居关系结束之前,并非不可分的整体,配偶一方知道同居关系时,就可以向第三人主张精神损害赔偿"。关于承认对出轨的相对方提出精神损害赔偿请求,学说上提出了强烈的批判[32],而顺次计算说下调了精神损害赔偿金的数额。

3. 后续损害

侵权行为发生之后产生费用支出等损害的(以下简称后续损害),是否推迟计算后续损害的时效起算点成为需要解决的问题。

(a) 律师费

最高裁判所第二小法庭1970年6月19日判决,民事判例集第24卷第6号第560页(直至二审才提出律师费请求的案件)认为,"委托律师提起本诉,并缔结前述胜诉报酬契约的,契约缔结时就是上诉人知道民法第724条规定的损害之时",本案的时效期间已届满。因为在"缔结契约时,受害人能够足以认识到本案侵权所导致的此种损害(律师费)"。同样认为起算点是"契约缔结时"的判例还有熊本地方裁判所1973年3月20日判决,判例时报第696号第15页(熊本水俣病诉讼)。另外,最高裁判所第二小法庭1979年3月9日判决,金法第898号第86页认为,"通常按照不同的审级签订律师报酬支付契约,只要原审未承认律师报酬支付契约缔结时间存在特殊情况,就应当认为该报酬支付契约是在一审判决之后签订的"。对此持反对观点的是新潟地方裁判所三条支判1979年3月27日判决,判例时报第943号第95页,该判决认为,"律师费的发生必须与事故之间具有相当因果关系,所以知道最初的损害时,当然

---

[32] 参见星野英一ほか编『民法判例百選Ⅱ 債権(第四版)』(有斐閣,1996年)196頁〔水野紀子〕。

就能够预见损害的发生,不能将契约缔结时作为时效的起算点"。这个问题关系到部分请求与时效中断问题的解释。[33]

(b)登记官的过失

对因登记官的过失(没有仔细审查伪造的登记证明文件)而未能取得所有权,导致建筑物被撤去而遭受损害,最高裁判所第一小法庭1968年6月27日判决,讼月第14卷第9号第1003页认为,时效的起算点是受害人知道自己无法取得土地所有权之时。因为此时受害人能够预见到撤去建筑物而遭受的损害。

(c)由于国家违法无效的农地买取和出卖行为,不动产被他人时效取得时被买取者的损害

最高裁判所第三小法庭1975年3月28日判决,最高裁判所民事判例集第29卷第3号第251页认为,"国家实施违法无效的农地买取和出卖行为,将农地交付给受让人……,受让人及其转得者……时效取得所有权,导致原出卖人丧失农地的所有权并因此遭受损害的……国家的违法行为与原出卖人遭受的损害之间具有相当因果关系","该损害的发生是在受让人及其转得者时效取得所有权时,此时农地的价格就是受害人遭受的损害"。本案判决虽然没有直接言明,但有观点认为本案确立的3年时效的起算点是取得时效完成之时。[34] 与此具有相似案情的判决是东京高等裁判所1978年12月18日判决,讼月第25卷第4号第956页,该案认为20年期间属于除斥期间,其起算点最迟应当是出卖处分作出之时。[35] 关于违法但不无效的农地买取,最高裁判所第二小法庭1979年3月15日判决,讼月第25卷第12号第2963页支持原审判决的结

---

[33] 参见古田時博「弁護士費用損害の遅延損害金の起算時点」島大法学22号(1974年)14-18頁。

[34] 白井晧喜「本件判批」民商法雑誌73卷6号818-819頁、四宫和夫『不法行為』(青林書院,1988年)651頁。

[35] 关于在此之前的判例状况,参见成田博「判批」法学44卷4号586頁。

论,认为20年除斥期间的起算点是买取时。对此,还有一种值得探讨的解释:如果分别考虑所有权返还请求权的消长和损害赔偿请求权的消长,则无论违法买取是否无效,一概认为自违法买取时(20年期间的起算点)发生损害(损害数额因采取不同的评价基准时而发生变化,时效取得导致所有权丧失成为需要思考的问题),3年时效期间的起算点是知道违法买取之时(损害通常伴随着违法买取同时发生,故应将关注焦点放在违法买取的认识上)。

4. 后遗症

受伤后经过相当期间才出现后遗症的,被称为"发生型后遗症"(也就是上文提到的后续损害),受伤后经过相当期间仍未恢复,仍然具有后遗症的,被称为"残存型后遗症",关于发生型后遗症的案件,存在两件最高裁判所判决。①最高裁判所第三小法庭1967年7月18日判决,最高裁判所民事判例集第21卷第6号第1559页。如前文所述(参见前文"损害赔偿请求权的范围"的部分),该判决认为,原则上受害人在知道损害发生时,则此时就能够预见到与该损害具有牵连一体关系的损害发生,开始计算时效期间[如果按照这种原则性说明,那么对于满足该标准的"残存型后遗症",时效期间的起算点应当是知道一开始损害发生时(接近受伤时的时点)。参见东京高等裁判所1981年2月24日判决,判例时报第998号第68页],"根据原审法判决认定的事实,受伤以后经过相当期间出现后遗症时,需要采取受伤时医学上通常所无法预料到的治疗方法,不得不支出治疗费用,对于在接受今后的治疗之前,上述治疗所需费用即受害人遭受的损害,3年时效期间尚未开始计算,时效期间尚未经过(该案属于即便不以症状固定之时作为时效起算点,时效期间也未届满的案件。另外,被告提出上诉,主张以受害人受伤时作为起算点)。②最迟在提起诉讼3年前已经出现后遗症,但之后症状逐渐减轻,且并未进一步恶化(原审判决认为症状"基本固定"时为时效的起算点),最高裁判所第一小法庭1974年9

月 26 日判决,交通民事判例集第 7 卷第 5 号第 1233 页认为,关于发生型后遗症,"症状明显时"为时效的起算点,"如果依据一般的社会观念,能够预见到在症状明显时发生了后遗症损害,应当认为受害人认识到了所有损害,损害赔偿请求权的消灭时效应自此时开始计算",参照前述最高裁判所判决①认定时效期间已届满。对于发生型后遗症,乍一看最高裁判所似乎以"症状明显时"作为时效的起算点,但结合案件事实来看,以字面含义的症状明显时为起算点,与症状固定时的起算点相比,并没有因此使受害人陷入更不利的境地。当然,因为上述最高裁判所判决的缘故,许多下级裁判所的判决都将症状明显时作为时效的起算点。例如,大阪高等裁判所 1994 年 1 月 25 日判决,判例 times 第 846 号第 225 页(残存型后遗症案件)认为,将症状明显时作为时效期间起算点的做法仅适用于发生型后遗症,对于残存型后遗症,"虽然不需要症状完全固定,但大致可以明确的是留下了无论如何都不能治愈的症状,以及该症状的内容和程度,如果从一般人的角度,能够认识和理解残存的症状就是后遗症障碍,或者依据社会观念,症状达到了产生损害以及能够被算定损害数额的程度,此时应作为时效期间的起算点。然而,也有观点认为,无论是发生型还是残存型,"如果受伤的程度只有经过相当的时间才能显现出固定的症状,原则上应当认为症状固定时为时效的起算点"。[36] 此外,在发生型后遗症的下级裁判所判决中,有的判决一方面强调症状明显时为起算点但实际上又将症状固定时作为参考(福冈地方裁判所 1976 年 12 月 13 日判决,交通民事判例集第 9 卷第 6 号第 1691 页),还有的判决直接认为症状固定时就是指症状明显时(神户地方裁判所 1988 年 6 月 24 日判决,交通民事判例集第 21 卷第 3 号第 61 页)。

---

[36] 四宫和夫『不法行为』(青林書院,1988 年)650 頁。

(三) 知道"加害人"时

1. 用人者责任

关于用人者责任(民法第715条),最高裁判所第一小法庭1969年11月27日判决,民事判例集第23卷第11号第2265页认为,"受害人需要认识到用人单位以及用人单位与其工作人员之间的雇佣关系,并且以一般人为标准,能够判断出侵权行为发生在执行用人单位的工作任务过程中"。

2. 对直接的加害人提出请求

在对直接的加害人提出请求的案件中,最高裁判所第二小法庭1973年11月16日判决,最高裁判所民事判例集第27卷第10号第1374页(警察的侵权行为)认为,①"事实上能够对加害人提出赔偿请求的状况下,在该可能的程度内知道损害及加害人时开始计算时效期间"[与熊本地方裁判所1973年3月20日判决,判例时报第699号第1页(熊本水俣病诉讼)的判旨几乎相同];②"受害人不能确切知道侵权行为发生时加害人的住所和姓名,而且在当时的状况下事实上不可能对其行使赔偿请求权时,只有当此种状况消除,受害人确认加害人的住所及姓名的,才属于'知道加害人时'"。有的下级裁判所判决认为,即使加害人(杀人)逃亡被全国通缉,新闻对此也进行了报道,但从"死者近亲属势必要从被告口中亲自听到有关事实的心情"来看,"能够说在事实上可以对被告提出损害赔偿请求的状况下,受害人知道加害人时应是被告被逮捕并且供述自己罪行时"(千叶地方裁判所1988年3月22日判决,判例时报第1310号第130页)。

3. 国家赔偿请求

因违法带走犯人而提出国家赔偿请求的案件中,东京地方裁判所1993年10月4日判决,判例时报第1491号第121页("ロス疑惑"案件)认为,受害人知道"本案的加害人是警视厅的警官,也知道每个人的容貌和部分人的姓名,即便受害人<u>不知道所有加害人的姓名</u>,也应当认为受害人能够具体认识到赔偿请求的相对方"。本判决的说理似乎不同于前述最高裁判所判决②部分的说理,然而根据请求的相对方是加害人本人还是其他赔偿义务人,①部分的具体内容也会出现不同,可见本判决仍没有超出上述最高裁判所确立的理论框架。东京地方裁判所 1990 年 8 月 27 日判决,判例时报第 1379 号第 105 页(轻信町长虚假信息出卖土地案)也采取了与上述①部分相同的说理,但在说理之前,该判决认为"关于依据国家赔偿法的损害赔偿责任,受害人如果知道侵权行为是由代表国家或地方公共团体的公权力的公务员实施的,就应当认为受害人知道加害人"。此外,东京高等裁判所 1983 年 4 月 27 日判决,判例时报第 1078 号第 81 页认为,"根据国家赔偿法第 1 条第 1 款,对法定赔偿责任人提出单一请求的,即使直接的加害人的人数超过两人,只要知道其中一人实施了侵权并因此造成了损害,受害人就能够行使损害赔偿请求权,无论是否知道其他人实施的加害行为是否违法,应自此时开始计算时效期间"。

(四)援用时效违反诚实信用原则、构成权利滥用的判例

第一,(a)认为援用 3 年时效期间违反诚信原则或构成权利滥用的判决有:①冈山地方裁判所 1972 年 1 月 28 日判决,判例时报第 665 号第 84 页(被告在交通事故刑事责任是否成立确定前,要求给予一定的宽限期决定是否承担赔偿,但在被提起诉讼后又主张在刑事判决确定之前时效期间已届满,援用时效抗辩的案件);②东京地方裁判所 1976 年 11 月 12 日判决,判例时报第 860 号第 132 页(双方都遭受损害的交通事故的一方当事人 X 在时效届满前提起诉讼,时效届满后得知上述被起诉的另一方当事人 Y 提出反诉,X 援用时效抗辩的案件);③东京地方裁判所 1982 年 1 月 26 日,判例 times 第 464 号第 108 页(交通事故无罪判决确定后过了 4 个月,起诉虚假供述事故原因的 Y,X 援用时效抗辩。上告审最高裁判所 1983 年 11 月 11 日判决,判例时报第 1097 号第 38 页认为时效期间未届满);④东京地方裁判所 1984 年 5 月 29 日判决,判例时报第 1156 号第 82 页(幼童跌落公共河沟案);⑤东京地方裁判所 1988 年 3 月 24 日判决,判例时报第 1272 号第 31 页("木曾驹ヶ岳"遇难事故第二次诉讼。相信对方作出的只要查明事故原因,不管是否经过了时效期间都予以补偿说明,并继续进行协商);⑥东京高等裁判所 1989 年 5 月 30 日判决,判例时报第 1314 号第 6 页(维持了判决⑤的一审判决);⑦福冈地方裁判所 1989 年 4 月 18 日判决,判例时报第 1313 号第 17 页[预防接种疫苗案九州诉讼。认定损失补偿请求(宪法第 29 条第 3 款)类推适用民法第 724 条的规定。二审福冈高等裁判所 1993 年 8 月 10 日判决,判例时报第 1471 号第 31 页认为时效期间未届满];⑧新潟地方裁判所 1994 年 6 月 30 日判决,判例 times 第 849 号第 279 页(新潟斯蒙诉讼)。判决②认为时效期间已届满(判决⑤的原告并未针对时效届满提出争议),判决④、⑦、⑧虽明确了时效的起算点,但未明确时效期间已届满(似乎已届满),判决①、③未明确起算点,也未认定时效期间的届满(判决①不仅认为违反诚信原则,还肯定了时效的中断)。

(b)主张民法第 724 条后段 20 年期间届满同时援用 3 年时效抗辩的案件有:①东京地方裁判所 1981 年 9 月 28 日判决,判例时报第 1017 号第 34 页(日本化工铬劳动工伤诉讼);②前桥地方裁判所 1982 年 3 月 30 日判决,判例时报第 1034 号第 3 页(安中公害诉讼);③福冈高宫崎支判 1984 年 9 月 28 日判决,判例时报第 1159 号第 108 页(哑弹爆炸事故);④名古屋地方裁判所 1985 年 10 月 31 日判决,判例时报第 1175 号第 3 页(预防接种事故东海地方集团诉讼);⑤大阪地方裁判所 1987 年 9 月 30 日判决,判例时报第 1255 号第 45 页(预防接种事故大阪集团诉讼)。其中判决①、④、⑤认为 3 年时效期间已届满,但构成权利滥用,判决②没有对时效期间是否届满作出判断,直接认定构成权利滥用,判决③认为时效期间未届满,并同时指出即使期间届满也构成权利滥用。这些判决都认为20年期间属于时效期间。认定20年期间届满的判决③、④、⑤指出,对于20年时效期间的援用,构成权利滥用。

(c)认定只援用20年时效期间但被认为构成权利滥用的案件有:东京地方裁判所1979年2月16日判决,判例时报第915号第23页(转得者X和买取、出卖人Y是农地买取处分无效确认诉讼的共同被告,败诉后X从真正的所有权人处重新买入该土地并起诉Y的案件。判决认定20年时效期间已届满)。

(d)以时效届满后的债务承认为由认定时效援用权丧失的案件有:①福岛地方裁判所磐城支判1983年1月25日判决,判例times第506号第142页;②福冈地方裁判所小仓支判1984年2月23日判决,判例时报第1120号第87页;③大阪地方裁判所1988年4月21日判决,判例时报第1317号第100页。

第二,关于时效援用和权利滥用的问题,可以通过对相关判例的分析,对构成权利滥用的情形进行某种程度上的类型化分析。[37] 但是,例如,如果从存在妨碍债权人适时的权利行使类型来看,不能直接认为这种案件属于该类型,而直接认定时效援用构成权利滥用。因为需要保持时效制度的统一适用以及案件类型具有多样性,认定是否构成权利滥用并不是一项简单的工作。以上的许多判决在没有认定起算点以及时效届满的情况下,直接认定构成权利滥用,但就像可能存在依据起算点的判断应当认定时效未届满的案件那样,应进一步限定可能构成权利滥用的案件类型并展开相应的讨论。

---

[37] 参见半田吉信「消滅時効の援用と信義則」ジュリスト872号(1986年)79頁;志田洋「時効の援用と信義則」山口和男『現代民事裁判の課題⑦〔損害賠償〕』(新日本法規,1989年)676頁。

四、民法第724条后段的20年期间

(一)法律性质

最高裁判所1989年12月21日判决,民事判例集第43卷第12号第2209页认为,"民法第724条后段的规定确立了侵权损害赔偿请求权的除斥期间"。具体而言,本案损害赔偿请求权的"20年除斥期间已经届满,此时在法律上权利已经当然消灭",所以"裁判所应当基于除斥期间的性质,即使当事人没有提出本案请求权因除斥期间届满而消灭的主张,也应当认为本案请求权因期间届满而消灭,因此,原告关于被告违反诚信原则以及构成权利滥用的主张本身是不恰当的"。采用除斥期间说的理由在于,将其解释为时效不符合本条"尽快确定侵权法律关系"的目的,应当将本条理解为"经过一定期间,为确定法律关系,统一确定请求权的存续期间"。原审判决采用了消灭时效说,认定被告援用时效构成权利滥用,本判决如实反映了除斥期间说的优势和难点。[38][39] 上述最高裁判所判决之后的判决主要有:①福岛地方裁判所磐城支判1990年2月28日

---

[38] 关于20年期间的综合判例研究,参见内池慶四郎「近時判例における民法七二四条後段所定の二〇年期間の問題性」法学研究59巻12号(1986年)111頁;同「続・近時判例における民法七二四条後段所定の二〇年期間の問題性」法学研究60巻2号(1987年)73頁[两篇文章均收录于内池慶四郎『不法行為責任の消滅時効』(成文堂,1993年)];石松勉「除斥期間の経過と信義則に関する一考察」岡山商科大学法学論叢1号(1993年)53頁;石松勉「民法七二四条後段の二〇年の期間制限に関する判例研究序説(一)—(三・完)」岡山商科大学法学論叢2号(1994年)41頁、3号(1995年)111頁、4号(1996年)83頁。此外,讨论20年期间与3年时效期间关系的文献,可参见松久三四彦「民法七二四条の構造——一期間二起算点の視角」中川良延ほか編『星野英一先生古稀祝賀・日本民法学の形成と課題 下』(有斐閣,1966年)993頁。

[39] 过去的判例大多采用除斥期间说。但是,在被告援用时效抗辩而原告主张违反诚信原则或提出权利滥用抗辩的案件中,几乎都采用了时效说(参见松久,前注[38],1010-1011頁)。

判决,判例时报第 1344 号第 53 页(常盘煤矿尘肺诉讼);②最高裁判所第三小法庭1990 年 3 月 6 日判决,裁判集民第 159 号第 199 页[ジュリスト963 号判例カード197。一审福岛地方裁判所磐城支判 1983 年 1 月 25 日判决,判例 times 第 506 号第 142 页(旧军队内上官私刑案件)];③京都地方裁判所 1990 年 7 月 18 日判决,判例 times 第 746 号第 137 页(对公立聋哑学校教师的差别对待);④东京地方裁判所 1990 年 8 月 27 日判决,判例时报第 1379 号第 105 页(相信町长提供虚假信息出卖土地案);⑤东京地方裁判所 1992 年 2 月 7 日判决,讼月第 38 卷第 11 号第 1987 页(水俣病东京诉讼);⑥东京高等裁判所 1992 年 12 月 18 日判决,高等裁判所民事判例集第 45 卷第 3 号第 212 页(预防接种案东京集团诉讼);⑦京都地方裁判所 1993 年 11 月 26 日判决,判例时报第 1476 号第 3 页(水俣病京都诉讼);⑧大阪高等裁判所 1994 年 3 月 16 日判决,判例时报第 1500 号第 15 页(预防接种案大阪集团诉讼);⑨大阪地方裁判所 1994 年 7 月 11 日判决,讼月第 41 卷第 8 号第 1799 页(水俣病大阪诉讼);⑩东京地方裁判所 1995 年 7 月 27 日判决,判例 times 第 894 号第 197 页(上敷香韩人虐杀案)。这些判决都无一例外地采用了除斥期间说,除了判决③、④,其余判决都引用了上述最高裁判所判决。从上述最高裁判所的判决说理来看,不仅否定了权利滥用,而且在被告提出自己不承担赔偿责任的争议时,裁判所不能认定其放弃(丧失)了除斥期间利益。然而,判决⑤认为被告放弃了除斥期间利益,在未对期间是否届满作出判断的情况下直接肯定了原告的请求。同样未对期间是否届满作出判断而肯定原告请求的判决⑦认为,即使期间届满,"只要不存在能够对加害人提供除斥期间保护的特殊情况",则被告就构成权利滥用,本案就属于这种情况。这样将会出现虽然强调 20 年期间为除斥期间,但实质上采用时效说的判例,不过判决⑨、⑩否定了这种观点(判决⑨指出"民法第 146 条不适用于除斥期间")。另外,判决⑧认为,受害人通过裁判外的除斥期间内的权利行使对损害赔偿请求权进行保存,并肯定了其请求,但对于 20 年期间是否能够作出这样的判断,以及该判决引用的最高裁判所第三小法庭 1992 年 10 月 20 日判决,民事判例集第 46 卷第 7 号第 1129 页,都是值得进一步思考的问题。

在民法制定后不久,学说就开始主张 20 年期间是消灭时效,但逐渐除斥期间说成为有力观点,近来已然成为通说。但是,随着上述最高裁判所第一小法庭 1989 年 12 月 21 日判决的出现,大部分学者开始采用时效说,或者即使采用除斥期间说也认为存在认定构成权利滥用的余地,给人一种时效说已经占据有力地位的感觉。[40]

(二) 起算点

当加害行为发生时与损害发生时存在时间间隔的,究竟以哪个时间节点作为起算点就成为问题,最高裁判所未就此作出明确说明。下级裁判所的判决存在分歧,认为应当以加害行为发生时作为起算点的判决有:①东京高等裁判所 1978 年 12 月 18 日判决,判例 times 第 377 号第 84 页;②大阪地方裁判所 1980 年 5 月 28 日判决,判例时报第 971 号第 19 页;③东京地方裁判所 1981 年 2 月 23 日判决,判例 times 第 441 号第 125 页;④长崎地方裁判所大村支判 1981 年 10 月 1 日判决,讼月第 28 卷第 1 号第 23 页;⑤神户地方裁判所 1981 年 11 月 20 日判决,判例 times 第 467 号第 155 页;⑥东京高等裁判所 1982 年 4 月 28 日判决,讼月第 28 卷第 7 号第 1411 页;⑦宇都宫地方裁判所大田原支判 1982 年 11 月 29 日判决,判例时报第 1081 号第 114 页;⑧东京地方裁判所 1983 年 2 月 21 日判决,判例时报第 1091 号第 110 页;⑨东京地方裁判所 1990 年 8 月 27 日判决,判例时报第 1379 号第 105 页,这些判决都认为第 724 条后段

---

〔40〕 松久三四彦「民法七二四条の構造——期間二起算点の視角」中川良延ほか編『星野英一先生古稀祝賀・日本民法学の形成と課題 下』(有斐閣,1966 年) 1015 - 1016 頁。

的法律性质是除斥期间。对此,认为应当以损害发生时作为起算点的判决有:⑩宫崎地方裁判所延冈支判1983年3月23日判决,判例时报第1072号第18页(松尾矿山砒霜中毒案);⑪札幌地方裁判所1986年3月19日判决,判例时报第1197号第1页(栗山铬诉讼);⑫福岛地方裁判所磐城支判1990年2月28日判决,判例时报第1344号第53页(常盘煤矿尘肺诉讼);⑬京都地方裁判所1990年7月18日判决,判例times第746号第137页(差别对待);⑭大阪地方裁判所1994年7月11日判决,讼月第41卷第8号第1799页(水俣病大阪诉讼)。其中判决⑩、⑪采用了时效说,判决⑫、⑬、⑭采用了除斥期间说。另外,采用折中说的判决是⑮东京地方裁判所1981年9月28日判决(日本化工铬劳动工伤诉讼),一方面采取20年时效说并以加害行为发生时为原则,另一方面又认为"像本案这样,在被接触感染经过20年以上的潜伏期才发作的铬中毒导致的职业癌症,对此种损害,实质上无法获得救济。因此,对于受害人通常所无法预料的上述损害,当症状明显时也就是结果发生之时才开始计算时效期间"(参见矿业法第115条)。

从很早开始,多数学说观点就根据民法第724条后段的文义,将"侵权行为发生之时"作为起算点,但也逐渐意识到有些损害的发生是在侵权行为发生之后的一段时间。近来多数观点采用损害发生时说。[41]

正如上文所述,学界对最高裁判所第一小法庭1989年12月21日判决提出了强烈的批判,我本身也不赞成除斥期间说。但是,若采用时效说,则自损害发生时起20年的期间又过长。不过如果认为前段规定的3年时效期间系所谓的可变期间,作为确定时效未届满的最终时间节点的期间,所以法律才规定了20年期间,那么兼顾

---

[41] 松久三四彦「民法七二四条の構造——一期間二起算点の視角」中川良延ほか編『星野英一先生古稀祝賀・日本民法学の形成と課題 下』(有斐閣,1966年)1016-1017頁。

到前段时效的起算点无论何时也没有到来的情况，应当认为民法第724条后段规定的20年时效期间的起算点是自侵权行为发生之后的第18年（也就是第17年结束时）（但如果损害尚未发生，则应推迟至损害发生之时）。总之，应当认为民法第724条通过前段和后段的规定，确定了两种3年时效期间的起算点（详细参见松久前引论文）。这种观点能否获得20年时效期间说的支持，主要取决于时效期间说是否认为从保护受害人的角度出发，无论损害发生的时间如何推迟，一律从损害发生之时计算20年的时效期间。

损害赔偿制度的将来设想

[日]加藤雅信*

一、序言

围绕侵权行为法,无论是二战前还是二战后,

---

* 加藤雅信(かとうまさのぶ),生于1946年。1969年毕业于东京大学法学部,历任东京大学法学部助手、名古屋大学法学部助理教授、教授、上智大学教授,曾任哈佛大学、伦敦大学客座研究员、哥伦比亚大学、华盛顿大学、北京大学客座教授,曾兼职司法考试考查委员、法制审议会民法部会委员,现为アンダーソン・毛利・友常律师事务所律师。

著作:『財産法の体系と不当利得法の構造』(有斐閣,1986年);『国際取引と法』(名古屋大学出版会,1988年);『損害賠償法から社会保障へ』(三省堂,1989年);『現代不法行為学の展開』(有斐閣,1991年);『現代民法学の展開』(有斐閣,1993年);『製造物責任法総覧』(商事法務研究会,1994年);『天皇(日本社会法入門Ⅰ)』(大蔵省印刷局,1994年);『新民法大系Ⅱ 物権法』(有斐閣,2003年);『新民法大系Ⅰ 民法総則(第2版)』(有斐閣,2005年);『新民法大系Ⅱ 物権法(第2版)』(有斐閣,2005年);『新民法大系Ⅴ 事務管理・不当利得・不法行為(第2版)』(有斐閣,2005年);『日本人の契約観 契約を守る心と破る心』(三省堂,2005年);『新民法大系Ⅲ 債務総論』(有斐閣,2005年);『21世紀の日韓民事法学』(信山社,2005年);『二一世紀判例契約法の最前線』(判例タイムズ社,2006年);『新民法大系Ⅳ 契約法』(有斐閣,2007年);『日本民法改正試案 第2分冊:債権』(有斐閣,2008年);『日本民法改正試案 第1分冊:総則・物権』(有斐閣,2008年);『現代民法学と実務——気鋭の学者たちの研究のフロンティアを歩く(上)(中)(下)』(判例タ

学界和社会上都没有掀起白热化的讨论,但从20世纪50年代左右开始,侵权行为法成为民法学上备受关注的领域之一。[1]

之所以会出现这样的状况,主要是存在如下背景。从20世纪50年代后半段开始,交通事故频发,由此导致的损害赔偿诉讼也呈现激增趋势,成为备受关注的社会问题。到了20世纪60年代,公害成为深刻的问题,20世纪60年代前半段相继出现了四大公害诉讼——新潟水俣病诉讼、四日市公害诉讼、痛痛病诉讼、熊本水俣病诉讼,到了20世纪60年代后半段,在这些诉讼中受害人都获得了胜诉判决。这些判决的出现使法学界和社会极大地改变了对过去存在举证困难以及其他责任追究困难的大规模诉讼的印象,此后相继出现了食品公害诉讼、药品公害诉讼及其他大规模诉讼。

这种社会现象的变化不仅导致了诉讼的激增,也促使了在交通事故、公害及其他领域的新法诞生。关于这部分内容,本文将在第二部分讨论。在这样的背景下,无论是实务界还是理论界都极大地提升了对侵权行为法学的热情,按照前田教授的说法,[2] 20世纪60年代与民法有关的论文中大约有22%的是关于侵权行为法的论文,据判例时报总索引的数据,与侵权行为有关的判例占全部判例的24%。

关于20世纪50年代以来的侵权行为法的动向,就像经常提到

イムズ社,2008年);『民法改正 国民・法曹・学界有志案』(日本評論社,2009年);『民法改正と世界の民法典』(信山社,2009年);『現代民法学と実務』(法友社,2010年);『民法(債権法)改正——民法典はどこにいくのか』(日本評論社,2011年);等等。

论文:「立法論としての『準契約』——中国・民法草案への3つの改正提案」静岡法務雑誌11号(2019年);「明治150年:日本民法典の軌跡と、現在 上」名古屋大学法政論集282号(2019年);「法典化、再法典化の時代——2016年モンゴル国会シンポジウムを契機として」国際商事法務45巻8号(2017年);「日本人の『裁判嫌い』、『調停志向』の神話と実話——『日本人の法意識』再考(1)」ジュリスト1359号(2008年);等等。

〔1〕 比以下叙述更详细的内容可参见加藤雅信「現代不法行為法学の特色」『現代不法行為法学の展開』(有斐閣,1991年)3頁以下。

〔2〕 淡路剛久・石川稔・右近健男・加藤雅信・前田達明・山田卓生・米倉明「これからの民法学」ジュリスト655号(1978年)110頁以下。

的"受害人保护理念"表述所呈现的那样,侵权行为法学正朝着向充分保护受害人的方向发生转变。然而,至20世纪70年代初,社会上出现了评价反公害运动为现代版"迫害女巫"的报告,[3]从彼时开始,围绕机动车事故的赔偿,相较于国民的平均收入水平,机动车损害赔偿保障法规定的死亡法定赔偿限额逐渐呈下降趋势,[4]关于侵权行为的社会基调出现了变化或者说出现了变化的征兆。1984年,在大东水害案中,最高裁判所驳回了受害人对国家提出的损害赔偿请求。[5] 实际上,从20世纪70年代至大东水害最高裁判所判决作出之前,裁判所作出了20件水害判决,其中65%都是受害人胜诉,但自此之后,在1990年多摩川水害诉讼最高裁判所判决之前,除因水坝操作失误等特殊案件外,水害受害人在诉讼中遭遇了十连败,[6]这与之前形成鲜明的对比。或许存在这样的看法,认为这只是关于特殊水害案件的变化,但自1957年侵权行为法的体系书[7]刊行以来,一直被当作侵权行为法学界有力"舆论领袖"的加藤一郎博士,于1987年发表的论文《二战后侵权行为法的发展》的副标题是"从保护受害人转向公正赔偿",[8]针对向受害人提供过度保护的动向提出了若干质疑。从以上种种迹象也能够解读出侵权损害赔偿的讨论基调已经发生了变化。

除了在我国出现的上述侵权行为法学的变化,世界范围内的侵权行为法也正迎来某个拐点。在美国,虽然围绕其真伪和原因学说

---

[3] 文藝春秋昭和52年12月号94頁以下。
[4] 参见加藤雅信「現代不法行為法学の特色」『現代不法行為法学の展開』(有斐閣,1991年)9頁的图表。
[5] 最判昭59·1·26民集38卷2号53頁。
[6] 加藤雅信「水害事件と損害賠償(大東水害訴訟と長良川水害判決)——最高裁判決と下級審判決の関係を中心に」『現代不法行為法学の展開』(有斐閣,1991年)205頁以下。
[7] 加藤一郎『不法行為』(法律学全集22)(有斐閣,1957年)。
[8] 加藤一郎「戦後不法行為法の展開——被害者保護から公正な賠償へ」法学教室76号(1987年)6頁以下。

上出现了各种分歧,但在 20 世纪 70 年代中叶以及 20 世纪 80 年代中叶,共计发生了 2 次被称为侵权行为危机的事态,因侵权行为诉讼频发,保险公司开始拒绝承保责任保险,预防接种疫苗不足也成为全国性的问题,由此导致了各种各样的社会问题。受此影响,联邦和州两个层级的政府都提出了"改革侵权行为法"的各种立法建议,其中部分建议已经得到了落实。侵权行为法危机出现前和出现后,学界提出了各种全面改革侵权行为法的建议。对于以上讨论的美国法的状况,此前我国曾有碎片化的介绍,近来出现了全方位介绍的佳作。[9]

新西兰于 1972 年废止了事故导致的身体伤害以及死亡的损害赔偿请求诉讼,通过事故补偿法[10]引入了一种行政一般性的事故补偿机制,该法分别于 1982 年和 1992 年经过了 2 次全面修改。[11] 虽然最终未能形成制度,奥地利也曾经尝试引入类似的制度,[12]好比英国的"国王的演讲",[13]侵权行为制度的重塑成为世界各国的

---

[9] 石原治『不法行為改革』(勁草書房,1996 年)。

[10] 关于 1972 年的事故补偿法,参见飯塚和之「ニュージーランドにおける事故補償法と自動車事故」ジュリスト 609 号(1976 年)86 頁;林ひろ子「ニュージーランドの一九七二年事故補償法——人的傷病に関するコモン・ローの廃止」熊本商科大学海外事情研究 3 巻 1 号(1975 年)1 頁;奥山誠「ニュージーランドにおける新しい事故補償法(The Accident Compensation Act 1972)について」オーストラリア研究紀要別冊 1 号(1975 年)108 頁;鈴木義男「ニュージーランドおよびオーストラリアにおける災害補償制度の新動向」ひろば 28 巻 6 号(1975 年)45 頁;飯塚和之「ニュージーランドにおける事故補償——一九七二年事故補償法の経験」小樽商科大学商学討究 29 巻 2 号(1978 年)36 頁;伊藤高義「ニュージーランド事故補償法運用上の問題点」ジュリスト 691 号(1979 年)200 頁。

[11] 关于 1982 年的修改法,参见浅井尚子「ニュージーランド事故補償法とその運用実態」加藤雅信編著『損害賠償から社会保障へ』(三省堂,1989 年)41 頁以下以及本书第 304 页以下浅井的翻译。关于 1992 年的法律,参见浅井尚子「『一九九二年事故のリハビリテーションおよび補償に関する保険法』の制定——ニュージーランド事故補償制度の変容」社会保障法 8 号(1991 年)33 頁以下。

[12] 参见副田隆重「オーストラリア連邦補償法案とその後の展開」加藤雅信編著『損害賠償から社会保障へ』(三省堂,1989 年)257 頁以下。

[13] Royal Commission on Civil Liability and Compensation for Personal Injury (Lord Peason Report) 1978.

动向。

在日本,因为是我自己提出的观点,所以感觉不好意思,自1992年以来,我就一直提倡废止人身损害的侵权行为诉权,构建一种能够扩充并整合各种具体侵权行为和各种责任保险制度、各种自卫保险制度的"综合救济体系",引入基于基金的社会保障救济制度。[14]

或许是关注到了上文概观的状况,最近棚濑教授也指出侵权行为法正迎来它的转折点,正在出现"脱侵权行为化""反侵权行为化"的动向。[15]

详细内容参见本文第三部分,我自己认为,应当将侵权行为制度置于整个社会制度之中来思考,故我不认为现在的侵权行为法遭遇了危机,也丝毫没有对危机抱有恐惧心理。然而不可否认的是,现在的侵权行为法正迎来它的一个大转折点。本文写作的目的在于,从我自己的角度分析该拐点应去向何方。

首先,本文在第二部分讨论"侵权行为制度的变化",具体分析现代侵权行为制度的变化及其背后深层次的侵权行为制度的性质变化。其次,第三部分的主题是"'损害'的发生及其负担",将明确侵权行为制度在这个社会中的定位。再次,第四部分讨论"现行侵权行为制度的问题点",第五部分提出构建解决这些问题的"综合救济体系"的建议。第六部分比较"新西兰事故补偿法和综合救济体系"这两种制度。最后,第七部分的标题是"结语——回应最近的学说动向",讨论针对综合救济体系提出的批判观点。

(本文是笔者在伦敦大学访问期间写作完成的。写作

---

〔14〕 加藤雅信「現行の不法行為被害者救済システムとその問題——不法行為法の将来構想のために」ジュリスト691号(1979年)52頁以下;同编著『損害賠償から社会保障へ——人身被害の救済のために』(三省堂,1989年)等。

〔15〕 棚瀬孝雄「不法行為責任の道徳的基礎」同编著『現代の不法行為訴訟』(有斐閣,1994年)3頁以下。

过程中，虽然脑海中不断浮现相关文献，但囿于文献收集比较困难，因此很多文献没有被讨论和引用。对出现这样的状况，还希望学界同仁海涵。本文对笔者此前提出的"综合救济体系"重新进行了讨论和修改。借此机会，不仅要向对综合救济体系进行批判从而给予我思考灵感的吉村、宇佐见、棚濑、樋口教授，而且要对提出综合救济体系的修正案，促使我进一步思考，且从其著作中进一步了解美国法状况的石原先生，表示深深的感谢！）

二、侵权行为制度的变化

无论是在包括日本在内的大陆法系还是在英美法系，侵权行为制度的核心都是"过错"责任。以日本法为例，民法第709条规定，因"过错"侵害他人权利造成损害的，受害人有权追究其责任，这就是侵权责任的原则性规定。

当然，这只是原则性规定，该原则性规定尽管是侵权行为法律制度的核心，但在民法第715条的用人者责任、民法第717条的土地工作物责任等被称为报偿责任和危险责任的领域，也存在传统的无过错责任以及中间责任规定。不过从民法债权编第五章"侵权行为"的构成来看，这些规定只是原则性规定的例外。原则性规定还是"遭受损害的受害人有权向具有故意或过失的违反注意或行为规范的人，根据其有责性具体追究其责任"。损害赔偿、损害补偿与违法行为的责任追究构成表里一体的关系。这种侵权行为的原则性规定作为社会普遍适用的规定，其背后的社会状况是侵权行为及由此产生的损害——无论是人身伤害还是物件毁损，或者其他损害——是具体且零散发生的。因此，如果相同的状况下发生群体性损害时，在这种情况下，该原则性规定便丧失了社会普适性。

最早导致该原则性规定丧失社会普适性是在劳动灾害领域。从我国的实际状况来看,先不谈先驱性的制度,对于职工在工作过程中负伤或患上疾病,一般认为工厂主需要承担无过错责任的是1911年制定的工厂法第15条。这种无过错责任如今已经被一般化,被劳动基准法第75条以下继受。即便采用无过错责任,如果赔偿义务人不具有赔偿能力,那么遭受损害的受害人也无法获得实际救济。而且,如果受害人与被认为是赔偿义务人的人之间未协商一致,受害人的请求是否合理需要裁判作出判决,这样一来,受害人想要获得实际救济就需要花费大量的时间和费用。为了解决上述两种问题,1922年的健康保险法引入了赔偿义务人赔偿能力担保制度和简易救济制度,现在则是由1947年制定的劳动灾害补偿保险法应对这些问题。

19世纪末以来,世界范围内都在完善劳动灾害补偿法制,但在世界范围内实现无过错责任法制还是在机动车普及引发事故损害的救济方面。伴随着世界范围内的机动车普及,并不单纯适用责任保险制度,为了引入无过错责任和实现灾害救济的保险化,20世纪60年代后半段开始,相继出现了美国的机动车基本补偿法案、法国的交通事故法案、德国的希佩尔法案等各种改革方案,许多国家以及美国的各个州确立了各种救济制度。我国于1955年实现了过错举证责任的转换,对过错内容进行了大幅度强化,制定了采用强制保险制度的机动车损害赔偿保障法。

不仅限于劳动灾害以及机动车事故领域,在其他许多事故法领域都确立了强制保险以及赔偿义务人赔偿能力担保制度、简易救济制度。以我国为例,主要包括矿山灾害(矿业法)、核能事故(核能损害赔偿法)、公害(大气污染防止法、水质污浊防止法、公害健康受害补偿法)、预防接种损害(预防接种法)、药品公害(医药品副作用损害救济基金法)、校园事故(日本体育学校保健中心法)、产品事故(产品责任法)等。

随着法制的完善,受害人当然能够获得充分的救济。但与此同时，需要引起注意的是，民法第709条的侵权责任原则性规定所具有的损害赔偿请求与违法行为的责任追究之间的表里一体的构造，也已经崩塌。

劳动灾害事故既包括用人单位提供恶劣的工作环境，追究用人单位可非难责任的事故，也包括在推销过程中不小心遭遇交通事故，不以用人单位的归责性为前提的事故。机动车事故既包括运行供用者未谨慎驾驶导致的事故，也包括运行供用者不具有可责难性的事故。但是，劳动灾害保险制度、机动车损害赔偿责任保险以及其他保险制度对这些事故作统一处理。即使加害人具有可责难性，填补损害的赔偿金也是由潜在加害人支付的保险金池支出，而非可责难的加害人自己支付。如果没有保险制度，基于民法第709条的请求就当然变成了加害人和受害人之间的当面交涉，或许具有社会上作为一个人类的责任追究的意义，但在由劳动基准监督署长出面的劳动灾害保险给付以及机动车交通事故中保险公司代为出面协商的情况中，无法期待受害人直接向有责的加害人个人追究责任。

如上所述，现代的各个领域都实现了对侵权受害人的充分保护。这种充分保护之所以成为现实，是因为即使无法特定有责的加害行为，也可以救济遭受事故损害的受害人。这种无责情形下也能实现救济的制度落地，只有将过去民法第709条具有的具体责任追究功能和救济分离开来，才能够最终实现。

三、"损害"的发生及其负担——侵权行为制度的社会定位

无论是交通事故还是其他事故，当侵权行为造成损害时，谁也无法将损害溯及地消灭为零。一经发生的损害须由处在某个社会位置的某个人负担。

某公司职员因交通事故负伤，遭受了1000万日元的损害。对

于应当由谁来负担这些损害赔偿,可区分不同的情形。第一种情形是,假如加害人没有加入任何保险,由加害人自己完全赔偿损害,则社会上已经发生的1000万日元损害就成为由加害人个人负担。第二种情形是,受害人没有得到任何赔偿,也没有获得健康保险及其他给付,此时1000万日元的损害变成由受害人自行承担。第三种情形是,受害人已经通过机动车赔偿责任保险及任意保险等获得了赔偿金,此时实际情况是1000万日元的损害变成由事先支付保险金的潜在加害人集体负担。第四种情形是,受害人既没有获得任何赔偿,也没有获得健康保险或其他社会保险的给付,但通过自己加入的伤害保险获得了补偿。此时1000万日元的损害变成事先支付保险金的潜在受害人集体负担。第五种情形是,受害人没有获得任何赔偿也没有获得任何社会保险给付而陷入穷困状态,接受了生活保护法上的医疗扶助和生活扶助,这两种扶助在功能上相当于填补了部分的实际损害和逸失利益。此时,在依生活保护法实际支出的限度内,1000万日元的损害变成纳税人集体也就是整个社会负担。

如果将以上五种情形变换顺序,既然损害已经发生,就必须由某人来负担,也就出现了如下顺序的负担方式:加害人负担→潜在的加害人集体负担→整个社会负担→潜在的受害人集体负担→受害人负担。

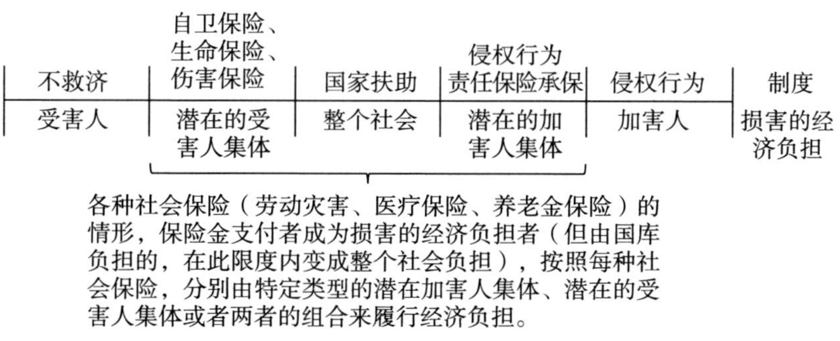

不救济受害人	自卫保险、生命保险、伤害保险	国家扶助	侵权行为责任保险承保	侵权行为加害人	制度
受害人	潜在的受害人集体	整个社会	潜在的加害人集体	加害人	损害的经济负担

各种社会保险(劳动灾害、医疗保险、养老金保险)的情形,保险金支付者成为损害的经济负担者(但由国库负担的,在此限度内变成整个社会负担),按照每种社会保险,分别由特定类型的潜在加害人集体、潜在的受害人集体或者两者的组合来履行经济负担。

图1　损害发生后的赔偿负担方式

可用图1来表示前段的内容,现实中的损害填补案例多数是采取了以上五种方式的组合。比如,在加害人赔偿了部分损害的情况,损害的社会负担就变成了加害人负担和受害人负担的组合。如果在责任保险的限额内填补了部分损害,剩余损害由加害人赔偿,则损害的社会负担就变成了加害人负担和潜在的加害人集体负担的组合。对上述示例稍作改动,如果在责任保险限额内填补了部分损害,但剩余的损害未获得赔偿,则损害的社会负担就变成了潜在的加害人集体负担和受害人负担的组合。损害负担的组合存在各种形式,无论是哪一种形式,都可以从社会中找到对应的实际案例。

实践中存在许多案例,遭受侵权损害的受害人接受劳动灾害补偿保险及其他劳动灾害补偿保险、健康保险及其他医疗保险、厚生年金及其他年金保险的给付,这些给付实际上发挥着代替损害填补的功能。我们很容易发现,实际上劳动灾害补偿保险中的疗养补偿给付、健康保险中的疗养给付等发挥着代替侵权医疗费损害填补的社会功能,劳动灾害补偿保险中的误工补偿给付、健康保险中的伤病补贴、厚生年金中的残障厚生年金等发挥着代替侵权逸失利益损害的填补功能。

侵权行为的受害人获得这些社会保险给付时,实质上的损害填补的经济负担就变成了保费支付者及其他支付制度费用的人负担。以前段的举例说明,劳动灾害补偿保险原则上是由经营者负担,所以劳动灾害补偿保险给付的实质损害填补由潜在的加害人集体负担。关于健康保险及厚生年金,通常是由被保险人和经营者双方支付保险费,事务费及其他费用则是由国库负担。对于健康保险和厚生年金,很多情况下将经营者看作潜在的加害人未必合理,但如果暂时忽略这个问题,则形成了潜在的加害人集体负担、整个社会负担和潜在的受害人负担的三种方式组合的制度设计。

如果将以上的内容进行总结,可以描绘出图1。我们从事民法研究,通常会吸引我们关注的侵权行为制度属于损害的社会填补的现实中加害人负担的制度部分,如果加上投保责任保险的情况,它也只不过是涵盖了潜在的加害人集体负担的制度部分。我们在考察侵权行为制度时,如果不思考侵权行为制度是如何嵌入社会整体的复合制度,它又发挥着怎样的功能,将无法准确理解制度的全貌。

四、现行侵权行为制度的问题点

现行的侵权行为制度面临许多问题,本文仅列举其中的五点。分别是:(1)受害人救济的非实效性、不确定性和不公平性;(2)广泛承认侵权救济的反面出现了"社会负面应对"的现象;(3)意识到上述现象后,可以发现"裁判上的后退现象";(4)制度运行费用的非实效性;(5)定期金赔偿的问题。以下将按照这个顺序逐一展开讨论。

(一)受害人救济的非实效性和不公平性

只要没有获得侵权特别法上的救济或特别的社会保障救济,侵权损害的救济只能依据民法第709条的原则性规定。当然,如果受害人不行使权利(最终就是提起诉讼),则损害赔偿请求将得不到承认,损害就因无法获得填补而被搁置。有人将这种现象理解为"枕在权利上休眠的人得不到保护",但根据日本文化会议的调查数据,认为"诉讼耗费金钱和时间,即使胜诉也多少会遭受损失"的人超过调查回答总人数的一半以上(58.8%),认为"感觉到自己的权利遭受了侵害,只要不是迫不得已,一般不考虑向裁判所起诉"的人占总数人的将近一半(49.9%),[16]由此可见,现行侵权行为制度

---

[16] 日本文化会議編『日本人の法意識』(第一法規出版,1973 年)90 頁。另外,请参见日本文化会議編『現代日本人の法意識』(第一法規出版,1982 年)104 頁。

和裁判制度的结合极容易导致侵权受害人忍气吞声。

尤其是,根据民法第 709 条提起损害赔偿请求,考虑到在很多案件中难以举证"过失""因果关系",因这种不确定性而放弃诉权行使的人不在少数。

根据石原的研究,"美国从 20 世纪 60 年代开始,出现了侵权诉讼不适合作为受害人补偿制度的主张。许多受害人得不到救济,能否获得补偿就好比抓阄一样"[17]。这种批判同样适用于日本的侵权诉讼。正如第二部分所述,近年来在我国,侵权特别法的救济制度在不断充实和完善,通过最近制定的产品责任法也可以发现,现在仍在进行中。但是,从另外一个角度来说,正是因为社会上普遍认为在这些领域现行民法第 709 条的救济不够充分,所以才设计了特别的救济制度。今后当备受社会关注的大规模损害发生时,如果专门制定特别法,就充分说明现行民法第 709 条的救济不够充分。

不仅如此,即使是在配备侵权特别法的领域,也不是完全实现了有效的赔偿。机动车事故救济是受害救济制度最完善的领域之一。一般认为侵权赔偿以原状恢复为最终目的。因此,获得理论上的赔偿后,应当能够保障受害人在事故前后的生活水平不会发生变化。但现实情况是,据 1978 年的交通遗孤育英会的调查,补偿金未超过 1000 万日元的占 78.1%,即便获得了补偿金的遗孤家庭,仍感觉事故后生活水平下降的占整体的 70.1%。[18]

由以上考察可知,民法第 709 条提供的救济不具有实效性,具有不确定性,且即使获得救济也不充分的情况较多,甚至在配备侵权特别法的领域,获得的救济程度也不像理论推演的那样充分。

另外,还出现了不公平的问题。我们当然能够预料到获得侵权救济和未获得侵权救济的受害人之间的不公平。而且,在配备特别

---

[17] 参见石原,前注[9],30 页。
[18] 交通遺児育英会『交通遺児家庭の補償調査』(1979 年)13、25 页。

救济制度和未配备特别救济制度的领域,也发生了受害人保护的不平衡,即使在配备特别救济制度的领域,各种救济制度在给付条件和给付水平上也存在差异,受害人因接受不同制度的救济,从而引发不公平问题。

(二)社会的负面应对

如前所述,不可否认的是,20世纪50年代之后的20年前后,以"受害人救济理念"的名义,依据侵权特别法的新制度,在具体诉讼中实现了受害人救济的完善。然而,正如笔者在其他著作中所提到的那样,[19]最近在这种救济范围不断扩张的背后,出现了可能被追究责任之人的明显消极行动。

例如,在医疗过错领域,广泛承认医务人员责任的背后,近来出现了如何解决医疗萎缩问题的争论。此外,若广泛承认产品责任,也将会出现抑制新药开发的问题。关于学校事故,因广泛承认学校设置者的责任,近来出现了学校让学生尽早回家而不让在学校玩耍的问题。只要现在的体系依然维持追究个别行为人的责任,认为自己可能负担侵权责任的人就自然会采取相应的防卫态度。但从社会整体来看,之所以会出现"负面应对"现象,是因为现行法采取的追究具体侵权责任的制度设计,我们民法研究者应直接指出现行体系的缺陷,重新思考新的制度设计。

据石原的介绍,美国也面临着相同的问题:[20]

> 责任保险危机对社会造成了以下影响。保险金的大幅度提升反映到了产品及服务的价格上,导致了产品及服务价格的大幅度提升。于是,当生产者等不能负担高昂的

---

[19] 加藤雅信『損害賠償から社会保障へ——人身被害の救済のために』(三省堂,1989年)23頁等。
[20] 石原,前注[9],39頁。

保险费时，或者保险公司完全拒绝接受承保，且生产者等不能通过自己设立保险来应对风险时，产品及服务将逐渐从市场上消失。例如，预防接种疫苗的不足在全美引发了深刻问题。游乐场及棒球场停止营业，不断缩小营业规模。而且，在密苏里州，监狱因未投保而被迫关闭；在新泽西州，也是因为没有投保，被迫中止了机动车的巡逻。另外，高额的责任保险负担使美国的企业逐渐在国际竞争中处于不利地位。对于使用新技术的新产品，本来应该在将来提升安全性，但因需要支付高额的保险费，不得不放弃投入市场。

石原还同时介绍了上述讨论的反驳意见，其中对于预防接种疫苗问题，石原指出了如下内容：[21]

> 预防接种疫苗危机的明确出现是在1967年的猪流感案件中。在新泽西州，发生了猪流感的新型流感病毒，预计可能会蔓延至全美。联邦政府为阻止病毒传播，决定鼓励实施疫苗接种，疫苗生产公司也生产出了1亿剂以上的疫苗。但是，因为疫苗接种副作用事故中疫苗制造企业的赔偿责任不明确，保险公司担心赔偿数额特别巨大，所以对于医疗接种副作用事故中疫苗制造企业的赔偿责任，保险公司拒绝承保。疫苗制造企业因为没有责任保险也暂停了疫苗销售，预防接种工作完全没有得到实施。于是联邦政府出台了非常离奇的立法，由政府来承担疫苗接种事故中疫苗制造企业的赔偿责任，最终才落实了预防接种。对于其他类型的疫苗，也同样出现了危机状况。1985年

---

[21] 石原，前注[9]，48页以下。

只有1家企业主要销售儿童用疫苗。联邦政府实施预防接种计划的白喉、破伤风、百日咳3种混合疫苗,也面临同样的状况。1984年7月至8月,3家制造公司中的2家相继发表了不再生产3种混合疫苗的声明。其中1家虽然还有疫苗存量,但因为没有投保,未能出库发售。至少在短期内出现了3种混合疫苗供给不足的问题。由于疫苗供给不足,联邦政府疫苗损害补偿制度于1986年得以成立。该补偿制度是在联邦议会上成立的唯一的侵权行为改革立法。

从侵权行为危机和责任保险危机来看,美国的情况比日本更严重。

(三) 裁判的后退现象

法官意识到上述问题,可能会担心社会的负面应对,在具体案件中作出否定损害赔偿请求的判断。对这种负面应对的忧虑突破了受害人救济的理念。虽然我没有进行过实证研究,但我推测,以第一部分所述的20世纪70年代为分水岭,侵权损害赔偿的相关裁判出现变化的原因之一可能就是上述问题的出现。美国似乎也出现了相同的现象,石原指出,"从20世纪60年代开始责任就不断扩张的产品事故领域,20世纪80年代以后出现了原告胜诉率不断降低的情况","为了应对责任保险危机而提出限缩侵权责任的主张也是后退现象在立法论层面的体现"。[22]

(四) 制度运行费用的非效率性

从制度运行费用的角度认为现行制度不具有效率性,主要存在

---

[22] 石原,前注[9],237页以下、241页。

如下两个问题：其一，侵权救济的非效率性；其二，各种具体的救济体系的并存衍生的问题。

首先，对于第一个问题，侵权受害人的补偿制度不具有效率性，根据某项英国的研究，受害人最终获得的补偿额中约85%被用于制度运行和诉讼[23]。在美国，"侵权诉讼所需的程序费用非常高昂。侵权诉讼中受害人实际获得的补偿仅占加害人支付赔偿额的将近一半，剩余的一半费用基本花在了诉讼上。在1985年除机动车事故以外的侵权诉讼中，根据调查，原告花费在程序上的费用约占总费用的24%，被告的程序费用占30%，裁判所的费用等占4%，原告实际上获得的补偿费用仅占43%。

相较于侵权诉讼，受害人获得补偿的劳动灾害保险给付和社会保险给付的费用更低。劳动灾害补偿不需要考虑用人单位的过错，只补偿财产损害。劳动灾害补偿中受害人只获得了企业支付的劳动灾害补偿保险费的80%。依据这些调查，大约60%的程序费用被用在了过错的认定和非财产损害的算定上。而且，在对所有的事故受害人作出相同补偿的新西兰事故补偿法上，程序费用大约占10%……尤其需要花费程序费用的是石棉案件等大规模侵权案件。根据1982年的调查，石棉案件的程序费用的总额达到了1.09亿美元。每件所需费用比正常的案件更多。在1982年9月之前结束的诉讼中，原告实际获得的补偿只占了总费用的37%。[24]

除上述侵权诉讼本身的非效率性问题外，第二个问题是各种具体的救济体系并存衍生的问题。正如第二部分所述，从20世纪50年代开始，相继制定了许多侵权特别法，出现了侵权行为领域各种制度并存的局面，在劳动灾害补偿、医疗保险、年金保险等社会保险领域，也出现了区分不同职业的各种保险。正如本文第三部分所

---

[23] P. Atiyah, Accident, Compensation and the Law, 3rd ed., 511–512(1980).
[24] 石原，前注[9]，34页以下。

述,实际上通常会通过这些制度的组合来实现侵权损害的填补,这就会面临不同制度之间的追偿问题。因各制度提供的给付性质不同,而且追偿程序也并不容易,相应地就需要大量的追偿成本。

因此,虽然存在追偿规定,但实际上很多情况下不行使追偿权,追偿成本过高使追偿变得毫无意义,不得不放弃追偿的情况较为常见。但是,在这种情况下,实际上本来不应该负担责任的人最终承担了损害填补的经济负担,而真正需要承担责任的人反而逃脱了责任的追究。

应当构建一种不需要追偿的救济制度——实现一体化的制度,希望这种制度不再像现在的侵权诉讼这样,不具有效率性。

(五)定期金赔偿

关于定期金赔偿,本来已经在其他场合反复提及,主要存在如下状况。

关于损害赔偿金的支付方法,部分判例例外地承认了定期金赔偿,学说上也有强有力的支持者,但现在的实务是一次性赔偿处于压倒性地位。然而,一次性赔偿存在诸多问题。一是逸失利益的赔偿,从按时取得收入来看,相比一次性赔偿,定期金赔偿更符合按时取得的特征,是符合实际情况的赔偿方式。二是定期金赔偿更能够及时应对实际的损害。以丧失劳动能力的逸失利益为例,现在一般是在赔偿时推定劳动能力的恢复时间,而通过定期金赔偿,就可以按照实际情况进行给付。而且,对于死亡的逸失利益的计算,现在只是根据平均剩余寿命进行推算,而通过定期金赔偿,可以按照实际剩余的生存年限来具体支付赔偿金。对于扶养利益丧失的情况,定期金赔偿也能够很好地应对因将来再婚等其他情况的变化。三是从保障受害人生活的角度出发,欲切实获得赔偿,定期金赔偿方式更合理。

尽管具有这么多的优势,但之所以实务只有在极其例外的情况下才承认定期金赔偿,是因为定期金赔偿的方式在确保前述赔偿金的支付方面存在较大的问题。具体而言,首先,是否能够确保将来赔偿义务人具有足够的赔偿能力,是一个问题。其次,赔偿义务人拒绝自愿履行时,如果每次都必须通过执行裁判所进行强制执行,将会花费巨额的程序费用。与一次性赔偿相比,定期金赔偿每次支付的数额较低,也是一个深刻的问题。

因此,即使在前述的侵权特别法领域,劳动灾害补偿、公害健康损害补偿法、行政机关参与到给付中,确保将来的赔偿能力不存在任何问题,但这也只是在程序上不会出现履行拒绝问题的制度中,实现了定期金给付。

由以上可知,只要维持现在的侵权制度,便不得不采取主流的一次性赔偿方式,但同时不可否认的是,现行制度在确保受害人的生活以及是否提供了符合实际情况的赔偿等方面,仍存在较大问题。

五、"综合救济体系"的建议

为了解决上文提及的现行侵权制度的问题,笔者此前曾提议构建"综合救济体系"。[25]

笔者所设想的是,设立某种救济金,遭遇事故或疾病的受害人只需要根据事故和疾病(换言之,不需要举证证明损害与故意、过失或一定行为之间的因果关系)就可以从基金领取相应的给付。此时,从生活保障的角度,便可以通过定期金的方式赔偿逸失利益。

关于基金给付的原始资金的收取,应尽可能地保持与现行制度之间的连贯性,在根据第三部分提到的多种制度分别收取相应费用

---

[25] 具体内容参见加藤雅信『損害賠償から社会保障へ——人身被害の救済のために』(三省堂,1989 年),10 頁以下等。

之外，还应在此基础上进一步扩充。

具体如图2所示，设立危险行为缴纳费用、自卫保险费、基金求偿三种主要制度。关于危险行为缴纳费用，除了依据现在的机动车损害赔偿保障法的强制保险、劳动灾害补偿以及其他制度采用的强制保险、社会保险收取相应费用，对于现在责任保险投保率较高的危险行为，还应导入新的强制保险费制度。

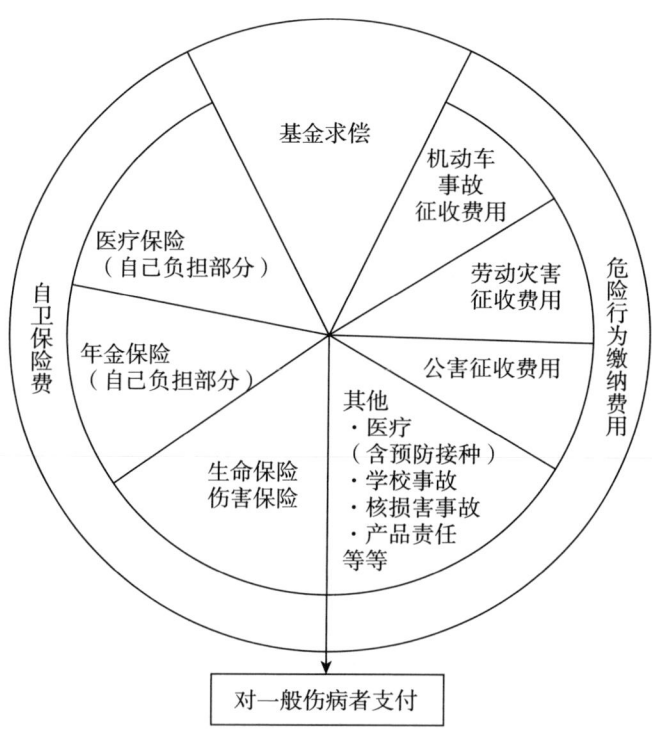

图2　综合救济体系救济基金

关于自卫保险费，除了以现行制度下医疗保险、年金保险的保费中受害人负担部分为基础，还应根据需要进一步充实，以确保基金的给付水准。

（需要说明的是，第五部分的论述与过去的建议不存在任何变化，但从下一段开始至侵权诉权的部分，笔者对过去的建议进行了修正）

基金求偿主要有两种。第一种是即使是已经支付危险行为费用的人,若因其故意或重大过失造成损害时,也会成为基金求偿的对象。第二种是危险行为缴纳费用没有覆盖的领域,发生侵权损害的情形。

在这种多元化的原始费用收取制度下,哪一个领域具体需要多少费用,可以通过统计调查得出结论(具体内容可参见脚注〔14〕引用的著作)。

关于补偿的水准,应作如下思考。同样适用于现行的侵权制度,若在基金制度下采用完全赔偿原则,从整个社会负担的角度来讲,高收入群体将获得更为有利的对待。因此,通过基金实施的可得利益的赔偿应以平均收入为上限。超过平均收入的富人群体想要维持过去富裕的状态,只能通过私人保险自我保护的方式来负担未获满足的部分。关于具体的给付水准,在上述上限的范围内,以过去收入的六成或八成为宜。

关于人身损害,应当废止现在的侵权损害赔偿诉权。但在前述基金求偿能够发挥作用的领域,侵权诉权在如下限度内应继续存在。首先,加害人存在故意或重大过失时,不管是否属于收取费用能够覆盖领域的事故,受害人都可以要求其承担超出以上限额的赔偿,受害人自己可以向加害人提起诉讼,也可以申请参加基金求偿。而且,在危险行为缴纳费用没有覆盖的领域发生侵权行为的,受害人可以根据自己的选择,接受基金的给付或者自己请求侵权损害赔偿。如果选择后者,则适用现行侵权法的规定,要求获得完全赔偿(此结论与以石原修正建议为首的近来学界讨论有关,对此请参见本文第七部分)。

建议的详细内容可参见前述著作,[26] 我认为通过这种设计,几乎可以解决第四部分列举的现行制度的五个问题。通过将救济体

---

[26] 参见加藤雅信,前注〔25〕。

系行政制度化,首先可以更好地保证受害救济的确定性,制度的实效性也会比现在大幅度提升。而且,通过这种一体化的制度设计,制度间的隔阂和制度间的不平衡等不公平问题也将得到消解。对于萎缩医疗及新药开发的抑制等社会负面应对,可能负担责任的人支付了保费后也不必再具体承担侵权责任而负担赔偿金,所以因担心负担赔偿金而采取的负面应对也将不复存在。随着该制度的引入,也没有必要再像近来裁判上可能出现的担心社会负面应对,而为救济受害人作出倒退式的判断了。而且,制度的(补偿支付总额另当别论)行政运行费用以及制度运转费用也比现行制度体系更低。因为在现行制度下,关于民法上的侵权行为,需要举证证明加害人存在故意或过失以及其他要件,为了获得劳动灾害补偿,只需要证明损害系因执行工作任务发生等,按照每种不同的制度举证各自的要件即可。但是,在新制度下,只需要一般性地证明事故(或疾病)的发生,现在需要举证证明的各种细致的要件都无须举证证明了。因此,这样就实现了制度运行费用的大幅度缩减。而且还不会出现追偿问题。因为在综合救济体系下,基金在收取原始费用时,只需要根据统计计算每种危险行为所需缴纳的费用、自卫保险费,实现了支出一体化,不再需要根据不同领域针对具体救济进行追偿工作了。对于是采取定期金赔偿还是一次性赔偿的问题,在基金制度下,曾被认为是定期金赔偿制度缺陷的、将来履行的不确定性以及请求、申请程序的繁杂问题也不再发生,因此可以非常顺利地针对逸失利益和扶养利益丧失引入定期金赔偿方式。最终不仅能够使受害人获得比现在更好的生活保障,还可以依据实际情况作出相应的补偿。

  这种综合救济体系的理论以社会集体责任为基础,具有救济迅捷性、确定性、一律公平性、效率性和社会保障性的五个特征。

六、新西兰事故补偿法与综合救济体系

正如在一开始第一部分所介绍的那样,新西兰针对人身损害事故废止了损害赔偿请求诉讼,通过事故补偿法引入了一种行政救济体系。制度的详细情况已经进行了介绍,[27] 如果以1982年的法律介绍其制度概况,该法设立了劳动灾害补偿加执行工作外灾害补偿的劳动者补偿基金、涵盖机动车事故的机动车事故补偿基金和涵盖其他事故的补充补偿基金三种基金制度,当发生事故时,事故补偿公共团体实施对事故受害人的补偿,这就是1982年的法律确立的基本制度框架(参见图3)。与综合救济体系所具有的复合型原始费用收取结构相比,新西兰的制度在这一点上比较简单。不过,在1922年的法律中,新西兰也实现了原始费用收取的多元化,除了对应过去三种基金的用人单位账户(今后仅对应执行工作任务过程中发生的事故)、机动车账户和非劳动者账户外,还新设了劳动者账户(对应工作以外发生的事故)、后续工作伤害账户、医疗事故账户等三种账户。而且,关于产品事故,还出现了主张生产者也应支付保费的讨论。[28] 由此可见,为了确保救济资金的充足,新西兰通过1992年的法律修改,向综合救济体系又迈进了一步,即实现了由损害原因制造者保费支付的多元化,原因制造者不存在时则通过自卫保险费填补损害(新西兰关于劳动者账户的做法与综合救济体系中的自我保护保险费比较接近)。

---

[27] 参见前注[10]和[11]引用的文献。尤其是浅井教授对1982年修改法最为详细的介绍。

[28] 参见浅井,前注[11],40页以下。

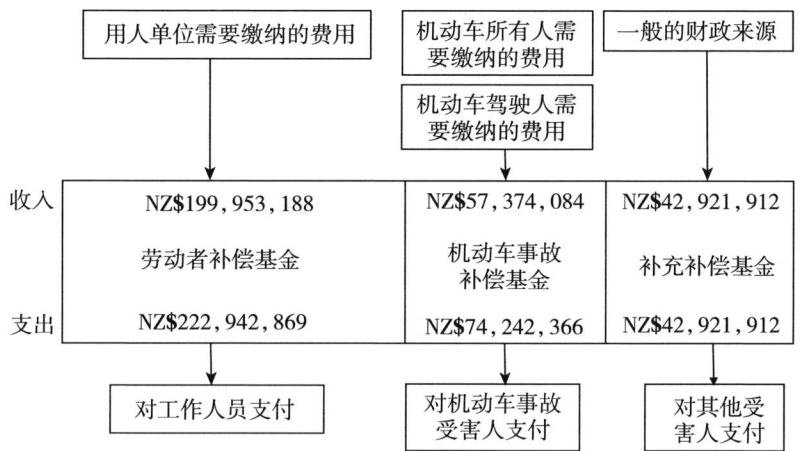

* 各基金的收入和支出数据是 1984 年会计年度的数据,出处是 "Report of the Accident Compensation Corporation for the year ended 31 March 1985" at 16。
* 除了上述三种基金,还有现役军人补偿基金、事故补偿公共团体一般基金,因为属于特殊基金,上述事故补偿公共团体年度报告也未记载会计报告,故没有体现在本图中。

图 3　新西兰事故补偿法上的救济体系

七、结语——回应最近的学说动向

自从提出综合救济体系的建议以来,引发了许多学者的争论,受篇幅所限无法逐一回应,近来石原也已经进行了全面的讨论。[29] 本文将围绕针对笔者的建议讨论比较集中的侵权诉讼废止问题作出回应。

与本文提出的建议存在若干不同,在笔者最初提出的建议中,笔者曾主张全面废止人身损害赔偿侵权诉权。对此,吉村教授认为,"综合救济体系是对通说理论的完全贯彻,甚至可以说是通说理论的最终形态",但同时吉村教授又以可能导致加害人责任的淡化、

---

〔29〕 参见石原,前注〔9〕,242 页以下。

救济水准的低位平均化为由,反对废除侵权诉权。[30] 另外,宇佐见教授认为,如果废止侵权诉讼,将会导致侵权诉讼所具有的防止事故发生的功能丧失。[31]

棚濑教授认为,"侵权责任被缩减为最多只需要预先支付损害保险金程度的责任",从共同体正义的角度来看,将会对共同体产生破坏作用。[32] 樋口教授认为,应当将受害人的激励机制与抑制事故发生和为维持责任原则的社会目的联系在一起。[33] 在这一点上,宇佐见教授采用了与樋口教授相同的问题意识,他认为如果不让具有责任追究能动性的受害人出场,将不可能充分地实现对加害人的责任追究。[34]

这些学者虽基于不同的立场,但共通的一点是应当维持侵权行为的具体责任追究制度,防止淡化加害人的责任。

但是,与其说是因为综合救济体系的引入导致了责任的淡化,还不如说是责任保险制度的引入引发了责任的淡化。另外,即使不设立综合救济体系,正如本文第二部分所阐述的那样,通过劳动灾害补偿、公害健康损害补偿法,实质上引入一种保险制度来确保对受害人的充分救济,只有放弃具体的损害赔偿请求权与社会违法行为的责任追究的表里一体的构造才能够实现。

这些制度的引入能够确保对受害人的充分救济,因此受到社会的欢迎。尽管如此,以上列举的学者还依然对综合救济体系抱有担忧,大概是因为存在如下情况。无论是依据具体救济制度也好,还是综合救济体系也罢,有责加害人造成的损害和非有责加害人造成的损害都获得了同等救济。从另一个角度来说,因这些救济制度的

---

〔30〕 吉村良一「不法行為法と『市民法論』」法の科学12号(1984年)44頁以下。
〔31〕 宇佐見大司「『総合救済システム』論」法律時報65巻10号(1994年)92頁。
〔32〕 棚瀬孝雄,前注〔15〕,15頁。
〔33〕 樋口範雄「不法行為制度の『危機』と『改革』の意義——アメリカの医療過誤訴訟を例にとって」棚瀬孝雄編『現代の不法行為訴訟』(有斐閣,1994年)89頁。
〔34〕 宇佐見大司,前注〔31〕,93頁。

存在,使得曝光有责加害人行为的机会丧失了,这些制度为有责的加害人披上了一层保护面纱。过去依据侵权行为法实施具体救济不会出现这样的状况,不禁让人产生引入这些制度是否合理的疑问,这也是前文所列举的学者共通的感受。

而且,相比个别的救济制度,综合救济体系使有责加害人被面纱蒙上的领域扩大了。

为了消除上述学者的疑虑,与其采取否定引入综合积极体系的消极态度,还不如在被综合救济体系蒙上面纱的新领域,以及已经被个别救济制度涵盖的领域,将蒙住有责加害人的面纱脱去。

在对此问题展开讨论之前,我想先就最近石原提出的方案展开若干讨论。石原参考了美国康奈尔教授的侵权行为改革建议,提出了综合救济体系的修正意见。正如石原的介绍那样,康奈尔方案的特色在于,赋予加害人和受害人对新救济制度和传统侵权制度的选择权。[35] 康奈尔教授到日本做讲座时,我曾向其展示自己提出的综合救济体系方案,他认为我的这个方案非常有趣,但也回应自己的选择权方案更具有实现的可能性,的确康奈尔教授的建议具有某种程度的现实可行性。石原认为,对于综合救济体系,可以赋予潜在的加害人和潜在的受害人是否事先选择加入制度的权利,实现综合救济体系的任意保险化。[36] 如果从根据一种市场原理来检验法律制度的意义来说,这的确是富含趣味的方案,然而我不能完全赞同石原提出的修改建议。因为过去之所以在各种事故法领域引入强制保险,就是为了通过保障加害人的赔偿能力来实现对受害人的充分救济。但是,如果让潜在的加害人事前选择是否加入制度,将会使上述目的落空。

因此,笔者通过考虑以上四位学者以及石原提出的修改意见,

---

[35] 石原,前注[9],157 页以下。
[36] 石原,前注[9],265 页。

在如下两点上,对过去提出的综合救济体系方案进行修正,形成了现在的综合救济体系方案,也就是在本文第五部分提到的方案。首先,有责加害人蒙上面纱出现问题最多的是有责性程度严重的故意和重大过失的情形。在这种情形下,即使加害人缴纳了危险行为费用,对于超出基金给付限额的损害,也应当根据传统的侵权规定追究其具体责任。换言之,综合救济体系是一般不承认剩余损害的侵权诉权的单线型的体系,但如果加害人具有故意或重大过失,则例外地采用复线型的体系。

另外,关于石原提出的修正建议,虽然笔者没有采纳其提出的事前选择的建议,但我部分引入了康奈尔教授和石原提出的自己选择的建议,对于没有缴纳危险行为费用而可能适用基金求偿的领域,事后承认受害人可以选择基金的迅速积极和侵权诉讼救济,受害人希望个别追究自己认为的有责加害人的责任时,为其保留个别追究的路径。

当然,在后者的情形下,如果潜在的加害人事前选择加入责任保险,多少会降低个别责任追究的实效性,但在现行制度框架下,也面临同样的状况。此外,能够覆盖故意和重大过失的责任保险因违反公序良俗,应当认为不具有效力。

此次笔者提出的修改建议深受本文第七部分列举的学说讨论的启发。这也是为什么我会在文章的开头列举他们的姓名并向他们表示感谢的缘故。

损害赔偿的经济学

[日]林田清明[*]

一、引言

运用"法与经济学"方法研究侵权法始于科斯

---

[*] 林田清明(はやしだせいめい),生于1951年。1980年毕业于九州大学大学院法学研究科,1988—1990年任耶鲁大学法学院客座研究员,历任九州大学法学部助手、大分大学经济学部专任讲师、大分大学经济学部助理教授、北海道大学法学部助理教授,1991年起任北海道大学法学部教授,2017年从北海道大学退休后,成为北海道大学名誉教授。

著作:『《法と経済学》の法理論』(北海道大学図書刊行会,1996年);『法と経済学 新しい知的テリトリー』(信山社,1997年);『《法と文学》の法理論〔北海道大学法学部研究選書7〕』(北海道大学図書刊行会,2015年);等等。

论文:「賠償と差止—法の経済分析による法的救済のモデル」北大法学論集41巻4号(1991年);「民事違法の経済理論」判例タイムズ42巻6号(1991年);「実践的推論とプラグマチズム法学(1—4)」法律時報64巻10号、12号、65巻1号、3号(1992—1993年);「法と経済,法の経済分析,批判とパラダイム(1)(2)」北大法学論集42巻3号、4号(1992年);「法は経済である—ポズナーの「法の経済分析」入門」北大法学論集42巻5号(1992年);「カドーゾとプラグマチズム法学—R・A・ポズナー著『カドーゾ—名声の研究』(1990年)」北大法学論集42巻6号(1992年);「不法行為法の経済理論」法社会学45号(1993年);「実践的推論と「法と経済学」—法解釈と経済学の役割」『実践理性と法〔法哲学年報1992年〕』(1993年);「憲法の経済学的アプローチ」ジュリ

和卡拉布雷希于1960年发表的两篇论文,[1]其中,侵权法排在反托拉斯法之后,成为法与经济学的第二论争领域。法与经济学的第一代以波斯纳、兰德斯等所谓的"芝加哥学派"的法与经济学学者为代表,其特色在于强调法律的效率性。第二代如考特、尤伦、康豪斯等采用了更温和的研究方法,其特色在于强调法律的合理性。[2]

在我国,法与经济学开始被引入是在侵权领域。[3]运用法与经济学分析侵权法涉及多个方面,本文主要针对其中的过错和违法性

スト1089号(1996年);「法律行為の経済理論」山畠正男・五十嵐清・藪重夫先生古稀記念論文集刊行発起人編『民法学と比較法学の諸相3』(信山社,1998年);「「法と文学」の諸形態と法理論としての可能性(1)(2・完)」北大法学論集55巻4号、5号(2004—2005年);「法・社会規範とその遵守に関する〈法と文学〉による考察:夏目漱石『門』と「理性と正義」の劇場」北大法学論集63巻4号(2012年);「法解釈・法的判断と経済的ロジック」北大法学論集63巻6号(2013年);「法・法制度の理解のための文学的フィクションと法の現実:F.カフカ『審判』、A.カミュ『異邦人』、H.メルヴィル『ビリー・バッド』を素材に」北大法学論集64巻4号(2013年)。

〔1〕 Coase, The Problem of Social Cost, 3 J. Law & Econ. 1 (1960); Calabresi, Some Thoughts on Risk Distribution and the Law of Torts, 70 Yale L. J. 499 (1961).

〔2〕 Cooter & Ulen, Law and Economics (1988); Ulen, Law and Economics: Settled Issues and Open Questions, in N. Mercuro ed., Law and Economics 201 (1989); Kornhauser, The Great Image of Authority, 36 Stan. L. Rev. 349 (1984). 关于法与经济学整体年代间的动向, See Minda, The Jurisprudential Movements of the 1980s, 50 Ohio St. L. Rev. 599, 604 – 613 (1989); Rose-Ackerman, Law and Economics: Paradigm, Politics, or Philosophy, in Mercuro ed., Id at 233.

〔3〕 浜田宏一『損害賠償の経済分析』(東京大学出版会,1977年)、平井宜雄『現代不法行為法の一展望』(一粒社,1980年)、古城誠「法の経済分析の意義と限界(上)(中)」法律時報56巻1号54頁、7号59頁(1984年)、林田清明「法と経済、法の経済分析、批判とパラダイム(1)(2)」北大法学42巻3号956頁、4号1272頁(1992年)。此外,关于法与经济学的一般讨论,参见 J. M. オリバー(河上正二 = 武蔵武彦訳)『法と経済学入門』(同文館,1986年)、小林秀之 = 神田秀樹『「法と経済学」入門』(弘文堂,1986年)、R. クーター = T. ユーレン(太田勝造抄訳)『法と経済学』(商事法務研究会,1990年)、N. マーキュロ = T. ライアン(関谷登訳)『法と経済学』(成文堂,1986年)、M. ラムザイヤー『法と経済学』(弘文堂,1990年)、A. M. ポリンスキー(原田博夫 = 中島厳訳)『入門 法と経済』(CBS,1986年)、林田清明『《法と経済学》の法律論』(北海道大学図書刊行会,1996年)。

展开讨论。[4]

二、事故模型

(一) 资源的稀缺性与合理选择

我们生存的世界是一个资源稀缺的世界。资源稀缺意味着不可能完全满足我们所有的欲求。所以围绕资源和财富产生了竞争。通常会假设人们尽可能地使自己变得富有和变得更好而采取相应的行动,也就是采取理性(合理)的行动。[5] 但是,并不能保证所有人或者某个人通常都会采取合理的行动。人们可能会采取自我毁灭式的行动,或者受感情驱使的行动。合理行动的假设只有在更多

---

[4] 围绕因果关系也存在相应的讨论。波斯纳等学者认为,不需要因果关系(或者法律因果关系),将其作为概率[本文第一部分之(四)L 函数中的 p]问题处理。因此,当 $P_n - P_c > 0$(P_n:被告具有过错时的事故发生概率;P_c:被告没有过错时的事故发生概率)时,就认为被告的行为增加了事故发生的概率。对此,卡拉布雷希承认事实因果关系和法律因果关系。Landes & Posner, Causation in Tort Law: An Economic Approach, 12 J. Legal Stud. 109(1983);Calabresi, Concerning Cause and the Law of Torts, 43 U. Chi. L. Rev. 69(1975). 部分介绍可参见林田清明「法の効率性の世界(書評)」北大法学 41 卷 1 号(1990 年)417 頁以下。另外,关于无过错责任和过错责任,也有从哪种责任更有助于防止事故发生的角度展开的讨论。一般而言,卡拉布雷希认为无过错责任更有助于防止事故发生,而波斯纳则认为过错责任更有助于防止事故发生。Calabresi & Posner, The Economic Structure of Tort Law 54 – 84(1987);Shavell, Strict Liability versus Negligence, 9 J. Legal Stud. 1(1980). 另外,还有关于赔偿和停止侵害等侵权法救济方式的讨论。参见林田清明「賠償と差止」北大法学 41 卷 4 号(1992 年)1888 頁。此外也广泛涉及产品责任、代位责任及共同侵权领域的讨论。

[5] 有批判意见认为,法与经济学是以经济学上的(合)理性为前提的,而不是法学上的"合理性"。参见川浜昇「『法と経済学』と法解釈の関係について」民商法雑誌 108 卷 6 号 820 頁、109 号 1 号 1 頁、2 号 207 頁、3 号 413 頁(1993 年)。但并没有明确什么是法学的合理性。而且,法学的传统研究方法就是依据裁判所的判决及学说的说理推导出需要倍加注意的原则和规则,以此来探寻法律的普遍真理,也是以一定程度的合理性为前提的。而且,经济学上的理性人(rational man)和法学上的合理人(reasonable man)并不存在太大差别,法学并不是某法律问题不合理,所以不对这个问题处理的学问体系。Cooter & Ulen, Law and Economics 11 – 12(1988).

的人在更多的场合下采取合理行动才能成立。因此，前提是人们都想让自己尽可能地富有。正如我们从家庭、志愿活动以及同情帮助贫穷者处所看到的那样，通过使他人变得幸福也能够让自己变得更有价值。

资源稀缺时，理性最大化者（rational maximizer）会尽可能多地从资源中获取最大限度的便利或利益。资源的有效分配是没有可用资源，且不论何种资源都没有被错误分配时的资源使用。我们在追求幸福和效用（通过消费金钱和服务所获得的满足）时，资源有效分配意味着采取从这些资源最大化获取幸福和效用的方式，对这些资源进行分配。

（二）经济的效率性和外部性

微观经济学的市场理论所采用的是完全竞争市场模型。此种模型实现了资源分配的经济效率性。作为测定经济效率性的标准，帕累托最优是指不使任何的其他人变得更坏，也不使任何人变得更好的资源分配方式。帕累托最优的情况比较少见，在相对缓和的卡尔多—希克斯标准下，如果根据某种资源分配获益的胜者对未获益的败者实施潜在的完全补偿，则认为这种资源分配方式具有效率性。[6]

市场失败意味着完全竞争市场的失灵，存在于外部性、垄断及公共物品供给等情形。其中外部性与侵权法具有很大关系。以下将以某造纸公司排放废水污染河流为例来考察外部性与损害赔偿的关系。通过图4来表示该公司的边际成本（PMC）[7]和需求曲线（D）。该公司因污染河流给附近流域的居民及其土地造成损害，该费用以社会的边际成本（SMC）来表示。

---

〔6〕 R. クーター＝T・ユーレン，前注〔3〕，24页。
〔7〕 边际成本是指每增加一个单位的产量所需的成本。

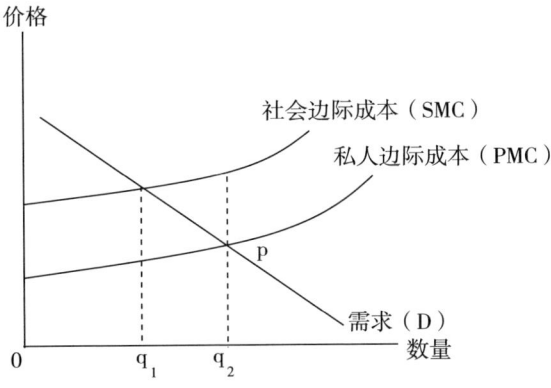

图 4　私人成本和社会成本

如果造纸公司不考虑因其经济活动给第三人造成的外部成本而继续生产,如图 4 的 p 点所示,将出现过量生产以及过低价生产。因为没有考虑实际的社会成本,所以不具有效率性。因此,就需要让生产者考虑社会成本,也就是要让公司将社会成本内部化。

经济学上内部化的方法主要有当事人的协商、赔偿责任、征税以及直接规制[8]等。遭受影响的当事人通过任意协商(在交易成本为零或者更低的条件下)可以带来有效率的结果(科斯定理)。赔偿责任是指侵权责任,是让制造外部性的人赔偿第三人损害而承担法律责任的方法。例如,假如某个制造商因生产的商品缺陷导致消费者和用户遭受损害,其不负担赔偿责任而继续生产这种产品,将很难期待它能够改善缺陷产品。在"信玄公旗挂松"案[9]中,如果认定铁路部门不承担赔偿责任,它就可以使列车运行而继续营业,这将无法使因列车煤烟导致松树枯死的外部成本内部化。

---

[8]　征税是向制造外部性的污染者征收与损害量相等的污染税来实现内部化的方法。包括美国的"污染权"交易在内,关于内部化的方法,参见柴田弘文＝柴田愛子『公共経済学』(東洋経済新報社,1988 年)97 頁以下。直接规制是政府确定污染排出量等标准进行规制的方法。作为行政上的规制,其直接效果受到期待,但国家、地方自治体为确立合理的排出标准,需要花费信息收集成本和监视成本。

[9]　大判大 8・3・3 民録 25 輯 356 頁。

(三) 公平、矫正正义、侵权法

侵权法的经济分析的目的在于，将因我们的日常行为导致的对他人的侵害和财产侵害的损失风险分散。换句话说，侵权法规则的体系是，为了将与我们的行为相关的成本最小化（或者降低），通过分散这种风险的方式，实现社会财富的最大化。如果能够节约或避免因事故所生的成本以及事故预防成本，这种社会将会比发生事故的社会更好。[10]

然而，传统观点认为侵权责任的目的在于"对由此所生损害的公平赔偿"。至于此处"公平"的含义以及如何实现，并不明确。也有人指出侵权法关注了公平、正义等非经济价值，但与其这样认为，毋宁说让行为人负担因自己行为导致的第三人损害，即将外部性进行内部化才属于"正义"。

也有观点从道德原则及基础出发评价侵权责任，[11] 其中亚里士多德提出的分配正义和矫正正义对侵权行为的违法性理解造成了巨大影响。[12] 根据这种观点，当某人因他人非正义的行为遭受

---

〔10〕 Calabresi, The Costs of Accidents(1970)；G. カラブレイジ（小林秀文訳）『事故の費用』（信山社,1993 年）。

〔11〕 我国近年来一般认为侵权法是"损害分担法"。例如，加藤一郎『不法行為』（有斐閣,1974 年）3 頁、『注釈民法（19）』（有斐閣,1965 年）6 頁〔加藤一郎〕、前田達明『不法行為帰責論』（創文社,1978 年）186 頁。但是，目前几乎所有的侵权法理论都认为分配的标准是意思理论和它在侵权法上体现的有责性原则，从某种意义上来说，考虑了道德因素或立场。参见棚瀬孝雄「不法行為責任の道徳的基礎」同編『現代の不法行為』（有斐閣,1994 年）3-20 頁及其他文献。这是与共同体正义有关的讨论，在共同体中，守护"固有的生活理论"（第 7 頁）（何为固有的生活理论并不明确）需要侵权法。

〔12〕 例如，田中成明『法理学講義』（有斐閣,1994 年）183 頁认为，矫正正义是契约法和侵权法等私法基本形态的依据。在美国法上，对于法与经济学的研究方法，从传统法学立场进行批判和理论重塑，将矫正正义和康德学派的观点进行折中的侵权法理论正在盛行。Weinrib, Toward a Moral Theory of Negligence Law, 2 Law & Phil. 37(1983)；Weinrib, The Idea of Private Law(1995)；Coleman, Moral Theories of Torts: Their Scope and Limits, Pts. 1&2, 1 Law & Phil. 371(1982)；Coleman, The Structure of Tort Law, 97 Yale L. J. 1233(1988)；Coleman, Markets, Morals and the Law(1988). 关于两者的矫正正义理论的介绍，参见浅野有紀「不法行為法と矯正の正義(1)(2)」法学論叢 136 卷 1 号、137 卷 4 号 42 頁（1995 年）。

侵害时,应当思考被告(他人)的行为是否需要被法律制度矫正。[13]违法性不是通过与当事人实施的行为所具有的实际价值进行比较得出的,谁违法以及谁应当获得保护,早就已经作出了决定。这属于当事人之间正义实现的问题。但是,如果将减少社会财富的行为称为"非正义",则效率性和财富最大化已经包含了矫正正义。[14]

(四) 事故的社会成本

如果侵权造成了损害或损失,就需要考虑应当由谁来负担损害的损失分散问题。就法与经济学而言,事故的预防和损害、损失的分散课题是分析的核心。运用法与经济学方法研究侵权法就是为了使事故成本最小化(降低)。卡拉布雷希提出了三种事故成本:第一种是与受害人遭受的损害相关的成本,第二种是事故产生的"社会成本",第三种是与管理侵权行为规则体系的相关成本。

侵权导致的社会成本可以用加害人或受害人为防止损害发生而采取的措施或手段(尽到的注意)的成本,加上对社会造成的损害或损失来表示。将事故的社会成本函数用 L 表示,将事故发生的概率用 p 表示,将损害用 D 表示,将受害人(A)的注意用 x 表示,将加害人(B)的注意用 y 表示,可得出如下公式:

$L(x,y) = p(x,y)D + A(x) + B(y)$

为了将问题简化而暂时忽略受害人(A)的注意和过失问题,上述公式就变成 $L'(y) = p'(y)D + B'(y)$。如图 5 所示,若将纵轴表示成本,横轴表示注意(预防),则加害人越尽到注意,相应的注意成本[B(y)]就会增加(向右上延伸)。相反,事故的期待成本[p(y)D:事故成本乘以事故发生的概率]就越小(向右下延伸)。L

---

[13] アリストテレス(高田三郎訳)『ニコマコス倫理学(上)』(第 5 巻四章)(岩波書店,1971 年)181 頁。

[14] ポスナー(馬場孝一=国武輝久監訳)『正義の経済学』(木鐸社,1991 年;原書 1981 年刊)80 頁以下。

(y)的曲线是 B(y)和 p(y)D 的两个曲线的总和。社会成本最小的注意水准可以用图中的 y^* 点表示,如果套用上述公式,就是 $L'(y) = 0 = p'(y)D + B'(y)$,即 $B'(y) = -p'(y)D$ 的点。这意味着每个单位的注意成本(边际成本)与每附加一单位注意所带来的效益(边际效益)相等。[15]

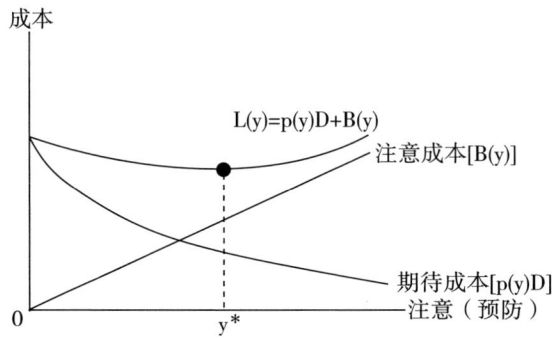

图5　合理的注意

三、违法性

(一)"法与经济学"与违法性

大正末期的"从权利侵害到违法性"的动向实现了侵权法的保护范围从被承认的权利向法益扩张的同时,在违法性的讨论中,也展开了回复被不正义侵害的列举权利的这种矫正正义式的权利侵害观点。[16]

---

[15]　Cooter & Ulen, supra note 5, at 350.
[16]　末川博「権利侵害論」(1930 年)[收录于『権利侵害と権利濫用』(1970 年)263 頁以下]。末川博士认为,"未获法律承认的行为是因为了破坏了法律秩序,(民法第709 条)为了表示违法行为,在条文中列举了权利侵害要件。从这种意义上来说,我认为这里的权利侵害只不过是违法行为的表征而已"(引用出自末川上述著作,页码是该书的页码,第473 頁),所以"只需要承认加害行为的违法性,并不需要判断每个案件是否存在权利侵害"(第499 頁)。

在此动向的影响下，学说上提出了违法性判断标准，至今仍占据通说地位的是我妻荣博士提出的相关关系理论。[17]

相关关系理论是根据被侵害利益的权利性强弱和侵权行为的强弱这种矫正正义范畴，对违法性进行判断。一方面，侵害所有权、人格权等绝对权以及与此相近的权利时，程度弱的侵权行为也具有违法性，而与其相反的情形，违法性的判断比较容易。但如果是对位阶较高的权益实施的程度较强的侵害行为，对弱法益实施弱程度的侵害行为等情况，则违法性的判断将变得模糊。这种理论实际上是在解决从社会上判断当事人的哪一种行为是合理的问题。相关关系理论基本上属于利益衡量理论，[18]是一种概括的费用效益分析理论，这也是它保持灵活性和时至今日仍然活跃的原因所在。

学界对相关关系理论提出了各种批判，本文将指出与这些批判不同的几点内容。第一点是利益衡量本身并不能构成为什么运用利益衡量的标准，所以不得不采取暧昧且主观的判断。正如下文所述，当违法性发挥着各种功能时，这一点的制约很明显。第二点是因采取了效益与费用的粗略判断，因此难以具体判断哪一种行为在何种场合下具有价值。而这又是相关关系判断的核心问题。

法与经济法学的方法是根据效率性来理解违法性的。违法也好，不法也罢，都是法律评价的问题，但经济学上的表达都归结于效率性。[19]需要通过实证讨论来论证效率性，但大体上可以结合最希望的资源分配方式（也就是侵权法通过将外部性内部化等预防事故发生是最希望的资源分配方式）以及根本意义上的社会财富最大

---

〔17〕 我妻栄『事務管理・不当利得・不法行為（新法学全集）』（日本評論社，1940年）125 頁。星野英一「権利侵害——日本不法行為リスティティメント 5」ジュリスト 882 号（1987 年）64 頁、錦織成史「違法性と過失」『民法講座(6)』（有斐閣，1985 年）133 頁。

〔18〕 四宮和夫『事務管理・不当利得・不法行為中巻』（青林書院，1983 年）356 頁。

〔19〕 详细参见林田清明「効率性対違法性」北大法学論集 41 巻 3 号（1991 年）1450 頁。此外，已经提到法律效率性意义的文献，参见山田卓生「『法と経済学』研究についての覚書」エコのミア 98 号（1988 年）56 頁。

化来思考这个问题。

(二)效率性与违法性

侵权法上的违法性(权利侵害)要件在法与经济学上发挥着以下四种作用。[20] 第一,正如第一部分所述,因为需要从经济效率性的角度,对公害、事故等对第三人造成的外部性进行内部化,所以侵权法是通过损害赔偿责任的方法来实现内部化的法律制度。首先,需要解决的问题就是应不应该承担赔偿责任,也就是应不应该内部化。其次,需要解决如何分散因侵权所生的损害或损失以及希望谁来负担损害或损失的问题。因为损害与风险的分散是运用法与经济学来分析侵权法所需要面对的核心课题,卡拉布雷希提出的"最小成本事故防范者"以及"较小成本事故防范者"的概念就与此相关。第二,是承认还是否定新的权利或法益。第三,受害人应当获得怎样的法律救济,是适用损害赔偿还是停止侵害请求权都包含在违法性的判断中。[21] 第四,关于侵权制度的运行成本问题。

1. 外部性的内部化

从侵权法是将外部不经济性内部化的法律制度以及违法性就是效率性来看,违法性所起到的多种作用中最为重要的作用是外部性的内部化。大气、水质污染以及噪音等公害就是外部不经济性的典型代表,正如前文所述,需要对外部不经济性内部化。侵权法主要通过损害赔偿的方法对外部不经济性内部化。内部化的问题不仅出现在公害情形,还出现在其他事故的情形。在医疗事故、产品事故、药品事故中,因手术、生产缺陷商品、制造有害副作用的药品

---

[20] 林田,前注[19],1450頁。另外,也有学者主张融合过失和违法性的过失一元论和新违法性论。参见平井宜雄『損害賠償法の理論』(東京大学出版会,1971年)、淡路剛久『公害賠償の理論』(有斐閣,1987年)。其依据是裁判所的实践和要件的效率化。但是,在具体判断过失和违法性时,又不得不分别考察注意义务和违法性。而且,当判断是否需要法律保护时,关于是否存在过失的讨论反而可能会推导出错误的结论。

[21] 参见林田,前注[4],1888頁。

等,自己行为导致第三人遭受损害时,如果不承认这些行为的损害赔偿责任,那么实施这些行为的人就会认为采取之前的注意和防范措施就可以了,并继续其生产或实施行为。最终导致事故和损害无法得到预防。

"桃中轩云右卫门"案是与今天所说的知识产权,特别是音乐著作权有关的外部性问题的案件。为了解决未经允许擅自复制并发售唱片(剽窃)的问题,受害人要求裁判所提供损害赔偿的保护,但是大审院认为,浪曲并不是法律上明文规定的权利(音乐著作权),复制销售者不构成权利侵害。[22]

2. 新权利和法益的法律保护性

关于新的利益或"权利"是否应当获得侵权法上的保护,需要进行价值或政策判断。大学澡堂案中的"暖帘"即为此例。隐私这种利益在我国最开始是被当作"私生活不被随意公开"的利益而加以保护的。裁判所以刑法、民法等相关法律的明文规定为前提,作出政策性价值判断,认为"保护隐私利益对于维护个人的尊严、确保每个人的幸福追求权是不可或缺的"。[23] 在今天的社会中,保护隐私就可以提升我们的幸福和价值。[24] 隐私一词具有多义性,具有秘密保护、隔离、自律等含义,因此可以说隐私权就是管理自己信息的权利,[25]隐私权就是广义上的信息所有权。

利益保护与前述外部性的内部化紧密关联的一个典型例子便是"环境权"的问题。从环境的公共财产属性来看,承认对环境的

---

〔22〕 大判大 3・7・4 刑録 20 辑 1360 页。此外,关于信息经济学,参见松村良之「特許権制度への『法と経済学』からのアプローチ」北大法学 44 卷 3 号(1993 年)670 页。

〔23〕 東京地判昭 39・9・28 下民集 15 卷 9 号 2317 页(「宴のあと」小説事件)。

〔24〕 另外,在文明未开化的社会以及之前,隐私并不受到保护。参见ポスナー,前注〔14〕,146、218 页。

〔25〕 这是近来的有力观点。四宮,前注〔18〕,326 页;藤岡康宏他著『民法Ⅳ 債権各論』(有斐閣,1995 年)305 页、平井宜雄『債権各論Ⅱ 不法行為』(弘文堂,1992 年)51 页。最三小判昭 56・4・14 民集 35 卷 3 号 620 页(认定公开前科信息违法)。

所有权因其交易费用而面临困难。[26] 另外，判例上也没有承认因正式参拜而受侵害的原告的"宗教上的人格权"。[27]

3. 低成本事故防范者

侵权法关系到事故成本的降低。为了创造降低事故第一次成本的激励机制，希望处于低成本防范事故发生立场的人承担赔偿责任。最小成本事故防范者的概念是由卡拉布雷希提出的。但是，对于卡拉布雷希提出的事故预防模型，有观点指出难以找到最低成本事故防范者。为此，波斯纳等人通过主要关注卡拉布雷希提出的第一次事故成本，提出了"较低成本事故防范者"的概念。

我国应如何承认低成本事故防范者的概念，须进行具体分析。在铁路事故中，相比于电车的驾驶人，通常行人能够以更低的成本防范事故发生。相比于电车发现行人而停止运行防范事故发生，行人通过尽到注意进行安全确认并通过线路通常被认为是低成本。是否可以认为行人是低成本的事故防范者而电车一方不需要尽到任何注意呢？电车的驾驶人可以通过鸣笛、减速或者停止运行的方式，以低成本防范事故发生。[28]

低成本事故防范者的概念并非总是在违法性层面被讨论。我国目前似乎还不了解这个概念，有些情况下实质的"低成本事故防范者"是在完全不同的要件、概念以及规则下进行判断的。典型如信赖原则、机动车损害赔偿保障法的运行供用者、（相当）因果关系要件等。以其中几例来说明，首先，关于信赖原则，最近在"注意义务的分配"这种稍带模糊性的概念下，被当作过失问题

---

[26] 最大判昭 56・12・16 民集 35 卷 10 号 1369 页（大阪国际机场案）。判例没有承认环境权的概念，通过程序上的理由及其他理由否定了原告的请求。关于环境权，参见后注[45]。

[27] 大阪地判平元・11・9 讼月 36 卷 7 号 1141 页。

[28] 大判大 8・2・7 民录 25 辑 179 页。类似于英美法上的"最后的机会法理"。

进行讨论,[29]很容易理解这是在解决谁是低成本事故防范者的问题。例如,上告人的机动二轮车为通过前方的交叉路口,对进入交叉口并暂时停车的车辆进行避让,因为没有确认右方和后方的安全,也没有关注信号灯便向右踩刹车,与准备赶超上告人二轮车的被上告人的轻型四轮货车发生碰撞,摔倒受伤。最高裁判所认为,准备赶超在先行驶的车辆,只要没有特殊情况,不承担如下注意义务:预见并行车辆违反交通规则变向,并突然改道自己车辆行驶路线,为防止事故发生而采取慢行等其他避让措施。[30] 禁止在交叉路口附近突然改变行驶路线,而且改变行驶路线只要尽到注意,相比并行且赶超自己车辆的一方,更容易以低成本防范事故发生。另外,即使认为后者也应当尽到注意,也应当认为这属于不得不采取的过剩注意。

对于物流服务经营者丢失宝石的案件,经营者无法确定哪件物品属于高价货物,委托人及原告(委托人的母公司)更容易知道或能够知道哪件物品属于高价货物、宝石。[31] 海上运输经营者受委托负责运输的货物是危险品,在运输过程中突然发生爆炸并遭受损害的情况下,运输经营者更容易知道运输货物的危险性类型及其危

---

〔29〕 藤岡,前注〔25〕,242 頁;四宮,前注〔18〕,364 頁。注意义务的"分担"类似于谁能够以低成本分担事故成本。众所周知,信赖原则是刑法特别是刑事交通犯罪中确立并发展起来的概念,被民法的学说继受,逐渐被最高裁判所采用。但是,信赖原则仅适用于民事交通这种极其限定的领域,因为没有讨论它作为原则的一般性和通用性,所以应当被低成本事故防范者概念吸收。

〔30〕 最三小判昭43・9・24 判例時報539 号40 頁。此外,适用信赖原则的判决还有最三小判昭43・7・25 判例時報530 号37 頁、最一小判昭44・12・18 判例時報584 号75 頁、最二小判昭51・2・18 交民集10 巻1 号1 頁(穿过具有信号灯的交叉路口的车辆,即使是在深夜,只要没有特殊情况,不承担预见到可能存在无视信号灯进入交叉路口的车辆并予以避让的注意义务)等。关于信赖原则和损害赔偿,参见藤倉皓一郎「交通事故の民事責任と信頼の原則」判例タイムズ233、234、235 号;四宮,前注〔18〕,362 頁。

〔31〕 東京高判平5・12・24 判例時報1491 号135 頁(认可了约定的30 万日元赔偿)。原审判决是東京地判平3・9・25 判例時報1432 号137 頁(肯定了重大过失)。

险程度,否定了经营者提出的损害赔偿请求。[32] 上述这些案件都是在解决谁是较低成本事故防范者的问题。

此外,相当因果关系要件发挥着发现低成本事故防范者的作用。能够预见特殊情形下的损害以及事故危险的人可以自己防止危险,或者如果知道其他当事人能够以低成本防范危险时,应当告知其他当事人避免危险的发生。因此,赔偿责任具有能够促使其这样去行动的激励机制。[33] 因此,可以将相当因果关系的某一方面当作"较低成本事故防范者"的问题来理解。

(三) 作为低成本事故防范者的受害人

以上讨论了加害人具有过失的情形,下文将讨论受害人也具有过失的情形,分析谁是低成本事故防范者。[34] 我国一般是将受害人的过失作为过失相抵的问题来处理的。[35]

受害人也具有过失的情形包括加害人与受害人构成共同侵权

---

[32] 最一小判平5・3・25判例時報1478号115頁。被告(同时也是被上告人)是销售给运输委托人危险产品的制造销售公司。另外,商法上存在第578条(运输处理)、第595条(与商场营业、高价货物相关的特别规定)、第766条(公路运输)、第794条第2款等规定,可以说这些规定是对民法第416条第2款固定的进一步明确。

[33] 民法第416条,Hadley v. Baxendale, 9 Ex. 341, 156 Eng. Rep. 145 (1854)。R. Posner, Economic Analysis of Law 126–127 (4th ed. 1992). 如果从事故预防和低成本事故防范者的角度重新审视民法第416条,便可以找到能够类推适用于侵权的实质依据。参见林田清明「効率的な契約違反——法と経済学(12)」法学セミナー474号(1994年)104、107頁。

[34] 关于否定受害人的赔偿请求或者减轻赔偿责任的案件类型还有可以类推适用违法性阻却事由、过失相抵规定的受害人一方的过失(最三小判昭42・6・27民集21卷6号1507頁、最一小判昭51・3・25民集30卷2号160頁)和特殊体质等,违法性阻却事由中存在能够通过低成本事故防范者概念解决的问题(参见林田,前注[19],1378頁以下)。关于过失相抵推定的类推适用的各种问题,似乎也存在与侵权制度的运行成本相关的问题,将另找机会详细讨论。

[35] 传统的做法是依裁判官的裁量适用过失相抵,以当事人之间的公平为理念,它发挥着调整损害赔偿额的功能。参见藤冈,前注[25],386頁;窪田充見『過失相殺の法理』(有斐閣,1994年)129頁以下。

的情形。[36] 共同侵权存在两种类型：(1)只有双方尽到共同注意才能防止侵权发生的情形；(2)只要一方尽到注意就可以避免侵权发生的情形。首先，对于情形(1)，假设汉德公式中 PL 为 1500 美元，被告的预防成本(B)为 500 美元，原告的预防成本(B)为 50 美元。[37] 这是根据双方的"过失"比例进行的分配，比较各当事人的注意成本和期待损害之间的比例(PL：B)，被告是 3：1(1500：500)，原告是 30：1(1500：50)。比例越低越说明该当事人具有过失。此例中原告能够获得 1/11 的赔偿数额。此时被告是否需要尽到注意或采取措施(500 美元)防止事故发生呢？因为 1500 美元的 1/11 比 500 美元小，所以被告不需要防止事故发生。被告认为原告应该会为了避免 1500 美元的 10/11 的期待事故成本，付出 50 美元的成本。如果原告采取了防范措施，则被告将负担全部的事故成本，被告须采取 500 美元(这比 1500 美元小)的防范措施。[38]

其次，对于情形(2)，假设 PL 数值为 1500 美元，原告的 B 数值为 100 美元。根据汉德公式，原被告都具有过失。在过失相抵制度下，原告能获得大约一半的赔偿数额即 750 美元。此时，即使原告未尽到注意，也就是具有过失时也能够获得大约 50% 的赔偿金，因此相比于支付 750 美元的赔偿金，被告将会支付 110 美元预防事故的发生。此时从社会上来看，被告采取了过剩的防范措施(110 - 100 = 10 美元)，当原告支出 100 美元时更是如此。

目前，对过失相抵的观点如下。第一，过失相抵不公平，应从谁

---

〔36〕 通说认为过失相抵中受害人的"过失"不同于加害人的过失。强调从公平角度可以减轻赔偿责任的受害人的不注意或其他情况。幾代通『不法行爲法』(有斐閣，德本伸一補訂，1993 年)324 頁、沢井裕『注釈民法(19)』(有斐閣，1965 年)352 頁。此外，避免事故发生只需要具备事理辨识能力即可。最大判昭 39・6・24 民集 18 卷 5 号 854 頁(肯定了遭遇交通事故的 8 岁男童的过失)。另外参见森島昭夫・不法行爲研究会編『日本不法行爲法リスティメント』(有斐閣，1988 年)134 頁。

〔37〕 发生了下一个案例，就需要接着负担。Posner, Tort Law: Cases & Economic Analysis 337(1982). 关于汉德公式，参见后注〔52〕对应的正文内容。

〔38〕 Posner, Ibid.

具有防范事故的激励机制的角度重塑过失相抵理论。从这个角度出发对我国的判例展开实证研究是今后的课题。第二,比较过失以及过失相抵相比与有过失法理,需要花费更多的制度运行成本。[39] 尤其是,对于过失比例的信息收集和过失比例,当事人之间可能会出现较大争议。[40] 围绕过失比例发生争议的案件数量增加将花费越来越多的制度运行成本。这些制度运行成本并未改善资源的分配方式,所以从社会角度来说,这种成本属于浪费的成本。[41]

(四)生活妨害、公害中的违法性

在现实世界中,对于像污染或不能污染这种承认绝对权的情形恰是违反科斯定理的情形,极容易导致非效率性的结果。关于围绕土地发生的无法兼容的利用纠纷时,侵权法通过"合理使用"标准来试图解决这个问题。[42] 在我国,忍受限度理论就发挥着这样的作用。忍受限度是指"在社会共同生活中通常的合理人可以容忍的限度",是通过综合考虑被侵害利益的性质和程度、地域性、受害人事先具备的知识、土地利用的先后关系、最佳的实际方法、合理的防

---

[39] 发生纠纷时,当事人为解决纠纷所需要花费的各种成本。其中,除了事故加害人和受害人负担的成本,还包括律师、保险人负担的成本和裁判所运营所需成本等。S. Shavell, Economic Analysis of Accident Law 262(1987).

[40] 在我国的损害赔偿案件中,关于过失相抵,仅涉及民法第 722 条的案件就达到 4000 件,其他涉及过失相抵的判例,有时也会区分为国家赔偿案件或机动车损害赔偿法案件,达到了 13%—45% 的比例。参见窪田充見『過失相殺の法理』(有斐閣,1994年)131-132 頁(1994 年 6 月的数据)。为了减少对当事人和裁判所提出的有关过失比例的信息收集和比例本身的争议,实现交通事故的类型化解决,东京地方裁判所民事交通诉讼研究会出版了『民事交通訴訟における過失相殺料率等の認定基準』別冊判例タイムズ(判例タイムズ社,1991 年)3 頁。它可以减少诉讼的提起,参见 M. ラムザイヤー,前注[3]25-26 頁。

[41] Posner, supra note 37, at 338.

[42] 关于英美的生活妨害法,see Prosser & Keeton, The Law of Torts 626(5th ed. 1986); Harper, James & Grey, The Law of Torts 76(2nd ed. 1986)。

范措施、受害人方面的特殊情况等因素,进行利益衡量的方法。[43]

关于忍受限度论的问题,首先,忍受限度论是相当因果关系理论的发展形态,[44]从无法兼容的土地利用这种纠纷的性质上来说,不可避免地要进行利益衡量,但综合考虑各种因素反而无法明确应该判断的对象。其次,这种判断是粗略的费用和效益的分析,至于应在何种情形实施怎样的行为,并不明确。[45]

假设某工厂 Y 释放噪音或排放恶臭气体,给附近的居民 X 等造成损害。这就是 Y 利用土地建设工厂和居民 X 利用土地建设住宅之间发生纠纷的典型事例。在图 6 中,横轴表示时间。将 Y 工厂生产所需成本即边际成本表示为 MPC,生产所带来的边际效益表示为 MB。Y 工厂营业给 X 造成了损害,将每个时间单位的边际成本表示为边际损害成本(MDC)。因 Y 的营业活动给第三人造成了影响及损害(外部性),所以产生了社会成本。MPC 和 MDC 相加的成本被称为边际社会成本(MSC)。如果不考虑 Y 工厂对 X 造成的外部性,则在 MPC 和 MB 的数值相等之前,Y 会继续生产经营,在图 6 中,这意味着 8 个小时的营业。而且,在忍受限度论中,倾向于选择 MB 和 MDC 相等的点。但无论何种决定都没有考虑社会成本,故超过图 6 中 5 个小时以上的营业中,社会负担的成本超过了 Y 的效益(MSC > MB),所以不具有效率性。因此,可以通过让 Y 在 5 个小时以内营业或者承担损害赔偿责任方式实现外部性的内

---

[43] 加藤一郎编『公害法の生成と展望』(岩波書店,1986 年)393、406 頁〔野村好弘〕、野村好弘 = 淡路剛久『公害判例の研究』(都市開発研究会,1971 年)19 - 20 頁。另外,新忍受限度论是指,对于公害以及生活妨害型的侵权,将故意、过失和违法性统一、融合进忍受限度概念作出判断的理论。野村好弘 = 淡路剛久『公害判例の研究』(都市開発研究会,1971 年)19 頁。

[44] 有学者认为它是相关关系理论的亚种,参见四宫,前注[18],354 頁。因此,忍受限度是关于违法性的问题。藤冈,前注[25],316 頁。

[45] 对忍受限度论的批判,参见原島重義「わが国における権利論の推移」法の科学 4 号(1976 年)54 頁;大阪弁護士会環境権研究会編『環境権』(1973 年);柳沢弘士「予防の不作為請求権の構造」日本大学法学研究所法学紀要 20 巻 216 頁注(7);『(京都大学開放講座)われわれの生活と公害Ⅰ巻』88 頁〔前田達明〕。

部化。像这种事例,法与经济学可以进行判断,从而探寻 MSC 和 MB 相等的点。例如,判例上认为"如果权利人的行为缺乏社会合理性,由此产生的损害超出了社会生活上受害人一般能够容忍的限度时,该权利行使超出了社会观念上合理的范围,构成权利滥用,具有违法性,应承担侵权责任",[46] 有必要认为判例上所作出的判断是在 MSC 和 MB 数值相等之前。现实中裁判官无法进行边际分析,存在一定的局限,但把它作为一种非常精炼的分析方法,无论是在实际运用还是问题解决上,都能够成为有意义的标准。[47]

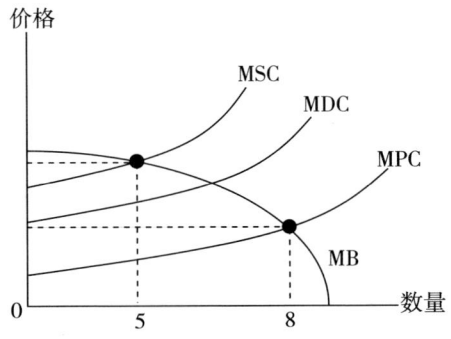

图 6　公害中的外部性

---

[46]　关于日照权的最高裁判所判例,参见最三小判昭 47・6・27 民集 26 卷 5 号 1067 頁。但是,因为已经构成权利滥用,所以再判断存在违法性是多余的。除此之外,还有東京地判昭 63・4・25 判例時報 1274 号 49 頁(空调外挂机)、最一小判平 6・3・24 判例時報 1501 号 96 頁(工厂噪音)、東京地判昭 54・2・27 判例時報 918 号 46 頁(町工厂)、大阪地判平元・8・7 判例時報 1326 号 18 頁(地铁工事)、最大判昭 56・12・16 民集 35 卷 10 号 1369 頁(大阪国际机场诉讼)、大阪高判昭 50・11・27 訟月 21 卷 13 号 2668 頁(大阪国际机场诉讼原审)、東京高判昭 62・7・15 訟月 34 卷 11 号 2115 頁(横田基地诉讼)、東京高判昭 61・4・9 訟月 33 卷 3 号 611 頁(厚木基地诉讼)、福岡高判平 4・3・6 判例時報 1418 号 3 頁(福冈机场诉讼)(噪音、振动)、新潟地判昭 46・9・29 下民集 22 卷 9=10 号别冊 1 頁、熊本地判昭 48・3・20 判例時報 696 号 15 頁(废水)、新潟地判昭 43・3・27 判例時報 520 号 16 頁、名古屋地一宫支判昭 54・9・5 判例時報 938 号 9 頁(恶臭)、横浜地横須賀支判昭 54・2・26 下民集 30 卷 1=4 号 57 頁(眺望)。关于对判例的分析,可参见大塚直「生活妨害の差止に関する裁判例の分析(1)~(4)」判例タイムズ 645—647、650 号(1987—1988 年)。

[47]　落合仁司・浜田宏一「法の理論、経済の論理」『現代法哲学 3 巻』(東京大学出版会,1983 年)313、344 頁。

四、过失

过失责任原则是指尽到合理注意就不需要承担赔偿责任的责任原则。[48] 因为尽到合理注意就没有过失,不需要因此承担赔偿责任,所以就促使行为人尽到合理的注意。[49] 因此,它并不是使受害人获得所有损害赔偿的制度。

传统观点认为过失是指应该预见到违法结果的发生但因不注意而未能预见的主观心理状态,但现在倾向于从行为角度来理解过失。[50] 法与经济学从更外在的、行动主义的视角来理解过失。过失是指没有尽到合理的注意,尽到注意(实施防止事故发生的行为)所带来的效益超过因此付出的成本时,未能防止事故的发生。[51]

通过成本效益分析过失形成的固定公式是有名的汉德公式。此公式明确了过失以及侵权责任的成本效益分析,打开了运用法与经济学分析的大门。将事故发生的概率表示为 P,将损害表示为 L,尽到注意所需的成本表示为 B,责任是否成立取决于 B 是否比 L 与 P 的乘积小,即 B 是否小于 PL。[52] 公式左边的 B 表示事故预防成本,右边的 PL 表示事故的期待成本,也被称为预防事故所带来的效益。

第一,适用汉德公式得出的结论究竟是过失判断,还是有无赔

---

[48] Cooter & Ulen, supra note 5, at 350; Shavell, supra note 39, at 33.

[49] Landes & Posner, The Economic Structure of Tort Law 63 (1987); Cooter & Ulen, supra note 5, at 358.

[50] 加藤,前注[11],64 頁;幾代通『不法行為』(筑摩書房,1977 年)31 頁。提出这种趋势的是四宫,前注[18],303 頁以下。综合两者作出判断的是沢井裕『テキストブック事務管理・不当利得・不法行為』(有斐閣,1993 年)155 頁。

[51] Posner, supra note 37, at 2.

[52] Judge Learned Hand, in United States v. Carroll Towing Co., 159 F. 2d 169, 173(2d Cir. 1947). 著名哲学家德沃金曾是该法官所在的法律事务所的一员。关于汉德法官,参见同一法律事务所的 G. Gunther, Learned Hand the man and the Judge(1994)。

偿责任的判断,并不明确。[53] 而且,汉德公式除用于过失外,还可以用于受害人的行为、故意、犯罪行为和表达自由。[54] 第二,汉德公式缺乏对注意和防范措施的边际分析,只能是成本与效益的"糊涂账"。仅依靠汉德公式,无法充分作出何种情形下应采取注意和防范措施的意思决定。

所以法与经济学采用了边际分析的方法。如果暂时不考虑受害人过失的问题,行为人为了判断是否需要尽到合理注意防范事故发生,需要比较合理注意标准和加害人尽到的注意标准。这可以分为以下三个阶段:第一阶段,确定加害人实际尽到的注意标准(y_0),主要依据事实认定和证据来确定;第二阶段,确定合理的注意标准(y^*),即通常人在同样的状况下所采取的行为标准;第三阶段,对两者进行比较(即比较 $y^* > y_0$ 还是 $y^* < y_0$)。如果 $y_0 < y^*$,意味着行为人应尽到进一步的注意,行为人具有过失;如果 $y^* \leq y_0$,意味着行为人尽到了合理注意,行为人没有过失。

最成为问题的是上述第二阶段的合理人行为标准的确定(y^*)。首先,并不是在所有情况下都需要尽到合理注意以避免事故发生。应当尽到合理的或者"最适合"的注意。最适合的注意是指符合成本(cost-justified)意义上的合理注意。[55]

当要实施防止事故发生的行为时,需要考虑应当采取何种程度的注意和措施。尽到注意或采取防范措施会支出成本,但也能带来防止事故发生的效益。

---

[53] 如果将英美法上的过失(negligence)理解为包含我国过失和违法性要件的概念,因为同时对过错和赔偿责任作出了判断,所以使用起来比较方便。对此,我国的过失和违法性一元论者,尤其是平井教授的"新过失"理论和淡路教授的"新违法性"理论应该很容易接受这种说法。参见平井,前注[20],403 页以下;平井,前注[25],26 页;淡路,前注[20]。关于过失和违法性一元论,参见前田達明「過失概念と違法性概念の接近」奥田昌道ほか編『民法学(6)』(有斐閣,1975 年)62 頁。

[54] Posner, supra note 37, at 7. 关于汉德公式适用于表达自由的情形,参见 Posner, Economic Analysis of Law 667(4th. ed., 1992)。

[55] Cooter & Ulen, supra note 5, at 362.

仅通过事故防范的总成本和总收入是无法分析出应当采取何种程度行为的。如图7(b)所示,在总收入和总成本的差额最大之前应采取防范措施。想要知道差额何时最大,需要进行边际分析。图7(a)表示了注意的边际成本[B(y)或MC]和边际收入[p(y)D或MR]。图中的e点表示B(y)与p(y)D(MC=MR)相等。这说明实施防范行为所带来的"利润"最大。如果MR与MC的数值不相等,则不可能出现利润最大化。只有企业或行为人要么尽到进一步的注意,要么减少防范措施,才可以实现利润的增加。为防范事故发生,通过之后多付出一单位的注意,直至边际收入和边际成本相等时,才具有效率性。这样通过边际分析就可以知道应当采取何种策划高难度的注意和防范措施了。

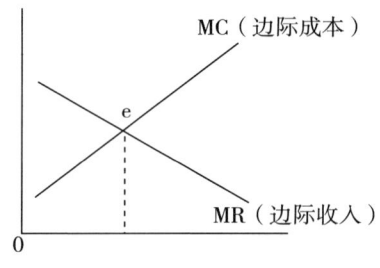

图7(a)　边际成本与边际收入　　图7(b)　总成本与总收入

确立合理注意(y^*)的行为标准,需要解决是否可以避免结果发生和是否具有预见可能性的问题。[56] 如果原本就无法避免结果的发生,就不会采取防范措施。例如,大阪碱案的大审院判决就讨论了被告是否设置了"合理的装置"来防止硫酸泄漏的问题。[57] 在发回重审的判决中,裁判所认为,被告还可以在焚烧炉安装换气设

---

[56]　在我国,围绕过失,存在注意义务的本质是预见义务还是结果回避义务的争论。参见四宫,前注[18],331-334页以下;泽井,前注[50],155页。但是,德本教授认为过失是以结果防范为前提的预见义务,参见德本镇「過失の衣を着た無過失の理論」同『企業の不法行為責任の研究』(一粒社,1974年)111页。

[57]　大判大5・12・22民録22辑2474页。

备或者建造比现在更高的烟筒。[58] 这说明被告还可以进一步尽到合理注意来避免结果的发生。[59] 最近的食品、药品等产品纠纷也强调"高度的注意义务",[60]这并不是指接近于无过错程度的责任,而是强调生产者还可以进一步尽到注意来避免结果的发生。换言之,就是要求生产者尽到更高程度的注意。如果行为人无法合理预见,也就不会采取防范措施。例如,当药品副作用能够给身体和生命带来不合理危险时,判决认为制药公司应该预见到这种不合理危险。[61] 由此可见,过失是指本来应该再稍微尽到注意但未尽到注意,从资源分配方式来看,对行为的非难可能性。

在判断过失时,并不是按照每个行为人的具体标准,而是采取通常人的客观标准。[62] 不采取具体标准将导致非效率性;相反,如果采取具体标准,那么裁判所需要知道每个行为人的事故防范能力,为了确定每个人的合理注意标准,将花费高昂的信息成本。所以才采用了统一的标准,即通常人的客观标准。[63] 此外,可能会存

---

[58] 大阪控判大 8・12・27 新闻 1659 号 11 页(发回重审判决)。

[59] 大判大 7・10・21 民録 24 辑 2000 页(对于小学操场梯子的竖立方式,应当围绕学校是否采取了合理的方法预防危险的发生进行审理)。

[60] 四宫,前注[18],362 页;川井健『製造物責任の研究』(日本評論社,1979 年)100 页以下。食品药品的生产者相比其他种类的产品生产者,应承担更高程度、更严格的注意义务。

[61] 東京地判昭 53・8・3 訟月 25 卷 1 号 13 页、判例时报 899 号 48 页(斯蒙诉讼)。大判昭 7・5・3 民集 11 卷 812 页(票据伪造者能够预见到可能够造成的损害,应承担赔偿责任)。

[62] 大判明 44・11・1 民録 17 辑 617 页。

[63] Landes & Posner, The Economic Structure of Tort Law, supra note 4, at 124. 该书认为有可能存在排除适用客观标准的情形,即具体确定行为标准所需成本较低的情形。比如医生的事例等。最三小判昭 57・3・30 裁判民 135 号 563 页(临床医学实践中的医疗水准)、最二小判平 4・6・8 判例时报 1450 号 7 页、東京地判昭 39・6・13 下民集 15 卷 6 号 1370 页(地域性)。关于成为医生行为水准的医疗水准和医疗惯例,参见山田卓生「医療水準と医療慣行」判例タイムズ447 号(1981 年)39 页、平林勝政「プロフェッショナル・ネグリジェンスとしての医療過誤」『現代損害賠償法講座 4』(日本評論社,1974 年)41 页、専門家責任研究会編『専門家の民事責任』(別册 NBL28 号)(商事法務研究会,1994 年)、野田寛「最近の医療過誤訴訟の動向」ジュリスト724 号(1980 年)14 页。

在仅根据惯例、习惯或者实体法规定实施相应行为仍不免被认定为过失的情况,这一点实际上也是促使行为人尽到合理注意。[64]

五、结语

以上围绕违法性和过失明确了法与经济学的分析方法。第一,分析了从发生损害的赔偿向事故预防以及从相关关系考察或利益衡量向成本效益、边际分析的思维转换。第二,关于违法性,明确了效率性标准的价值。第三,法与经济学可以为侵权法的理论和研究带来有价值的方法和信息。

---

[64] 大判大 14·10·3 刑集 4 卷 570 页(刑事案件)。例如,关于机动车的驾驶,除了遵守 1919 年警视厅第 8 号机动车规制令实施细则,还应尽到"社会生活上的必要注意,采取一切可能的方法努力防范危险的发生"。